Q&Aでわかる業種別法務

医薬品・医療機器

日本組織内弁護士協会〔監修〕
岩本竜悟〔編集代表〕
平泉真理・水口美穂・三村まり子・若林智美〔編〕

中央経済社

シリーズ刊行にあたって

本書を手に取る人の多くは，これから法務を志す人，すでに法務に従事している人，異なる業界へ転職を考えている人，他職種から法務に転身してみようという人などでしょう。そういった方々の期待に応えようとしたのが本書です。

これまで本書のような，シリーズとして幅広い業種をカバーした業種別法務の解説書は存在しませんでした。しかし，経験のない法務や業種に飛び込む前に，その業界の法務のイメージを掴み，予習をしておくことができれば不安を除くことができます。また，一旦業務を開始した後でも，業界の指針となるような参考書がそばにあると安心ではないか，と考えました。

社会の複雑高度化，多様化，国際化等によって企業法務に対する経済界からの強いニーズが高まるとともに，先行して進められてきた政治改革，行政改革，地方分権推進と関連して官公庁や地方自治体からのニーズも高まり，弁護士の公務員への就任禁止の撤廃や営業許可制度の廃止等による参入規制の緩和，司法試験合格者の増加，法科大学院設立等の法曹養成制度をはじめとする司法制度の抜本的改革が行われました。その結果，企業内弁護士の届出制の導入と弁護士の公務員就任禁止の完全撤廃がなされた2004年当時，組織内弁護士数は約100名だったのが，現在では20倍以上の約2,300人に到達しました。さらに，企業のみならず官公庁，地方自治体，大学，各種の団体など弁護士の職域も拡大し，法化社会への道がますます拓けてきました。

このような環境変化により，業種別法務も専門化・複雑化しつつあります。以前は，どこの業種に属していても，法務はほとんど変わらない，という声もありました。しかし，これだけ外部環境が変化すると，各業種の企業法務も複雑化し，どこの業種の法務も同じ，という状況ではなくなりつつあります。また，同様に官公庁，地方自治体，NPO法人等の業務も複雑高度化等の影響を受けており，たとえば，自治体内弁護士といってもその職務の内容は千差万別です。

そんな環境下で，満を持して日本組織内弁護士協会の組織内弁護士たちが業種別法務の解説書シリーズを順に出版していくことになりました。現在および将来の法務の羅針盤として，シリーズでご活用いただければ幸いです。

2019年７月

日本組織内弁護士協会　理事長

榊原　美紀

はしがき

本書は，医薬品・医療機器メーカーの法務に関する入門書です。業界法務の新人を対象として，研究・開発，製造，プロモーション，流通，製造販売後の安全管理など，医薬品・医療機器メーカーのビジネスのライフサイクルに沿って，契約，規制法，コンプライアンス，知財，紛争対応などの観点で，業界法務の特殊性が現れるトピックを幅広くカバーしています。医薬品・医療機器業界は，法規制，業界団体ルール，契約形態，知財の位置付けなど，法務面で特殊性が現れるトピックが多く，業界法務の新人にとって，全体像を把握することは簡単ではありません。そこで本書は，「法律の基礎的な知識はあるけれども法務の実務経験はない人が，医薬品・医療機器メーカーの法務パーソンになった際に最初に読み，業界法務の実務や関連ルールを広く・浅く理解できる本」を目指して執筆されました。

本書を執筆したのは，日本組織内弁護士協会に所属する弁護士31名で，その多くは第６部会に所属しています。第６部会は，医薬品・医療機器メーカーや医療機関など，ヘルスケア関連の企業・団体に所属する現役のインハウスローヤーとその経験者で構成されています。執筆の際には，「医薬品・医療機器メーカーの法務部門に所属する第６部会員が，新しく自分の部署に入ってきた後輩や部下に部署の仕事の全体像を把握してもらうために，『これを読むといいよ』と最初に渡したいと思う本」をイメージしました。

本書はこのような位置付けで執筆されているので，法制度の説明にとどまらず，後輩や部下にオリエンテーションを行う際に触れるような内容も盛り込んであり，読者に業界法務の「見取り図」と「コンパス」を提供する内容になっています。同時に，「インハウスローヤーだから書けること」を特に意識しています。具体的には，業界の法務パーソンとして働く上で有用な知識，リソース，最近のトレンド，参考となる文献やウェブサイトもカバーしています（業界法務の見取り図）。また，業界の法務パーソンとして働く上で理解しておくべき指導理念，有用な心構えや洞察もカバーしています（業界法務のコンパス）。この点は，類書にない本書の特徴であると考えています。

また，本書は，業界法務の新人だけでなく中堅やベテランにも読んでいただくことを想定しています。業界法務の経験の長い人であっても，本書がカバーする業務のすべてを担当したことのある人はまれでしょう。本書は，担当業務の隣接業務を理解するのに役立てていただけると考えています。

本書の構成は，最初に医薬品・医療機器業界の概要を解説し（序章），次に医薬品・医療機器の法務に共通する総論的事項について解説し（第１章），次に医薬品の法務の各論について，ビジネスのライフサイクルに沿って解説し（第２章），次に医療機器の法務の各論について，医薬品の章の解説内容を適宜引用しながら解説し（第３章），最後に医薬品，医療機器，再生医療等の産学連携について解説する（第４章），というものです。これは，医薬品メーカーの法務と医療機器メーカーの法務は共通する部分も多い一方で医療機器特有の事柄も多いことを踏まえて，ページ数の制約の中で記述の重複を避けながら，共通点と相違点を明確にして解説することが理解に資するとの考えに基づくものです。

なお，本書で示された見解は，執筆者個人の見解であり，執筆者の所属団体の見解や他の執筆者の見解を示すものではありません。

本書の執筆にあたっては，中央経済社の川副美郷氏に編集全般にあたって多大な支援をいただきました。心より感謝申し上げます。

2019年10月

編集代表

日本組織内弁護士協会 第６部会長

岩本　竜悟

目　次

凡　例

■法令

略称	正式名称
安確法	再生医療等の安全性の確保等に関する法律
安確法施行令	再生医療等の安全性の確保等に関する法律施行令
安確法施行規則	再生医療等の安全性の確保等に関する法律施行規則
行個法	行政機関の保有する個人情報の保護に関する法律
景表法	不当景品類及び不当表示防止法
個情法	個人情報の保護に関する法律
次世代医療基盤法	医療分野の研究開発に資するための匿名加工医療情報に関する法律
独禁法	私的独占の禁止及び公正取引の確保に関する法律
独個法	独立行政法人等の保有する個人情報の保護に関する法律
保助看法	保健師助産師看護師法
薬機法	医薬品，医療機器等の品質，有効性及び安全性の確保等に関する法律
薬機法施行令	医薬品，医療機器等の品質，有効性及び安全性の確保等に関する法律施行令
薬機法施行規則	医薬品，医療機器等の品質，有効性及び安全性の確保等に関する法律施行規則
FCPA	Foreign Corrupt Practices Act（米国腐敗行為防止法）
GCP省令	医薬品の臨床試験の実施の基準に関する省令（医薬品の場合） 医療機器の臨床試験の実施の基準に関する省令（医療機器の場合）
GDPR	General Data Protection Regulation（EU一般データ保護規則）
GLP省令	医薬品の安全性に関する非臨床試験の実施の基準に関する省令（医薬品の場合） 医療機器の安全性に関する非臨床試験の実施の基準に関する省令（医療機器の場合）
GMP省令	医薬品及び医薬部外品の製造管理及び品質管理の基準に関する省令
GPSP省令	医薬品の製造販売後の調査及び試験の実施の基準に関する省令（医薬品の場合） 医療機器の製造販売後の調査及び試験の実施の基準に関する省令（医療機器の場合）
GQP省令	医薬品，医薬部外品，化粧品及び再生医療等製品の品質管理の基準に関する省令
GVP省令	医薬品，医薬部外品，化粧品，医療機器及び再生医療等製品の製

造販売後安全管理の基準に関する省令

QMS省令	医療機器及び体外診断用医薬品の製造管理及び品質管理の基準に関する省令
QMS体制省令	医療機器又は体外診断用医薬品の製造管理又は品質管理に係る業務を行う体制の基準に関する省令

■通知・指針

医学系指針	人を対象とする医学系研究に関する倫理指針（平成26年文部科学省・厚生労働省告示第３号）
遺伝子指針	遺伝子治療等臨床研究に関する指針（平成27年厚生労働省告示第344号）
ゲノム指針	ヒトゲノム・遺伝子解析研究に関する倫理指針（平成13年文部科学省・厚生労働省・経済産業省告示第１号）
販売情報ガイドライン	厚生労働省「医療用医薬品の販売情報提供活動に関するガイドライン」（平成30年９月25日薬生発第１号）
流通取引ガイドライン	公正取引委員会「流通・取引慣行に関する独占禁止法上の指針」（平成３年７月11日公正取引委員会事務局）

※　法令・通知等は常に最新のものを参照してください。厚生労働省法令等データベースサービス（https://www.mhlw.go.jp/hourei/）では，厚生労働省所管の法令・通知等が検索できます。

■業界ルール名

公競規	医療用医薬品製造販売業における景品類の提供の制限に関する公正競争規約（医薬品の場合）
	医療機器業における景品類の提供の制限に関する公正競争規約（医療機器の場合）
製薬協コード	日本製薬工業協会「製薬協コード・オブ・プラクティス」
透明性ガイドライン	日本製薬工業協会「企業活動と医療機関等の関係の透明性ガイドライン」（医薬品の場合）
	日本医療機器産業連合会「医療機器業界における医療機関との透明性ガイドライン」（医療機器の場合）

■団体

医機連	一般社団法人 日本医療機器産業連合会
医法研	医薬品企業法務研究会
経産省	経済産業省
公取委	公正取引委員会
公取協	医療用医薬品製造販売業公正取引協議会（医薬品の場合）
	医療機器業公正取引協議会（医療機器の場合）

厚労省	厚生労働省
製薬協	日本製薬工業協会
日弁連	日本弁護士連合会
日薬連	日本製薬団体連合会
農水省	農林水産省
AMED	Japan Agency for Medical Research and Development（国立研究開発法人 日本医療研究開発機構）
DOJ	Department of Justice（米国司法省）
EFPIA	European Federation of Pharmaceutical Industries and Associations（欧州製薬団体連合会）
FDA	Food and Drug Administration（米国食品医薬品局）
GE薬協	日本ジェネリック製薬協会
IFPMA	International Federation of Pharmaceutical Manufacturers Associations（国際製薬団体連合会）
JILA	Japan In-House Lawyers Association（日本組織内弁護士協会）
PhRMA	Pharmaceutical Research and Manufactures of America（米国研究製薬工業協会）
PMDA	独立行政法人 医薬品医療機器総合機構

■用語

IC	インフォームド・コンセント（Informed Consent）

■文献

〔書籍〕

アンダーソン	アンダーソン・毛利・友常法律事務所医薬・ヘルスケア・プラクティス・グループ編『医薬・ヘルスケアの法務規制・知財・コーポレートのナビゲーション』（商事法務，2018）
亀井	亀井淳三編『治験薬学　治験のプロセスとスタッフの役割と責任』（南江堂，2012）
MRテキスト	MR認定センター教育研修委員会監修『MRテキスト2018　MR総論』（MR認定センター，2018）
古澤	古澤康秀監修『医薬品開発入門〔第2版〕』（じほう，2017）
米村	米村滋人『医事法講義』（日本評論社，2016）

〔判例集・雑誌〕

民（刑）集	最高裁判所民（刑）事判例集
判時	判例時報
判タ	判例タイムズ
労経速	労働経済判例速報

用語の解説

本書に登場する用語のうち，用語の意味について特に解説を要すると思われるものについて解説します。

「医薬品」

医薬品は，「医療用医薬品」と「OTC医薬品」の大きく２つに分類されます（序章，Q37参照）が，本書では，特に断りがない限り，医療用医薬品を念頭に置いて解説しています。したがって，本書では，「医療用医薬品」と「OTC医薬品」を特に区別して論じる必要がない限り，「医薬品」という用語を用います。

「法務部門」と「法務パーソン」

会社によって呼び方はさまざまですが，医薬品・医療機器メーカーの（広義の）法務部門は，「（狭義の）法務部」「コンプライアンス部」「知財部」などの部署に分かれていることが少なくありません。本書では，特に限定する必要がない限り，これら広義の法務部門を総称するものとして，「法務部門」という用語を用います。

同様に，医薬品・医療機器メーカーの（広義の）法務担当者は，「（狭義の）法務担当者」「コンプライアンス担当者」「知財担当者」などに分けることができます。本書では，特に限定する必要がない限り，これら広義の法務担当者を総称するものとして，「法務パーソン」という用語を用います。

「臨床研究」と「臨床試験」

本書では，原則として「臨床研究」という用語を用い，例外的に，法令用語に触れる上で必要な範囲でのみ「臨床試験」という用語を用います。

「臨床研究」または「臨床試験」という用語は，社会的用法として，多義的に用いられている用語なので，注意が必要です。

医薬品や医療機器の文脈での社会的用法としては，おおむね，「医薬品・医療機器の品質・有効性・安全性などに関する一定の仮説を検証するためのデータを得る目的で，当該医薬品・医療機器を人に対して用いて，当該医薬品・医療機器に関する試験・研究を行うこと」という意味で，両者を明確に区別せず，互換的に用いられることが少なくありません。しかし，用語を用いる人・団体や，用語が用いられる状況によっては，両者が明確に区別され，異なる意味で用いられることもあります。

一方，「臨床研究」も「臨床試験」も，法令用語としての性質を持っています。

「臨床研究」という用語は，臨床研究法（２条１項）や医療法（４条の３）など複数の法令に登場しますが，それぞれ定義が異なります。

「臨床試験」という用語が登場する法令は薬機法で，ここでは，「医薬品や医療機器の製造販売承認を得るために必要な試験成績を得るために，当該医薬品や医療機器を人に対して用いて行う試験」を意味します（14条３項）。しかし，この意味での試験は一般に「治験」と呼ばれており（２条17項。Q13参照），「臨床試験」という用語がこの意味で用いられることはあまり多くありません。本書でも，この意味での試験については原則として「治験」という用語を用います。

ただし，薬機法は，臨床試験の実施の基準に関してGCP省令を，製造販売後の調査および試験の実施の基準に関してGPSP省令を定めており，これらの省令には「製造販売後臨床試験」という用語が登場します（Q34参照。そのため，これら省令に基づく製造販売後の試験を「臨床試験」と呼ぶ場合もあります）。したがって，本書でも，薬機法や省令の文脈上必要な範囲で「臨床試験」という用語を補完的に用います。

「上市」と「市販後」

「上市」は薬機法上の用語ではありませんが，一般に，薬機法上の製造販売承認などの必要な許認可を得て，医薬品・医療機器について，新たに市場での流通や販売を開始することをいいます。一般に，「上市」がなされて以後の状態を「市販後」といいます。「市販後」とはすなわち製造販売開始後のことなので，薬機法は原則として「製造販売後」という用語を用いています（例外は市販直後調査。Q33参照）。「上市」や「市販後」という用語は医薬品・医療機器業界でよく用いられる用語なので，本書でも用いています。

序章 ▶▶

医薬品・医療機器業の特色

1　業界概要

1.　医薬品業界の概要

(1)　医薬品の市場

本書の読者におかれても「薬」というものに一切お世話になったことのない人はほとんどいないでしょう。たとえ重い病気をしたことがない人であっても，風邪薬や胃薬，花粉症の薬や目薬，インフルエンザのワクチンに至るまで，私たちの生活に医薬品はなくてはならないものとなっています。医薬品は，病院や保険薬局で処方・調剤を受ける「医療用医薬品」と，ドラッグストアなどで処方箋なしで購入することのできる「OTC医薬品」（Q37参照）の大きく２つに分類することができます。

日本国内における医療用医薬品の市場規模は約10兆円（平成30年）です。世界の医療用医薬品の市場規模は約130兆円（平成30年）で，日本は北米，中国に次ぐ世界第３位の市場です。日本の医薬品市場世界シェアは，医療費抑制策もあり年々低下する傾向にあります。

日本における医薬品メーカー（薬価基準収載品目を有する企業）は，350社程度あり，その中でも医療用医薬品を製造販売する会社は，110社程度あります。医薬品メーカーには，新薬を中心とするメーカー，後発医薬品（ジェネリック医薬品）を中心とするメーカー，OTC医薬品を中心とするメーカーなどがあり，日本の最大手は武田薬品工業（１兆8,074億円）です（平成30年３月期）。

ただし，世界最大手のロシュ（スイス）は，平成29年に約６兆円を売り上げており，日本で最大手の武田薬品工業でも世界で19位です（ただし，武田薬品工業は，シャイアーの買収により平成31年以降８位程度まで順位が上昇する見込み）。すなわち，規模の面では，日本の医薬品メーカーは世界に大きく立ち遅れているといえるでしょう。

医薬品業界の概要については，各種医薬品業界について解説した書籍（いわゆる「業界解説本」）が参考になるほか，各種統計的資料については，厚労省の医薬品・医療機器産業実態調査や製薬協のDATA BOOK等が利用できますので，参照してください。

(2) 医薬品業界の特徴

医薬品業界の第一の特徴は，いわゆる「規制業界」であることでしょう。医薬品業界は，医薬品を通じて医療に貢献する，公共性の高い業界です。医薬品業界は，生命関連産業として公的保険制度のもと「医療のインフラ」の一部としての役割を果たしています。結果，医薬品業界は，各種法規により研究開発，製造，販売等の各段階において厳格な規制に置かれています（Q2参照）。

特に，医療用医薬品は，一般の商品と異なり，その償還価格が薬価基準制度により公的に定められていますので，医薬品メーカーの価格決定の自由度は極めて低いものとなっています（Q3参照）。また，医療用医薬品は人体に対する作用が強いため，医薬品の使用の適否について医師の判断を要し，患者は医師の処方箋がないと購入できません。加えて，日本においては医薬品メーカーから患者を含めた一般人に対する広告は禁止されています（Q25参照）。その結果，医薬品メーカーは主として医師に対して広告（プロモーション）を行うことになります。これにより，医薬品業界においては，医薬品のプロモーション対象（医師），受益者（患者），費用負担者（公的健康保険）のそれぞれが異なるという「ねじれ」が生じることになります（それが不当な処方誘因を防止するための特別な景品競争規制（公競規）が存在する理由の一つでもあります（Q28参照））。

また，医薬品は多様な疾患の種類や原因に合わせて処方・使用されるものですので，「モノ（化学物質）」としてのみならず，「情報」としての高品質性を求められます。医薬品は，正しい情報のもとで適正に使用されることによって効果を発揮するのであり，MRは「医薬情報担当者」として適正使用推進のために重要な役割を担っています（Q26参照）。

加えて，医薬品業界は知識集約型・研究開発型の業界でもあります。医薬品メーカーは，人類が有する多様な疾患に合わせて，効果的で安全な医薬品の開発のために莫大な研究開発投資を行っています。その知的財産（多くの場合「特許」）は医薬品メーカーのコアな「資産」となる一方で，開発に失敗すれば大きな損失を計上するというハイリスク・ハイリターンの業界であるといえます（医薬品の研究開発の流れについてQ13参照）。近年，開発の難易度が上昇していることにより医薬品メーカーの研究開発費が高騰しており，その結果，各社がM&Aにより規模を拡大したり，研究開発領域を絞る（スペシャルティ・ファーマ化）といったトレンドが生じています。また，研究開発費の高騰は，米国をはじめとして多くの特許紛争が生じる原因にもなっています（Q43参照）。

(3) 業界のトレンドと課題

医薬品業界における課題としては「イノベーションの推進」と「医療費の抑制」という２つのキーワードが重要です。

平成30年10月，京都大学の本庶佑教授が，免疫を抑制する効果をもつ「PD-1」という分子を発見した功績によりノーベル生理学・医学賞を受賞しました。現在PD-1を標的にした免疫チェックポイント阻害剤「オプジーボ」が小野薬品工業によって発売されており，その他にも多くの免疫チェックポイント阻害剤が発売または開発中です。免疫チェックポイント阻害剤は体内の免疫作用を利用するため一般に副作用が小さいと言われているほか，既存薬では効果が出なかった患者にも有効性を示す場合もあるなど，医療界に大きなインパクトを与えるイノベーションであったといえるでしょう。

一方で，厚労省は，平成30年11月よりオプジーボの薬価を大幅に引き下げています。当該薬価の引き下げによりオプジーボの薬価は発売からわずか約４年で実に累計76.2％も下がっており，ノーベル賞を受賞したほどのイノベーションは，経済的には国により厳しい措置を受けているともいえます。

その背景として，高齢化の進行に伴う医療費の増加があります。日本においては，国民皆保険制度の恩恵もあり平均寿命が着実に伸びてきました。現在，65歳以上の高齢者が総人口に占める割合は，27.7％（平成29年）に達しており，2060年には39.9％に達することが予想されています。このような高齢化も背景として，平成29年度に全国の医療機関に支払われた医療費の総額は42兆円を超えています。現在医薬品業界は，「イノベーションの推進」と「医療費の抑制」の板挟みにあっているとも言え，上記のような薬価引き下げの動きのほか，政府が後発医薬品のシェアを80％以上にする目標を掲げる背景となっています（後発医薬品についてはQ38参照）。

とはいえ，イノベーションは人類の福利向上に必要不可欠であり，医薬品は日進月歩で進化しています。近年，新薬の主戦場は，低分子医薬品からバイオ医薬品に移行しつつあり，世界上位50製品におけるバイオ医薬品の売上割合は既に５割を超えています。また，政府は再生医療を成長分野の一つとして法整備を進めており，平成25年の薬機法（薬事法より名称変更）改正では，これまでの「医薬品」「医療機器」に加えて新たに「再生医療等製品」というカテゴリーを加えています。同時に再生医療製品に「条件・期限付き承認」の制度を導入して早期承認の道を開くなど，政府は再生医療の発展・推進に力を入れています（Q60参照）。再生医療をはじめとする分野は医薬品メーカーだけでは研究開発を迅速に行うことが難しいため，ベンチャー企業との連携やM&A，アカデミアとの産学連携なども盛んになっています（第４章参照）。

２．医療機器業界の概要

(1) 日本の医療機器市場

本書の読者は「医療機器」と聞いて，どのようなものを思い浮かべるでしょうか。MRIやCTのような大型の診断機器を思い浮かべる人もいれば，注射器やメスのような治療機器を思い浮かべる人もいるかもしれません。

医療機器の品目数は非常に多く，現在50万～60万種存在するといわれています（医療用医薬品は１万５千種程度）。コンタクトレンズ，救急絆創膏，体温計，家庭用マッサージ器などの身近な製品も「医療機器」であり，私たちの暮らしに根付いています（医療機器の分類につきQ41参照）。

日本における医療機器市場は約2.9兆円（平成28年）であり，その市場規模は拡大傾向にあります。その内訳としては，治療系医療機器が約1.7兆円，診断系医療機器が約６千億円，その他の医療機器が約６千億円です。

世界の医療機器の市場は約37兆円（平成28年）であり，日本は米国に次ぐ第２の市場ですが，世界シェアは低下傾向にあります。主要なグローバル医療機器メーカーのうち上位に位置する企業は欧米企業が多く，日本ではオリンパスが約６千億円（医療機器事業）となっておりトップです。それに対して，世界トップのメドトロニック（米国）は３兆円以上を売り上げており，オリンパスでも世界順位は17位となっています。日本企業は，内視鏡や超音波画像診断装置といった診断系医療機器では比較的高いシェアを有しているものの，治療系医療機器では相対的に競争力が弱い傾向にあります。医療機器業界の概要については，医薬品同様に「業界関係本」や厚労省の統計のほか，医機連のウェブサイトなども参考になりますので参考にしてください（http://www.jfmda.gr.jp/device/）。

(2) 医療機器業界の特徴

医家向け医療機器（医療用医薬品に相当。Q51参照）を用いた診療行為が公的健康保険によってカバーされる点や，医家向け医療機器についての一般人への広告が禁止されており，プロモーション対象（医師），受益者（患者），費用負担者（公的健康保険）のそれぞれが異なる点は医薬品と共通しています（なお，医家向け医療機器と家庭向け医療機器の区別についてはQ41参照）。また，知識集約型・研究開発型の業界である点も共通しています（ただし，医薬品と比べると研究開発に掛ける時間や費用は小さいことが多くなります（Q43参照））。

医薬品と異なる点としては，医療機器は医薬品と比べると参入障壁が低く，一方で一つの医療機器に多くの技術が使用されることが多いため，中小企業をはじめとする多くのプレーヤーが関わる余地が大きいことです。また，関係する技術分野の裾野が広いので，産学連携等においても工学系なども含めた広い分野との連携が生じることになります（第4章参照）。

また，医療機器は多数の要素技術で成り立っており，関連する特許の数も多いことや，新規に上市される製品であっても新医療機器（いわゆる「ピカ新」）に相当する医療機器は極めて少ないので，一定期間経過後に後発品が出てきて突然売り上げが低下するという関係にないことも医薬品と異なる特徴として挙げられます。

(3) 医療機器業界のトレンドと課題

医療機器においても「イノベーションの推進」と「医療費の抑制」は重要テーマです。ただ，上記２つがトレードオフで捉えられがちな医薬品とはやや趣きが異なり，医療機器にはイノベーションによる社会的課題の解決への寄与（特に，高齢者社会における健康寿命の延伸や医療費削減，患者や家族の負担軽減）がより強く期待されているといえるかもしれません。

政府は「日本再興戦略」や「健康・医療戦略」，「未来投資戦略2017」において，医療機器を「ものづくり日本」の技術や「課題先進国」としてのノウハウを結集できる成長産業の一つとしても位置付けており，「オール・ジャパン」

での産業育成に取り組んでいます。革新的な医療機器の開発は，近年のICTや，AI，ロボット等の技術の進展とも相俟って，ますます重要となっています。

2 ビジネスモデル

1．医薬品業界のビジネスモデル

販売面からは，医薬品メーカーが医薬品を医療機関に直売することは稀であり，通例「医薬品メーカー→医薬品卸→医療機関→患者」という商流をたどることになります。医薬品メーカーの売買契約は医薬品卸との間に存在し，いわゆる「仕切価格」で医薬品が販売されることになります（Q32参照）。

【図表序－1】医薬品流通の仕組み

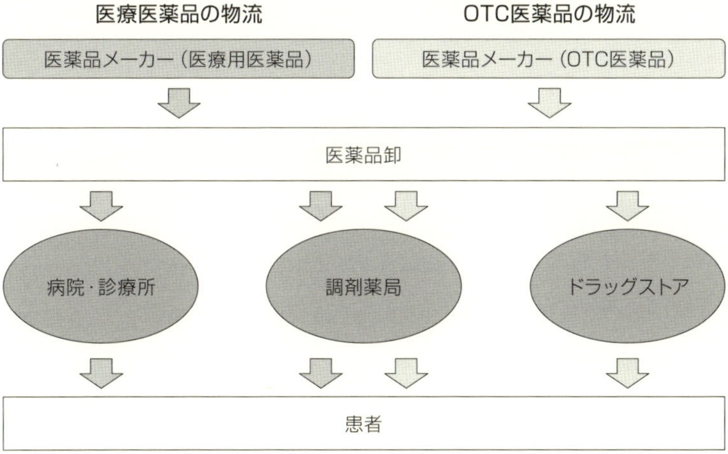

また，研究開発面からは，新薬系医薬品メーカーの場合，革新的な医薬品の研究開発に長い時間をかけて巨額の投資を行い，開発に成功した医薬品の販売から得られた利益を次の医薬品の研究開発に再投資する，ということがビジネスモデルとして挙げられます（後発医薬品についてはQ38参照）。他の製造業と比較とすると，売上高に占める研究開発費の割合が高く，また比較的少数の（重要な）特許で製品を保護しているため，特許ライセンスの有無もビジネス

戦略上極めて重要となります（Q18参照）。

2．医療機器業界のビジネスモデル

医療機器の商流は，医薬品同様「メーカー→代理店→医療機関→患者」という流れをたどることが多いですが，医療機器の類型によっては，メーカーが医療機関に直接販売するケースもあります。

また，医療機器の中でも，材料系の医療機器（単回使用の非耐久財）と装置系の医療機器（医療機関で長期間継続使用される耐久財）とでビジネスモデルは大きく異なります。材料系の場合は流通や使用形態が医薬品と似ていますが，装置系の医療機器の場合は，装置の貸出，メンテナンス，中古品の流通，装置内のデータの保護，長期間のトレーサビリティの確保，設置工事や調整作業，他の機器との接続や互換性の確保，ソフトウェアのアップデートやウィルス対策，リプレース時の既存製品の引き取りなど，医療機器業界特有のプラクティスが発生します（医療機器の流通・保守・修理等についてはQ48，49参照）。

3 法務の特色

医薬品・医療機器メーカーにおいては，契約を主に担当する（狭義の）法務部，業界ルールや汚職禁止関連法令を主に担当するコンプライアンス部，特許を主に担当する知財部に分かれていることが多いです。法務パーソンは，一般的なビジネス法（民法，会社法，個人情報保護法，特許法，独占禁止法，製造物責任法，労働法など）だけでなく，業界特有の法令（臨床研究法など）や，業界団体のルール（公正競争規約，プロモーション・コード等（Q25，28，46等））も扱うことになります。一方で薬機法関連に関しては，法務部とは別に専門の部署が存在していることが多く（薬事部や品質保証部など），通常の対応はこれらの部署が行います。

近年では一社だけで研究開発することが難しいケースも多くなっているため，ベンチャーや大学・研究機関と連携する必要が大きくなっています。その場合には，法務パーソンとして共同研究契約やライセンス契約（Q18参照）などを扱うこともあるでしょう。また，販売の場面において他社と提携する場合は，

コ・プロモーション契約なども必要となります（Q23参照）。さらに一歩進んで，医薬品・医療機器メーカーは従来型の製造業としての役割だけでなく，社会的課題解決のためのソリューション・プロバイダーとしての役割を求められはじめているため，IT企業や自治体，NPOなどとの連携を求められることもあるかもしれません。

また，海外市場の重要性が増すとともに，国際法務の重要性も高まっていますので，英文契約に関する知識のほか，海外（特に米国）における法規制の概要に関する知識も重要となります（Q8，9参照）。

加えて，M&A（形式は株式譲渡，会社分割，合併，事業譲渡などさまざま）も盛んになっていますので，専門の外部弁護士事務所等と適切に連携する必要性が生じることもあります。

上記のとおり，医薬品・医療機器の双方において法務の特色は重なる部分が多いのですが，医療機器が医薬品と異なる点として，①多数の要素技術で製品が成り立っていることが多いため，特許に関して他社とのクロスライセンス契約が生じることが多いこと，②医療機器の多様性に応じて，多種多様な法律問題を扱うことが多いことなどが挙げられます（Q54参照）。

第 1 章 ▶▶

総　　論

Q1 薬害の歴史と安全性の確保

医薬品・医療機器業界の厳しい規制の背景には薬害の歴史があると聞きました。薬害の歴史について教えてください。

医薬品・医療機器の規制は，悲惨な薬害が起こるたびに，その再発を防ぐために強化されてきました。規制の背後には，薬害被害の教訓があることを理解し，安全を確保する重い責任を常に念頭におかなければなりません。

1．薬事規制と薬害

薬事に関する規制は，その制定から現在に至るまで，一貫して強化されてきました。その背景には，起こり続ける薬害を何とか防ごうとしてきた経緯があります。なぜ我々の業界は厳しい規制を受けているのか，その趣旨を知るためには，薬害の歴史を知ることが不可欠です。本解説では，社会的に影響が大きかった薬害事件をいくつか取り上げ，それによる薬事規制の変遷について説明します。それぞれの薬害事件の事実経過については，書籍・インターネット上などでも紹介されているものが多くありますので，ここではあまり詳細には取り上げず，それらの事件が薬事規制に与えた影響に着目して解説します。

2．薬事法の成立とサリドマイド事件

(1) 薬事法制定

現行薬機法の基となる薬事法が制定されたのは昭和35年のことです。このとき，昭和23年制定の旧薬事法が廃止され，全部改正された薬事法が新たに制定されました。この昭和35年薬事法が随時の改正を経て現在の薬機法に至ります。昭和35年薬事法によって，販売業許可，製造業許可，製造承認といった，現在の薬事規制にもつながっていく規制の原形が定められました。

(2) サリドマイド事件

時を同じくして，サリドマイド事件という大きな薬害事件が発生します。サリドマイドは世界各国で販売されていた睡眠薬で，日本でも昭和33年から販売

が開始され，妊娠中の悪阻（つわり）を軽減する目的でも用いられました。昭和36年，妊娠初期にこれらの医薬品を服用した母親から生まれた子供に，四肢の発育不全による奇形が見られるということが海外の学会で報告され，翌年には日本でもサリドマイドの回収が発表されましたが，結局，国内で認定されただけで309人の被害者が生じました。

(3)　製造承認審査の厳格化

サリドマイドは，旧薬事法の下で許可を受けた医薬品で，旧法下でのずさんな審査も問題とされましたが，昭和35年薬事法の製造承認制度においても，審査に必要なデータや審査基準などが明確でないなどの問題がありました。そこで，昭和42年に厚生省が「医薬品の製造承認等に関する基本方針」（昭和42年薬発第645号薬務局長通知）を発し，行政指導としてではあるものの，医薬品の承認審査では毒性試験の資料や臨床試験成績資料を要求することや，新規医薬品の副作用報告を医薬品メーカーに求めることを明示しました。

3．昭和54年薬事法改正

このように，サリドマイド事件はわが国の医薬品規制に大きな影響を与えましたが，それと同時期に他の薬害も進行していました。

(1)　スモン（キノホルム中毒）事件

スモン（SMON）とは，亜急性脊髄視神経障害（Subacute Myelo-Optico Neuropath）の略で，キノホルムという医薬品により神経炎や下半身麻痺などの症状を呈します。国内では昭和28年にキノホルムの製造が認可され，広く使用されてきましたが，昭和30年頃から，わが国各地でスモンの症状を訴える患者が出始めるようになりました。当初はスモンの原因がわかっておらず，ようやく昭和45年になって，キノホルムがスモンの要因となっていることを示唆する研究成果が発表され，その販売が中止されましたが，判明しているだけでも1万名を超えるスモン患者が発生する事態になりました。

(2)　クロロキン中毒事件

クロロキンはもともと抗マラリア薬として開発され，日本では昭和30年から製造が始まり，その後昭和35年頃から腎炎等その他の適応も承認されていきました。外国でクロロキン製剤の副作用によって眼底黄斑が障害され視野欠損の症状を呈するという報告がなされた後もわが国では販売が継続されましたが，被害が社会問題化して，最終的に昭和49年に製造中止に至りました。後に，クロロキンは腎炎には有効性がなかったと判断されています。

(3)　昭和54年薬事法改正

これらの事件では安易に適応を拡大したことや，昭和42年に開始された副作用報告が機能しなかったことなどが問題視されました。これを受けて，昭和54年には薬事法が改正され，それまでは上述の薬発第645号等に基づく行政指導として運用されていた承認審査基準や副作用報告制度，再審査制度，再評価制度，GMP省令の遵守などが法制化されたほか，緊急命令・回収命令や，添付文書への副作用等の記載義務付け，治験に関する規定等の整備も行われました。

4．昭和54年改正以降

上述のように昭和54年の薬事法改正により規制はさらに強化され，GXPと呼ばれる基準（詳細はQ2参照）による規制も本格化します。しかし，その後も薬害は引き続き発生し，それに呼応した規制の整備は続いていきます。

(1)　薬害エイズ事件

血友病の患者が血液凝固因子を補充するための血液製剤を製造するには，多数のドナーの血液が必要とされていました。昭和50年代後半から60年代にかけて，発見されたばかりだったHIVに感染したドナーがいたことから，血友病患者の多くがHIVに感染しました。加熱によりHIVウィルスを不活化した対策品である加熱製剤の承認が遅れたことや，加熱製剤の承認後も非加熱の濃縮製剤の使用中止や回収の措置が速やかに行われなかったことで，被害者を増やしてしまったとされています。

(2)　薬害肝炎事件

薬害エイズ事件における濃縮製剤と同様，多数のドナーの血液に由来して製造された血液製剤であるフィブリノゲン製剤について，ドナーに肝炎ウィルス感染者が含まれていたことから，フィブリノゲン製剤を投与された患者がC型肝炎ウィルスに感染したという事件です。

(3)　ソリブジン事件

ソリブジンは，帯状疱疹に使用する抗ウィルス薬で，平成5年に発売されましたが，発売から40日間で14人の死亡事故が発生しました。ある種の抗がん剤とソリブジンを同時に使用すると重い副作用が生じることは開発段階からわかっており，承認時の添付文書にも併用投与を避けることと記載されたものの，MRや医療現場の十分な注意が向けられなかったこと，さらに，最初の死亡事例の後も注意文書の配布が遅れたことなどから，被害が拡大してしまいました。

(4)　ジャクソンリース回路と気管切開チューブの接続不具合

健康被害は，医薬品による薬害にとどまらず，医療機器によっても起きていますので，一つの事例を紹介します。ジャクソンリース回路とは，麻酔や人工呼吸等を行う際に，患者が吸うガスと吐く呼気を適切に導くための呼吸回路機器で，他の呼吸補助用の医療機器と接続して使用します。一部のジャクソンリース回路は，一定の形状を有する他のチューブ等に接続したときに，呼吸経路が閉塞してしまう可能性がある構造になっているという問題が報告されていましたが，十分な対策がされないまま，平成10年代前半を中心に，新生児の死亡事故が複数件発生してしまいました。

(5)　GPMSP・GVP・GPSP省令

これらの被害の教訓を色濃く反映しているといえるのが，市販後（製造販売後）調査の分野です。従来の薬事法改正でも，市販後の副作用報告や再評価といった制度は導入されてきましたが，それでも薬害被害の拡大を防げませんでした。そこで，平成８年の薬事法改正を経て，平成９年には「医薬品の市販後調査の基準に関する省令」（Good Post-Marketing Surveillance Practice・GPMSP省令）が制定されました。GPMSP省令は，平成14年薬事法改正の際にGVP省令とGPSP省令に分割され，その後も随時改正されています。市販後（製造販売後）調査についてはQ33，34，50も参照してください。

5．まとめ

このように，薬機法による規制の強化の歴史は，薬害の再発を防ごうと模索してきた歴史そのものです。規制の遵守には困難や労力が伴うことも多くありますが，人々の生命・健康という，取り返しの付かないものを守るためのものであることは，忘れてはなりません。

Q2 薬機法の目的・概要

医薬品・医療機器業界の業法である薬機法の目的・概要と，医薬品・医療機器メーカーにもたらす影響について教えてください。

薬機法は，医薬品・医療機器等の品質・有効性・安全性の確保等を目的とし，その製造・販売行為等に関してさまざまな規制が定められています。2019年に提出された法改正の内容についても注意が必要です。

1．薬機法の目的

薬機法は，医薬品，医薬部外品，化粧品，医療機器および再生医療等製品の品質，有効性および安全性を確保し，これらの使用による保健衛生上の危害の発生および拡大の防止のために必要な規制を行うとともに，医療上特にその必要性が高い医薬品，医療機器および再生医療機器等の研究開発の促進のために必要な措置を講ずることにより，保健衛生の向上を図ることを目的としています。

2．薬機法の概要

(1)　薬機法の構成

薬機法は，①医薬品等の品質・有効性および安全性の確保，②希少疾病用医薬品・医療機器・再生医療等製品への規制，③指定薬物制度の３つの事項を実施することを定めています。平成５年法改正で②が，平成18年の法改正で③が追加されました。

特に，医薬品・医療機器メーカーが留意すべきは，①医薬品の品質・有効性および安全性の確保に関する規制です。ここでは，(a)医薬品，(b)医薬部外品，(c)化粧品，(d)医療機器，(e)再生医療等製品を規制対象としており，各製品について，製品そのものに対する規制，製品の製造者への規制，製品の販売者への規制および製品の販売後の安全対策が定められております。その他，製品の表示や添付文書に関する規制，広告規制等によっても製品の安全性が確保されています。

【図表1－1】薬機法の構成

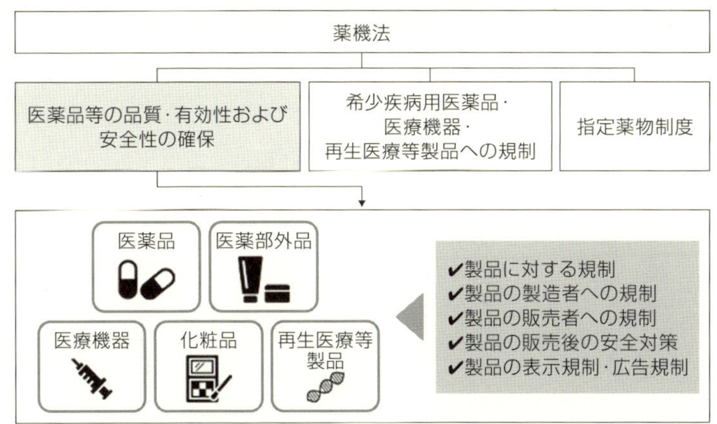

⑵　医薬品および医療機器に係る規制の概要

医薬品製造販売業を営むためには，製造販売業の許可を取得する必要があります。薬機法では，「製造販売」と「製造」は区別されており，製造販売業者は，自らの名で当該医薬品を市場に供給し，製造から市販後まで当該医薬品の責任を負う者を指します。自ら製造行為も行う場合には，別途製造業許可の取得が必要となります。医療機器についても，取り扱う医療機器の種類に応じた製造販売業の許可を取得する必要があります。医薬品および医療機器の製造販売業者は，その品質管理についてGQP省令およびQMS省令，製造販売後安全管理に関してGVP省令の基準を満たすことが求められています（Q13，33，34，41，43，50参照）。

医薬品を製造販売するためには，原則として，各医薬品について製造販売承認を得る必要があります。医療機器については，その種類により，①医薬品と同じく製造販売承認が求められる場合，②登録認証機関による認証で足りる場合および③PMDAへの届出で足りる場合に分かれます（Q41参照）。

製造販売承認を得るためには，その品質，有効性および安全性に関する基準を満たしていることを示すために，非臨床試験および臨床試験に関する資料を製造販売承認申請書に添付する必要があります。これらは，GLP省令およびGCP省令を遵守することが求められています。さらに，その製品の製造管理および品質管理の方法が，医薬品についてはGMP省令，一部の医療機器についてはQMS省令の基準に適合している必要があります。

これらの申請資料や製造所の基準の適合性についての審査は，PMDAにより行われます。審査の過程では，申請者はPMDAと適宜面接等によりコミュニケーションを行うことが不可欠です。審査が終了すると，PMDAは審査内容を審査報告書としてまとめ，厚生労働大臣に報告し，厚生労働大臣は当該報告事項を踏まえて，さらに薬事・食品衛生審議会からの意見も踏まえて当該医薬品の承認または却下決定を行います（Q13，43参照）。

製造販売承認を経て市場に流通することになった医薬品および医療機器についても，その安全管理方法についてはGVP省令に適合することが求められます。加えて，継続してその安全性を維持・調査するため，製造販売業者に販売後の調査が義務付けられています。医薬品については，①副作用・感染症報告制度，②再審査制度，③再評価制度が設けられています。同様に，医療機器についても，①副作用等報告義務および②使用成績評価制度等により販売後もその安全性を確保する制度が定められています（Q33，34，50参照）。

なお，医薬品，医療機器に関連する各省令は総称してGXP省令と呼ばれています。GXP省令への対応については，医薬品・医療機器メーカーに多数の部署・専門家が在籍しているケースが多く，その知見は外部専門家よりも各社内で蓄積されているのが特徴です。

【図表1－2】主なGXP省令

略称	正式名	対象製品	対象場面
GLP	Good Laboratory Practice	医薬品・医療機器・再生医療等製品	非臨床試験
GCP	Good Clinical Practice	医薬品・医療機器・再生医療等製品	臨床試験
GMP	Good Manufacturing Practice	医薬品	製造管理／品質管理
QMS	Quality Management System	医療機器	製造管理／品質管理
GCTP	Good Gene, Cellular and Tissue based Products Practice	再生医療等製品	製造管理／品質管理
GQP	Good Quality Practice	医薬品・医薬部外品・化粧品・再生医療等製品	品質管理

GVP	Good Vigilance Practice	医薬品・医薬部外品・化粧品・医療機器・再生医療等製品	製造販売後安全管理

3．薬機法の改正

薬機法は，平成25年に旧薬事法から改正されましたが，その中の附則で施行後5年を目途とする見直しの検討規定が置かれました。これを契機として，平成30年4月から薬機法見直しの検討が行われ，平成31年3月に薬機法改正案が国会へ提出されました。

厚労省が提出した改正案によると，①医薬品，医療機器等をより安全・迅速・効率的に提供するための開発から市販後までの制度改善，②住み慣れた地域で患者が安心して医薬品を使うことができるようにするための薬剤師・薬局のあり方の見直し，③信頼確保のための法令遵守体制等の整備等が盛り込まれています。

具体的には，平成27年から運用されている先駆け審査指定制度，条件付早期承認制度の法制化による承認審査制度の合理化，添付文書情報の電子化，遠隔服薬指導の導入，および広告規制違反等の業規制違反事業者への課徴金制度導入等が検討されています。

上述の通り，薬機法は，医薬品・医療機器メーカーの事業に大きな影響を与えるため，その改正動向は常に注視する必要があります。

《参考文献》

- ドーモ編集『カラー図解 よくわかる薬機法 全体編〔第4版〕』（薬事日報社，2016）
- アンダーソン

Q3 公的医療保険制度と診療報酬・薬価制度

公的医療保険制度や診療報酬・薬価制度の概要と，医薬品・医療機器メーカーにもたらす影響について教えてください。

A

日本では，国民皆保険制度のもと，医療サービスの大半が保険診療として供給されており，その価格は診療報酬・薬価という形で国が決定します。したがって，診療報酬・薬価制度の変更は医薬品・医療機器メーカーの収益に直結します。

1．日本の保険医療制度の特徴

日本の保険医療制度の主要な特徴として，①国民皆保険制度，②フリーアクセス，③現物給付の３つが挙げられます。

① 国民皆保険制度とは，国民全員が何らかの公的医療保険に加入しなければならない制度をいいます。

② フリーアクセスとは，被保険者（患者）が自由に医療機関を選べる制度をいいます。

③ 現物給付とは，保険上の給付として医療サービスが被保険者（患者）に対して現物で供給され，それに要した費用や報酬が保険者から医療機関に支払われる制度をいいます。

公的医療保険制度の枠内で行われる医療を「保険診療」といい，公的医療保険が適用されない診療を「自由診療」といいます。日本では，医療サービスの大半が保険診療として供給されています。

2．公的医療保険制度と診療報酬・薬価制度の概要

⑴ 公的医療保険の種類

公的医療保険は，被保険者資格という観点から，居住地域等を基準とする「地域保険」と，職業・職域等を基準とする「職域保険」の２つに分類できます。地域保険には，住所地の都道府県が市町村とともに運営する国民健康保険と，75歳以上の高齢者を対象とする後期高齢者医療制度の２つがあります。職域保

険には，比較的大きな企業の被用者を対象とする組合管掌健康保険や，国家公務員や公共事業体の被用者を対象とする国家公務員共済組合などがあります。

日本国内に住所を有する者は，原則として，住所地の都道府県が市町村とともに行う国民健康保険の被保険者となります（国民健康保険法５条）。ただし，国民健康保険以外の公的医療保険の被保険者は，国民健康保険の加入資格を有しません（同法６条）。これにより，すべての国民が何らかの公的医療保険に加入することになります（国民皆保険）。

(2)　保険診療の流れ

保険診療は，【図１－３】の流れに従って行われます。

【図表１－３】保険診療の流れ

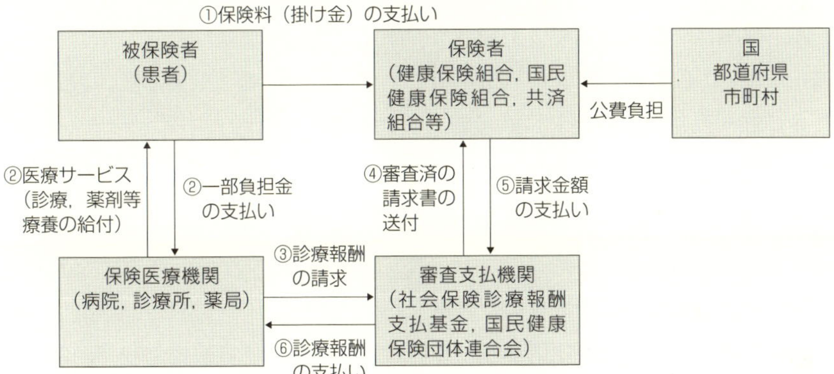

（出所）　厚労省ウェブサイト（https://www.mhlw.go.jp/stf/seisakunitsuite/bunya/kenkou_iryou/iryouhoken/iryouhoken01/index.html）を参考に作成

この図にあるように，医療機関は被保険者（患者）に対して，保険給付として，医療サービスの提供を行います。これを，「療養の給付」といいます（健康保険法52条，国民健康保険法36条１項）。医療機関は，保険者から，医療サービスの提供に要した費用や報酬の支払いを受けます。これを「診療報酬」といい，このうち，使用薬剤の費用に関する部分を「薬価」といいます。

医療機関が保険診療に関して診療報酬の支払いを受けるためには，①医療機関が「保険医療機関」の指定を受けていること（健康保険法63条３項など），②医師が「保険医」の登録を受けていること（同法64条など），③保険診療が「保険医療機関及び保険医療養担当規則」（以下「療担規則」といいます）に沿ってなされていることが必要です。保険医または保険医療機関がこのルールに違反した場合，保険医療機関は指定取消し，保険医は登録取消しという制裁が用意されています（同法80条・81条）。

(3) 診療報酬・薬価制度

保険医療における「療養の給付に要する費用」（診療報酬や薬価）の額は，厚生労働大臣が定めるところにより算定されます（公定価格制度（健康保険法76条２項））。これに基づき，診療報酬について定めているのが，「診療報酬点数表」です。この点数表には数千にのぼる技術やサービスについて点数が定められており，この点数に10円を乗じることで診療報酬が算定されます。薬価について定めているのが，「薬価基準」です。これらに記載のない医療サービスは保険診療として認められません（健康保険法76条２項，療担規則19条）。

診療報酬は，原則として，上記診療報酬算定表や薬価基準などに基づき，実施した個々の医療サービスの点数を積み上げて計算する「出来高払い方式」により計算されます。ただし，医療費の高騰を抑制する観点から，検査や投薬，注射など一部の行為を回数にかかわらず定額として算定する「包括支払方式」も導入されています。これは，「DPC」（Diagnosis Procedure Combination。診断群分類包括評価）方式と呼ばれ，特定機能病院（Q6参照）における急性期入院医療を対象として導入された包括支払方式です。

診療報酬の見直しは，原則２年に１回行われます。予算編成過程で内閣が決めた改定率を前提に，社会保障審議会医療保険部会・医療部会において定めた「基本方針」に基づき，中央社会保険医療協議会（中医協）にて具体的な診療報酬点数の設定等に関して審議を行い，中医協の諮問を経て，決定されます。

診療報酬は個々の医療サービスについて算定されるだけでなく，医療機関における医療提供体制に応じて各種の加算がなされます（たとえば，かかりつけ医の初診時に算定される「機能強化加算」など）。国は，医療財源をコントロールしつつ，医療サービスの量や質，医療提供体制の整備を望ましい方向に誘導する政策手段として，診療報酬・薬価制度を用いています。

(4) 混合診療の禁止

保険診療と自由診療を併用した診療を「混合診療」といいます。混合診療の場合，自由診療部分だけでなく，保険診療部分（単独で提供された場合には公的医療保険が適用される医療サービス部分）についても保険適用がなされず，全額自己負担となるのが原則です。これを一般に「混合診療の禁止」といいます。混合医療の禁止は法令上の明文規定がありませんが，最高裁判例によりその適法性が認められています（最判平23・10・25民集65巻7号2923頁）。

例外として先進医療など健康保険法の「保険外併用療養費」の要件（63条2項第3号・4号・5号）を満たす場合，保険診療との併用が認められます。

3．医薬品・医療機器メーカーにもたらす影響

これまでに述べたように，医薬品は，医療機関が保険償還を受ける価格が公定されているため，医薬品メーカーの価格決定の自由度は極めて低く，薬価制度の変更はメーカーの収益に直接影響します。

平成30年に実施された薬価制度抜本改革は，医薬品メーカーに大きな影響を与えました。特に，「新薬創出等加算」（革新的な新薬について，一定期間，市場実勢価格に基づく薬価の引下げを猶予する制度）の対象品目が大幅に削減されたことで，医薬品メーカーは戦略変更や人員削減をせざるを得なくなりました（じほう編『薬事ハンドブック2019』（じほう，2019）2～11頁，36～37頁参照）。また，令和元年以降，薬価は毎年改定されることとなりました。

実勢価格に基づいて診療報酬・薬価を改訂する制度のもとでは，メーカーが医療サービスの価値に直接つながらない形で競争を行うことを制限する特別の必要性が生じます。これが，医薬品・医療機器業界に他の業界とは異なる特殊な景品競争規制（公競規（Q28，47参照））が存在する理由の一つです。

《参考文献等》

公的医療保険制度全般に関して，

- 加藤智章ほか『社会保障法〔第7版〕』（有斐閣，2019年）141～206頁
- 厚労省保険局医療課医療指導監査室「保険診療の理解のために【医科】（平成30年度）」（https://www.mhlw.go.jp/seisakunitsuite/bunya/kenkou_iryou/iryouhoken/dl/shidou_kansa_01.pdf）

医学研究の基本原則と規制の概観

医学研究にはどのような種類がありますか。また，人を対象とする医学研究における基本原則と，適用される法規制について教えてください。

A

医学研究は，①薬機法に基づく研究か，②人を対象とする研究か，という大きく2つの観点から分類することができます。医学研究はその分類によりGCP省令や臨床研究法など適用される規制が異なります。

1．医学研究の分類と適用される規制の概観

医学研究の分類にはいくつかの方法が考えられますが，大きく分けて①薬機法に基づく研究（医薬品等の承認申請等を目的として薬機法に基づき実施する研究）であるか，②人を対象とする研究（医薬品等を人に対して用いる研究）であるか，という2つの切り口を併せて整理することが有用です。

(1) 薬機法適用の研究

まず，薬機法に基づき，人以外（動物など）を対象とする研究は「非臨床試験」と呼ばれており，GLP省令が適用されます。また，動物実験に関する基本原則として，いわゆる3R原則（Refinement（動物の苦痛の軽減），Replacement（動物以外の代替法の利用）およびReduction（動物利用数の削減））があり，「動物の愛護及び管理に関する法律」（動物愛護法）41条や，「実験動物の飼養及び保管並びに苦痛の軽減に関する基準」，「厚生労働省の所管する実施機関における動物実験等の実施に関する基本指針」などにおいて当該原則が反映されています。

次に，薬機法に基づき，人を対象に製造販売承認申請目的で行われる研究は「治験（臨床試験）」と呼ばれており，GCP省令が適用されます。

加えて，RMP（Risk Management Planの略。個別医薬品ごとに安全性検討事項を特定し，一つの文書にまとめたもの）の医薬品安全性監視活動およびリスク最小化活動の一環として，承認された適応の範囲内で有効性と安全性にかかわるさらなる情報の収集を目的とする製造販売後臨床試験が行われることが

【図表1－4】医学研究の分類の概念図

	人を対象とする研究	人を対象としない研究
承認申請目的（薬機法適用）	治験（臨床試験）…GCP省令等 製造販売後臨床試験…GCP省令，GPSP省令等	非臨床試験…GLP省令，動物愛護法等
承認申請目的でない（薬機法非適用）	個別法令が適用される…臨床研究法，再生医療等安全性確保法等 個別法令が適用されない…医学系指針等	非臨床研究…動物愛護法等

あり，これにはGCP省令およびGPSP省令が適用されることになります。

これらの薬機法適用の医学研究および開発の詳細については，Q13，14を参照ください。

(2) 薬機法非適用の研究

まず，薬機法が適用されない研究であって，人を対象にしないものに関しては，包括的なルールは存在していません。ただし，3R原則に基づき動物愛護法等の基準を遵守しなければならないことは薬機法適用の研究と同様です。

次に，薬機法が適用されない研究であって，人を対象とする研究は，臨床研究法や安確法といった個別法令が適用となる場合があります。

臨床研究法においては，同法が適用となる「臨床研究」を「医薬品等を人に対して用いることにより，当該医薬品等の有効性または安全性を明らかにする研究」と定義したうえで，そのうち，①薬機法における未承認・適応外の医薬品等の臨床研究と②製薬企業等から資金提供を受けて実施される当該製薬企業等の医薬品等の臨床研究を「特定臨床研究」と定義して，認定臨床研究審査委員会の意見聴取等を義務付けています。

また，再生医療等技術を用いる研究には，再生医療等安全性確保法が適用されます（Q60参照）。なお，再生医療等技術を用いる研究も臨床研究法の「臨床研究」の定義に合致する限りにおいて臨床研究法が適用されますが，臨床研究法第２章の臨床研究の実施は適用除外となり，この部分については再生医療等安全性確保法が適用されます。

個別法令が適用されない人を対象とする医学研究については医学系指針が適用されます（なお，研究に関する指針の一覧については，厚労省のウェブサイトでまとめられていますので参照ください（https://www.mhlw.go.jp/stf/seisakunitsuite/bunya/hokabunya/kenkyujigyou/i-kenkyu/index.html)）。

医学系指針は，同指針の適用となる「人を対象とする医学系研究」を「人（試料・情報を含む。）を対象として，傷病の成因（健康に関する様々な事象の頻度及び分布並びにそれらに影響を与える要因を含む。）及び病態の理解並びに傷病の予防方法並びに医療における診断方法及び治療方法の改善又は有効性の検証を通じて，国民の健康の保持増進又は患者の傷病からの回復若しくは生活の質の向上に資する知識を得ることを目的として実施される活動をいう。」と定義したうえで，研究における「介入」や「侵襲」の有無により異なる規律をしています。なお，「介入」および「侵襲」の意義やその他倫理指針の詳細については，文部科学省の「ライフサイエンスの広場」に詳しく解説されていますので，参照してください（http://www.lifescience.mext.go.jp/bioethics/ekigaku.html)。

このように，医学研究に関しては研究の種類によって適用される規制の種類が異なるため，関係部署から相談等を受けた法務パーソンは，相談内容がどの分類の医学研究の，どの部分を問題としているのかを確認する必要が生じます。特に，多くの企業において薬機法が適用される医学研究については専門の部署が存在していますが，それ以外の医学研究については必ずしも専門性やノウハウが確立していない会社も多く，法務パーソンとしてメディカル部門やコンプライアンス部門などと共同で問題に対処する必要が生じることもあると思います。その場合，用語法や規制の分類を含めて，社内外のコミュニケーションの「通訳」としての役割を求められることもあるかもしれません。

２．臨床研究法の経緯と概要

上記のように種類により異なる規制が適用される医学研究ですが，法務パーソンとして臨床研究に関わるとき，特に臨床研究法の成立経緯を十分に理解することは有用です。臨床研究法の成立以前は，GCP・GPSPが適用される臨床試験以外には，再生医療等安全性確保法が適用される研究を除き，法的な規制は存在しませんでした。そうした状況のもとで，平成25年初め頃から，臨床研究に関して，ディオバン事件やCASE-J事件などの不適正な事案が相次いで報道され（Q10参照），厚労省等において，治験以外の臨床研究のあり方について検討がなされるようになりました。その背景には，それまで行われてきたいくつかの臨床研究が必ずしも医学の発展を主目的とするものではなく，医薬品メーカー等の金銭的援助および関与のもと，製品の販売促進に有利となるエビデンス創出のために利用されてきたということがあります。

その結果，一定の臨床研究につき適正な手続等を取ることを定めた「臨床研究法」が平成30年４月から施行されています。臨床研究法は，医療機関に対しては，「特定臨床研究」の実施に関し，モニタリングの実施を義務付けるなど，相当程度GCPに類似した規定を設けています。臨床研究法に関しては，法令の概要に関するパワーポイントの資料等も含めて厚労省のウェブサイトにまとめられていますので，参照してください（https://www.mhlw.go.jp/stf/seisakunitsuite/bunya/0000163417.html。また，治験との比較についてはQ14も参照）。

3．ヘルシンキ宣言

上記のとおりその種類により多様な規制が適用される臨床研究ですが，その基本的な考え方はすべて「ヘルシンキ宣言」に求めることができます（ヘルシンキ宣言をはじめとする「医の倫理」については，Q5も参照）。ヘルシンキ宣言とは，1964年に世界医師会総会において採択された「ヒトを対象とする医学研究の倫理原則」であり，最新版は2013年に改定されたものです。ヘルシンキ宣言は，医学研究は研究目的の重要性が研究に伴う被験者のリスクと負担を上回る場合にのみ行われるべきであるとしているほか，研究計画書の作成と研究倫理委員会による当該計画書の承認，被験者のプライバシーの保護，ICの取得など，すべての規制の淵源となる医学研究の基本原則が定められています。ヘルシンキ宣言については，日本医師会のウェブサイトで和文も含めて確認することができますので参照してください（http://med.or.jp/wma/helsinki.html）。

Q5 法務部門の役割と医の倫理

事業部門から「こういうことをやりたいが問題ないか？」と，過去に例のない新しい案件の相談を受けることがあります。法令や通知のどこにも「やってはいけない」とは書いてないのですが，「やってよい」とも書いてないので，OKを出すのには不安があります。何をよりどころに判断し，事業部門に説明すればよいでしょうか。

法務パーソンは企業の良心として，「合法かどうか」だけでなく，「正しいかどうか」の判断にも責任を負っています。医の倫理に関する理解や洞察を深めることで，「何が正しいか」の判断や説明のよりどころを得ることができます。

1．法務部門の役割と倫理

(1) ガーディアン機能とパートナー機能

企業の法務部門が果たすべき機能の分類方法にはさまざまなものがありますが，その一つに，「ガーディアン機能」と「パートナー機能」に分ける方法があります。ガーディアン機能はいわば「守り」の機能で，企業の良心の「最後の砦」として，企業をコンプライアンス上のリスクやレピュテーション上のリスクから守ることをいいます。パートナー機能はいわば「攻め」の機能で，事業部門のリスクテイキングを支援して，ビジネスを前に進めることをいいます。ガーディアン機能とパートナー機能は表裏一体の関係にあり，法務パーソンは，この２つの機能を高いレベルで両立させることが求められています。

(2) 「正しいかどうか」という問いの必要性・有効性

ガーディアン機能を果たす上では，企業行動が「合法かどうか」だけでなく，「正しいかどうか」の判断も行うことが不可欠です。なぜなら，「正しくない」企業行動は合法であったとしても社内外の多様なステークホルダーから受け入れられず，企業のレピュテーションを傷つけ，中長期的には企業の競争力を失わせ，企業の存立の基盤を危うくするからです。

一方，パートナー機能を果たす上でも，企業行動が「正しいかどうか」の判断が役に立つことがあります。「正しい」企業行動の中には，世の中の未解決の問題を初めて解決したり，今までにないやり方で解決したりする性質のものもあります。そのような意味で「正しい」企業行動に関しては，一見，現行法上認められていないように見えても，現行法上の問題をクリアするロジックを見つけることができたり，事業部門との建設的な対話を通じて，実行可能な代替案を見つけることができたりすることがあります。当局との建設的な対話を通じて規制の緩和を実現するきっかけとなることもあります。

(3)　「正しいかどうか」を問うために必要な理解や洞察

このように，法務パーソンがガーディアン機能とパートナー機能を高いレベルで両立させて企業に貢献をしていくには，「合法かどうか」だけでなく，「正しいかどうか」を問う必要があります。そのためには，個々の法令の知識や法的論点に関する判断力だけでなく，「何が正しいか」に関する洞察や判断力を磨く必要があります。また，そのような洞察や判断力は，事業部門に対して説得的な説明を行う上でのよりどころとしても役立ちます。

「何が正しいか」という素朴かつ深淵な事柄に関する洞察や判断力を磨く上での確実な方法はありませんが，「ニュースペーパーテスト」が役に立つかもしれません。これは，「あなたの判断や行動が新聞の一面に載り，あなたの家族や友人がその記事を読むことになると仮定した場合に，それでもあなたは同じ判断や行動をするか」というテストで，企業の意思決定の際に用いられることがあります。また，憲法の学習を通じて培われる人権感覚や，統治機構における「抑制と均衡」の考え方も役に立ちます。さらには，「何が正しいか」に関する指導原理として，倫理について学ぶことも有用です。

2．医薬品・医療機器ビジネスと医の倫理

(1)　医の倫理を学ぶことの有用性

医薬品・医療機器ビジネスは医療を支えるビジネスです。医療分野の規制の特色として，強制力のある法規範だけでなく，「医の倫理」と呼ばれる倫理規範が重要な役割を担っていることが挙げられます。したがって，医薬品・医療機器業界の法務パーソンとして「何が正しいか」に関する洞察や判断力を磨く上では，幅広く医事法を学ぶだけでなく，医の倫理について学ぶことが極めて

有用です。

そこで，医の倫理について概観します。

⑵ 医の倫理の概観

医の倫理は，古代ギリシャにおける「ヒポクラテスの誓い」に遡ります。ヒポクラテスの誓いを現代的な言葉で表したのが世界医師会の「ジュネーブ宣言」(1948年）です。また，世界医師会は「医の国際倫理綱領」(1949年）を採択して，医師の一般的な義務，患者に対する義務，同僚医師に対する義務を確認しています。ジュネーブ宣言と医の国際倫理綱領はその後何度も修正され，現在，もっとも影響力のある国際的な指針です。

医の国際倫理綱領に盛り込まれている倫理原則には，患者の最善の利益のために行動することや患者の秘密を守ることなど，ヒポクラテス時代から不変の倫理原則もあります。一方，「医師は，判断能力を有する患者の，治療を受けるか拒否するかを決める権利を尊重しなければならない」という倫理原則は，ヒポクラテス時代にはなかったものです。これは一般に「患者の自己決定権の尊重の原則」と呼ばれており，現代の医の倫理を特徴づける倫理原則です。

⑶ 医学研究に関する倫理

人を対象とする医学研究の倫理に関する最初の国際的な指針は，ナチスドイツの医師による人体実験を戦争犯罪として裁いたニュルンベルク国際軍事裁判の判決で明文化された「ニュルンベルク倫理綱領」(1947年）です。その後，世界医師会は，人を対象とする医学研究の倫理に関する指針として「ヘルシンキ宣言」(1964年）を採択しました。ヘルシンキ宣言はその後何度も修正され，現在，もっとも影響力のある国際的な指針です。ヘルシンキ宣言で確認された諸原則は，医学研究に関する日本の法規制や倫理指針に反映されています（Q4参照)。

⑷ 患者の権利

患者の権利に関する国際的な指針としては，世界医師会の「リスボン宣言」(1981年）が重要です。これは，良質の医療を受ける権利，自己決定の権利，情報に対する権利，守秘義務に対する権利などを内容とするものです。

近年は多くの医療機関において，「患者の権利と責務」などの形で，患者の権利を明示することが行われています。また，患者団体を中心として，患者の権利を包括的に定める法律の制定を求める動きがあります。日弁連は，患者の権利に関する法律大綱案を平成24（2012）年に提言しています。

《参考文献等》

- これからの日本企業に求められる法務機能（ガーディアン機能とパートナー機能）に関して，経産省「国際競争力強化に向けた日本企業の法務機能の在り方研究会 報告書」（平成30年４月）（https://www.meti.go.jp/press/2018/04/ 20180418002/20180418002-2.pdf）16～25頁
- 企業内弁護士が果たすべき役割に関する詳細な論考として，ベン・ハイネマン『企業法務革命』（商事法務，2018）。特に，25～62頁（ガーディアン機能とパートナー機能および「それは正しいか」という問いの重要性），205～250頁（グローバル企業における倫理的課題の複雑性）
- 企業の法務機能の実例の紹介として，淵邊善彦編『東大ロースクール 実戦から学ぶ企業法務』（日経BP社，2017）7～68頁（ユニリーバ・ジャパン・ホールディングス株式会社および株式会社NTTドコモの例）
- 医事法に関する入門書として，甲斐克則編『ブリッジブック医事法〔第２版〕』（信山社，2018）
- 医の倫理を学ぶ上で非常に有益な資料が多数掲載されているウェブサイトとして，日本医師会ウェブサイトの「医の倫理」に関するページ（http://www.med.or.jp/doctor/rinri/）。特に，現代医療の倫理上の課題に関して日本の医学，法学，倫理学の専門家が解説した「医の倫理の基礎知識（2018年版）」，全世界の医師と医学生を対象とする基礎教材として世界医師会（WMA）が作成した「WMA医の倫理マニュアル〔原著第３版〕」

Q6 医療機関や医療従事者に適用されるルール

医療機関や医療従事者に適用されるルールにはどのようなものがありますか。法務パーソンとして，それを知っておく必要はどの程度ありますか。

医療機関や医療従事者に適用されるルールにはたくさんのものがありますが，中でも，医療法に基づく地域医療構想の推進や，医療従事者の資格法制に基づくチーム医療の推進は，これからの医療のあり方，ひいては，医薬品・医療機器のビジネスにも大きな影響を及ぼすので，特に注視しておく必要があります。

1．医療機関や医療従事者に適用される基本的ルールの概観

医療機関や医療従事者に適用されるルールは膨大な数にのぼります（医療機関や医療従事者に適用されるルールの概観に関しては，安藤秀雄ほか『これだけは知っておきたい医療事務92法　最新医事関連法の完全知識』（医学通信社，2018）参照）。

ここでは，安全で質が高く，効率的な医療提供体制の確保という観点から，①医療機関に適用されるルールのうち，医療法に基づく医療機関の機能分化と連携について，②医療従事者に適用されるルールのうち，医療従事者の資格法制のもとでのチーム医療の推進について，それぞれ解説します（医療保険に関するルールに関してはQ3を参照。医学研究に関するルールに関してはQ4，55～60を参照）。

2．医 療 法

(1) 医療法の概要

医療法は，医療を受ける者の利益の保護および良質かつ適切な医療を効率的に提供する体制の確保を目的として，①医療に関する選択の支援，②医療安全の確保，③病院・診療所・助産所の開設および管理，④医療機関相互間の機能の分担および業務の連携の推進，などについて定めています（１条）。④は，2025年に団塊の世代すべてが75歳以上になり超高齢化社会を迎える日本において，医療政策として極めて重要な意味をもっているので，ここでは，④につい

て解説します（医療安全についてはQ7を参照）。

(2) 医療法による医療機関の分類

医療法は，医療機関を病床数によって「病院」（20床以上）と「診療所」（19床以下）に区別し（1条の5），規制の度合いに差を設けています。また，病院のうち一定の機能を有するものとして，「地域医療支援病院」，「特定機能病院」，「臨床研究中核病院」の3つを定めています。

地域医療支援病院とは，「他の医療機関からの紹介患者に対し医療を提供するための体制が整備されている」など，地域における医療の確保のために必要な支援に関する同法4条1項の要件に該当し，所在地の都道府県知事の承認を得た病院をいいます。

特定機能病院とは，「高度の医療安全を確保する能力を有する」など，高度な医療を提供する医療機関としての同法4条の2第1項の要件に該当し，厚生労働大臣の承認を得た病院をいいます。

臨床研究中核病院とは，「臨床研究に関する計画を立案・実施する能力を有する」など，臨床研究の実施の中核的な役割を担うことに関する同法4条の3第1項の要件に該当し，厚生労働大臣の承認を得た病院をいいます。

これらの病院として承認されるためには，人員配置や構造設備基準，管理者の責務等において，一般の病院とは異なる厳しい要件を満たすことが必要です。

(3) 医療計画と地域医療構想

医療計画とは，良質かつ適切な医療を効率的に提供する体制の確保を図るための国の基本方針（医療法30条の3に基づく，「医療提供体制の確保に関する基本方針」（平成19年厚労省告示第70号。平成29年改正））に即して，都道府県が地域の実情に応じて当該体制の確保を図るために定める計画のことです（同法30条の4）。

地域医療構想とは，医療計画の中で都道府県が定める，2025年に向けての地域ごとの医療提供体制の構想のことです。

地域医療構想において，都道府県は，医療圏ごとに，2025年の病床の機能区分（高度急性期，急性期，回復期，慢性期）ごとの病床数の必要量を定め，医療機関の機能分化および連携を推進することが求められています（詳細については厚労省ウェブサイト「医療計画」（https://www.mhlw.go.jp/stf/seisakunitsuite/bunya/kenkou_iryou/iryou/iryou_keikaku/）を参照）。地域医療構想は，2025年に向けて，日本の医療機関のあり方に大きな影響を及ぼすので，注視しておく必要があります。

3．医療従事者の資格法制

(1)　チーム医療と資格法制

チーム医療とは，医療に従事する多種多様な医療スタッフが，各々の高い専門性を前提に，目的と情報を共有し，業務を分担しつつも互いに連携・補完し合い，患者の状況に的確に対応した医療を提供することをいいます（厚労省「チーム医療の推進に関する検討会　報告書」（平成22年3月19日）。以下「チーム医療報告書」といいます）。チーム医療を通じて，①疾病の早期発見・回復促進・重症化予防など医療・生活の質の向上，②医療の効率性の向上による医療従事者の負担の軽減，③医療の標準化・組織化を通じた医療安全の向上，等が期待されています。

チームを構成しているのは，医師，看護師，薬剤師，臨床工学技士，診療放射線技師などの，さまざまな医療専門職です。医療従事者に関する資格法制は，これらの医療専門職を免許制にして，一定の教育・訓練を受けた者に独占させています。

(2)　医　　師

医師が行う業務の範囲を定めているのが医師法で，医師法17条は「医師でなければ，医業をなしてはならない」と規定しています。これは医師の業務独占（医業独占）を定めたもので，違反者は刑事罰の対象となります（同法31条）。

「医業」とは，「医行為」を「業として」なすことをいいます。どのような行為が「医行為」に該当するかについては，在宅医療との関連でも問題となります（Q51参照）。

現行法上，医師は他の医療従事者がなしうる業務をすべてなしうるとされ，いわば「万能資格」と位置付けられています。一方，他の医療従事者が具体的な患者に対する業務を実施するには原則として医師の指示が必要であり，具体的な形で医師から権限を委譲されない限り業務を行えないものとされています。

(3)　看 護 師

看護師が行うことのできる業務の範囲を定めているのが保助看法です。看護師は，医師の指示のもと，「診療の補助」として医行為を行うことができます（同法５条・37条）。無資格者はこれらの業務を行うことはできず，違反者は刑事罰の対象となります（同法31条・43条）。

チーム医療報告書は，チーム医療の推進に資するよう，「診療の補助」の範囲を明確化し，看護師の役割を拡大することを提言しました。その結果，平成26年に保助看法が改正され，看護師が指定研修機関で研修を受けることで，医師の指示のもと，手順書に沿って，38項目の「特定行為」を行うことができるようになりました（同法37条の２）。たとえば，以下のものです。

- 身体所見および検査結果等が医師から指示された病状の範囲にあることを確認し，インスリンの投与量の調整を行うこと
- 身体所見，検査結果および血行動態等が医師から指示された病状の範囲にあることを確認し，人工呼吸器からの離脱（ウィーニング）を行うこと

(4)　薬剤師，臨床工学技士，診療放射線技師

薬剤師については薬剤師法，臨床工学技士については臨床工学技士法，診療放射線技師については診療放射線技師法が，それぞれ，行える業務の範囲を定めています。無資格者がこれらの業務を行うことができないこと，違反者は刑事罰の対象となることも医師法や保助看法と同様です。

「医療スタッフの協働・連携によるチーム医療の推進について」（平成22年４月30日医政発0430第１号）は，チーム医療報告書の内容を踏まえ，医療スタッフ間の連携・補完を一層進める観点から，これらの医療従事者が実施できる業務の具体例を挙げています。たとえば，以下のものです。

- 薬剤師が，事前に作成・合意されたプロトコールに基づき，薬剤の種類，投与量，投与方法，投与期間等の変更や検査のオーダを実施すること
- 臨床工学技士が，動脈留置カテーテルからの採血を行うこと
- 診療放射線技師が，画像診断における読影の補助を行うこと

医療従事者の資格法制に基づくチーム医療の推進は，日本の医療のあり方に大きな影響を及ぼすので，注視しておく必要があります。

《参考文献》

- 医療法および医療従事者の資格法制に関して，米村35～92頁

Q7　医療機関における医療安全

医薬品や医療機器の安全な使用のために，医療機関ではどのような取組みがなされていますか。医薬品・医療機器メーカーの法務パーソンとして，それらを知っておく必要はどの程度ありますか。

A

医療機関では医療法に基づき医療安全管理体制が整備され，特に医薬品と医療機器の安全管理については，医薬品安全管理責任者と医療機器安全管理責任者が担っています。メーカーの法務パーソンは，自社製品の安全な使用を促進する上で，医療機関におけるこれらの取組みを知っておく必要があります。

1．医療安全対策とは

医療機関では，安全で質の高い医療を提供するために，さまざまな取組み（医療安全対策）がなされています。法規制としては，医療法および同法施行規則において，すべての病院，診療所，助産所（以下「病院等」といいます）の管理者（病院長）は所定の医療安全管理体制を整備する責務を負い，特に，特定機能病院と臨床研究中核病院（Q6参照）については，その機能に鑑み，高度な医療安全管理体制の整備が求められています。同法の遵守状況を確認するため，定期的に行政による立入検査（同法25条1項・3項）が実施されており，医療安全管理体制は特に厳しく確認されます。また，診療報酬（Q3参照）上，組織的な医療安全対策を実施している保険医療機関は「医療安全対策加算」等による評価を受けることができ，医療安全対策を行う動機付けとなっています。

2．院内事例報告

法令上の医療安全管理体制として，①医療安全管理指針の整備，②医療安全管理委員会の設置，③研修の実施，④事故報告等の改善策の実施があります（医療法6条の12，同法施行規則1条の11第1項，ただし，上記②は病院および有床診療所・助産所のみ）。このうち，実務上，医療安全対策の柱となっているのは，上記④に相当する院内事例報告です。一般に，1件の重大な事例の背景には多くの軽微な事例が存在するといわれており，重大な事例を防ぐには，軽微な事例の情報を数多く収集し，原因を分析して組織の改善につなげることが重要です。そこで，多くの病院では，医療安全対策を担う部署（医療安全管理部門）がイントラネットを通じて各部署から報告を受け，事実調査，原因分析，再発防止策の立案・実施・周知を行い，重大な事例や重要な検討結果は医療安全管理委員会等を通じて病院長に報告するという仕組みがとられています。

報告対象には，医療の提供において本来あるべき姿から外れた事態や行為があったものがすべて含まれ，そのうち患者に新たに濃厚な治療・処置を要したものを「アクシデント」，それ以外のものを「インシデント」と呼びます。なお，治験や臨床研究における有害事象は，研究支援を行う部署（研究支援部門）に報告され，重篤なものは実施医療機関の長（病院長）・研究倫理審査委員会等の委員会に報告されます。研究支援部門への報告対象と医療安全管理部門への報告対象は重複するため，両部門の連携が重要です。

医薬品や医療機器に関するインシデント・アクシデントには，副作用・不具合によるもののほか，外観類似医薬品の取り違え，医療機器の設定間違いなどのヒューマンエラー事例も含まれます。製品に関連する事例では，事実調査を行う中で，メーカーに対し，構造上の欠陥，同種事例報告の有無などについて調査依頼がなされる場合があります。その際，メーカーと医療機関とは，責任の所在をめぐって防御的になるのではなく，患者の安全のために協力すべきです。

院内で報告された事例の一部は，外部機関にも報告されます。医療事故調査制度（同法６条の10）により，同条に定める「医療事故」は，日本医療安全調査機構への報告が義務付けられています。また，同法施行規則９条の20の２第１項14号・11条・12条により，特定機能病院などの一部の病院には，一定の事例について，日本医療機能評価機構への報告が義務付けられています（医療事故情報収集等事業，同事業に任意で参加する医療機関もある）。医薬品や医療機器の副作用・不具合は，医薬品・医療機器等安全性情報報告制度（薬機法68条の10第２項・68条の13第３項）により，医療機関からPMDAに報告されることもあります。外部機関は，収集した情報をもとに安全情報を発信し，医療現場に還元しています（詳細は各機構のウェブサイト，医薬品・医療機器等安全性情報報告制度についてはQ33，50を参照)。

3．医薬品・医療機器の安全管理

医薬品や医療機器の安全のためには，事例報告を起点とする有事対応だけでなく，平時からの対策も重要です。そこで，すべての病院等には「医薬品安全管理責任者」と「医療機器安全管理責任者」が配置され，職員研修の実施，安全使用のための業務手順書の作成（医薬品の場合），保守点検計画の策定・実施（医療機器の場合），安全使用のための情報収集その他の改善策の実施など，それぞれ医薬品・医療機器の安全管理全般を担っています（医療法施行規則1条の11第2項2号・3号)。

特に重要なのは，未承認，適応外，禁忌の使用（以下「未承認等の使用」といいます）に関する安全対策です。未承認等の使用は，研究にあたる場合は，その類型に応じた規制（Q4，14，58参照）の下で行われますが，診療の場面でも，医学的必要性から医師の専門的裁量の下で行われる場合があります。医師がこの判断を適切に行うためには，製品に関する正しい知識が必要です。そこで，医薬品安全管理責任者，医療機器安全管理責任者には，採用する製品の添付文書，メーカー，行政機関，学術誌等からの情報を収集・管理し，院内に周知徹底することが求められています。なお，これに関連して，薬機法68条の2第2項・3項では，病院等は，メーカーによる情報収集への協力や，メーカーから提供された情報の活用等に努めなければならないとされています。

近年，東京女子医科大学病院において，小児の集中治療における人工呼吸中の鎮静目的でのプロポフォールの持続投与（禁忌）による死亡事例が相次いで特定機能病院の承認が取り消されたのを契機に，特定機能病院の承認要件として，未承認等の使用に新たな規制が加わりました（後に臨床研究中核病院の承認要件にも追加)。一つは，医薬品安全管理責任者の任務の強化です（医療法施行規則9条の20の2第1項3号)。具体的には，院内の未承認等の使用を把握する体系的な仕組みを構築すること，医師に処方の必要性や妥当性等を確認し，必要に応じて処方変更の提案等の指導を行うこと，この結果を院内に共有することが，任務として追加されました。もう一つは，診療上行われる「未承認新規医薬品等」(当該病院で使用したことのない医薬品または高度管理医療機器であって，薬機法における承認または認証を経ていないもの）の導入プロセスに対する規制です（同項8号。なお，特定機能病院・臨床研究中核病院以外の病院については同法施行規則1条の11第2項4号により努力義務とされる）。これにより，「未承認新規医薬品等」の導入に際しては，倫理的・科学的妥当性などについて「未承認新規医薬品等評価委員会」の意見を聴いたうえで，医薬品安全管理責任者，医療機器安全管理責任者を責任者として配置する「担当部門」が使用の適否や使用条件を決定し，使用中には使用状況を確認することになりました。これは，未承認等の使用のうち「未承認新規医薬品等」の使用に限定された規制ではあるものの，医師の判断の妥当性を組織としてチェックすることになり，適正使用に資するものと期待されます。

《参考文献等》

- すべての病院等の医療安全管理体制について，「良質な医療を提供する体制の確立を図るための医療法等の一部を改正する法律の一部の施行について」（平成19年3月30日医政発0330010号）
- 特定機能病院の医療安全管理体制について，「医療法の一部を改正する法律の一部の施行について」（平成5年2月15日健政発第98号）
- 臨床研究中核病院の医療安全管理体制について，「医療法の一部改正（臨床研究中核病院関係）の施行等について」（平成27年3月31日医政発0331第69号）
- 未承認新規医薬品等の導入プロセスについて，「医療法施行規則9条の20の2第1項第8号ロの規定に基づき未承認新規医薬品等を用いた医療について厚生労働大臣が定める基準について」（平成28年6月10日医政発0610第24号）

Q8 海外の贈賄規制

日本で働く法務パーソンとして，海外の贈賄規制について知っておくべきことはありますか。

外国公務員に対する不正な経済的利益の提供を規制する法律としては，米国のFCPAが代表的なもので，非米国企業や米国外の行為にも適用されえます。英国，中国にも類似の法律があります。

1．贈賄防止立法の背景

1972年のウォーターゲート事件をきっかけとして，米国では外国公務員に対する贈賄行為を規制する動きが強まり，1997年にFCPAが制定されました。その後，国際商取引における外国公務員に対する贈賄の防止に関する条約が締結されるという世界的な流れの中，英国，中国等多くの国が，外国公務員に対する不正な利益提供を規制する法律を制定しています。日本では外国公務員への贈賄は不正競争防止法（18条）で規制されていますが，立件された例は未だ少なく，処罰も比較的軽い傾向があります。

2．海外の贈賄規制

(1) FCPA（米国）

① FCPAの構成

FCPAは(i)正確な帳簿，記録，会計の作成および保存ならびに内部統制システムの設置，維持を義務付ける「会計・内部統制条項」と，(ii)外国公務員への不正な利益の提供を禁止する「贈賄防止条項」の２つから構成されます。

② 「外国公務員」の定義

FCPA上，贈賄の対象である「外国公務員」の定義は広く，国によっては国営企業の職員も該当します。また，職階や責任範囲等には関係なく，下級職員も含まれます（「米国FCPAガイド」（http://www.justice.gov/sites/default/files/criminal-fraud/legacy/2015/01/16/ guide.pdf）19～21頁）。

③　行為の主体

FCPAの会計・内部統制条項は(i)発行体（issuer）のみを行為の主体として対象にしていますが，贈賄禁止条項は(i)に加えて(ii)国内関係者（domestic concern）および(iii)土地管轄（territorial jurisdiction）が認められるものを適用対象にしています。(i)には米国で有価証券を上場している者等，およびその役員，従業員等が，(ii)には米国法に基づき設立されたまたは米国内に主たる事業所をおく法人等およびその役員，従業員等，ならびに米国市民および永住権者が，また(iii)には(i)(ii)には該当しないが，米国領土内（within territories of United States）で賄賂の支払いを促進する行為に従事した個人または法人が含まれます。(ii)の例としては，オリンパスの南米事業を統括する米国子会社が行った贈賄について，当該米国子会社に対して，2,280万ドルという高額の罰金が課されています（DOJサイト参照。https://www.justice.gov/opa/pr/medical-equipment-company-will-pay-646-million-making-illegal-payments-doctors-and-hospitals）。なお，オリンパスの別の米国子会社は，反キックバック法（Q9参照）違反でも巨額の罰金を科されています。

これらの要件は，広範に解釈されます。たとえば，FCPA対象になる子会社が行っていた贈賄行為につき，親会社が当該行為に十分関与していた場合や，子会社との間に代理関係がある場合等は，エージェント理論，使用者責任，共謀等の理論によって，親会社が発行体および国内関係者のいずれに該当しなくとも，親会社の責任が認められることがあります（「米国FCPAガイド」27頁）。(iii)については，米国銀行口座からの，または米国銀行口座に対する賄賂の送金や，米国所在時の電子メール送信による賄賂の指示等も米国領土内の行為にあたるとされています（「米国FCPAガイド」10～12頁）。以上のようにFCPAは米国の法律であるにもかかわらず，物理的に米国外で行われた行為や米国で設立されていない会社にも適用される可能性があり，実際に積極的な摘発が行われていることに注意が必要です。

さらに，一般に医薬品メーカーは卸を通じて自社製品を販売します（Q32，48参照）が，卸が行った贈賄であっても，卸に支払った金銭がサービスの対価としては多額であり，賄賂に使用されると医薬品メーカーが認識していた場合には，当該医薬品メーカーによるFCPA違反が認定される可能性があります

（Q48参照）。

④　FCPA違反の効果

贈賄禁止条項違反および会計・内部統制条項違反のいずれについても，刑事罰（罰金，禁錮および不法利益の放棄）ならびに民事制裁金が定められており，非常に高額な罰金を科された例も現れています。一方で，FCPA違反企業が，捜査協力を行い，コンプライアンス体制の見直しや研修の実施等の再発防止策を約束することで，起訴猶予合意（Deferred Prosecution Agreement）が締結されることがあり，一定の猶予期間中に防止策の実施が確認された場合は，刑事罰は科されません（「米国FCPAガイド」74頁）。また，米国保健福祉省観察総監室との間で，法令遵守に関する協定（Corporate Integrity Agreement）が締結されることもあります（Q9参照）。

⑵　他の腐敗行為防止法

①　UKBA（英国）

英国でも贈収賄防止法（UKBA）が2010年に制定されています。UKBAは，外国公務員に対する贈賄だけでなく，私企業や私人に対する不正な利益供与等（不正なリベート提供等のいわゆる「商業賄賂」）も規制の対象となることが特徴です。

②　中　　国

中国では公務員の贈収賄が刑法で禁止されるとともに，非公務員に対する商業賄賂が刑法および不正競争防止法の適用対象となっています。2018年には不正競争防止法が改正され，構成要件の明確化，使用者責任の明文化および帳簿への正確な記載義務の明文化等が行われました。

3．主要な贈賄摘発事例

医薬品および医療機器業界においても，積極的な摘発が行われており，個人に懲役刑が科された例もあります。

【図表1－5】医薬品および医療機器業界において贈賄が摘発された例

企業名	国籍	業種	罰金・制裁金等	時期
シーメンス	ドイツ	重電	8億ドル	2008年

ジョンソン・エンド・ジョンソン	米国	医薬品	2,140万ドル	2011年
グラクソ・スミスクライン＊	中国	医薬品	30億元（約4.9億ドル），英国人元総経理に懲役３年	2014年
オリンパス	米国・ブラジル	医療機器	2,280万ドル	2016年
ブリストル・マイヤーズ・スクィブ	中国（合弁）	医薬品	1,400万ドル	2018年

＊は中国法，印のないものはFCPAが適用された事例。

４．海外の贈賄規制を知っておくべき理由

以上のように，海外の，外国公務員に対する贈賄規制は，日本の不正競争防止法よりもはるかに厳しく，内資系の医療メーカーの法務パーソンの立場からは，自社が海外展開する際に構築すべきコンプライアンス体制を考える上で，これらの規制に関する知識は必須です。一方外資系の法務パーソンとしては，海外本社の意図する，世界の贈賄規制を念頭においたコンプライアンス体制の中での自社（日本法人）の位置付けを知るために，理解する必要があります。

５．コンプライアンス体制の構築

医薬品メーカーの法務パーソンは，経営トップのメッセージとして贈賄を行わない旨の社内外への発信，基本方針および社内規程の作成，教育・研修活動の実施等を行わねばなりません（Q31参照）。社内規程を制定する際には，主な腐敗行為防止法に目配りし，社内規程を遵守していれば主要な法域の法令違反にあたらないことを確実にすべきです。

さらに，卸に対しても，違反行為を行わないことを契約中に盛り込んだ上で，契約期間中に監査を行う権利を自社に留保する等，十分な監督体制を敷くことが必要です。

《参考文献等》

- 経営法友会海外贈収賄規制研究会『海外贈収賄規制と企業コンプライアンス』（経営法友会，2015）

- ベーカー&マッケンジー法律事務所（外国法共同事業）＝デロイトトーマツファイナンシャルアドバイザリー㈱ フォレンジックサービス編『海外進出企業の贈賄リスク対応の実務』（中央経済社，2013）
- 森・濱田松本法律事務所グローバルコンプライアンスチーム『外国公務員贈賄規制と実務対応』（商事法務，2014）
- 経産省「外国公務員贈賄防止指針」（平成29年９月改訂）
- 日弁連「海外贈賄防止ガイダンス（手引）」（平成29年１月19日改訂）

Q9 米国オフラベル規制とキックバック規制

日本で働く法務パーソンとして，米国のオフラベル規制や医療従事者へのキックバック規制について知っておくべきことはありますか。

A

日本よりも厳格な制度の概要を踏まえ，米国一国の規制とはいえ，これらに違反した場合には巨額の制裁が課され全社的に甚大な影響を及ぼすリスクがあることを理解しておくことが重要です。

1．米国プロモーション規制の概観

(1) オフラベル規制

米国においても，日本と同様（Q25参照），医薬品の適応外使用に関するプロモーション（オフラベル・プロモーション）は禁止されています。ただし，非プロモーション目的の科学的な情報交換としてのオフラベル情報の提供はFDAの規制領域外であり，所定の要件を満たす資料を用い，誠実で誤解を生じさせない適切な方法で行われる限り認められます（FDAガイダンス（ドラフト）「Distributing Scientific and Medical Publications on Unapproved New Uses — Recommended Practices」Revised Draft Guidance（2014年2月），「Distributing Scientific and Medical Publications on Risk Information for Approved Prescription Drugs and Biological Products—Recommended Practices」Draft Guidance（2014年6月）参照）。

オフラベル規制違反事例では，MSL（Q27参照）の活動態様等が問題とされたものが散見されるとおり，オフラベル規制遵守はまさに営業部門と明確に分離された健全なメディカル部門の構築・運用と表裏一体の関係にあります。米国では，2003年以来，米国保健福祉省監察総監室（HHS-OIG）のガイドラインに営業部門とメディカル部門との住み分けの推奨が明記され，さらにHHS-OIGおよびDOJがさまざまな法令遵守に関する協定（後述2(3)）にメディカル部門の導入を盛り込んだことで，メディカル部門の普及につながったといわれています。

(2)　キックバック規制

日本では，医薬品の取引を不当に誘引する手段としてなされる医療従事者への金銭等の提供は公競規という業界自主ルールにより規制されています（Q28参照）。これに対し米国では，Anti-Kickback Statute（AKS）という連邦法により，連邦医療保険制度によって支払いがなされるビジネスを誘引するために，報酬を提供し，または受け取ることが禁止（42 U.S.C. §1320a-7b(b)）されています。これに違反した場合，①刑事制裁として５年以下の懲役または２万５千米ドルの罰金（併科あり）（42 U.S.C. §1320a-7b(b)），②民事制裁として原則２万米ドル以下の罰金および提供した物品やサービスの金額の３倍を上限とした額の損害賠償義務，連邦および州の健康保険プログラムからの除外（42 U.S.C. §1320a-7a(a)）の対象となります。

2．日本との相違点

(1)　米国政府への損害賠償義務

違法なオフラベル・プロモーションやAKS違反行為により，本来公的保険制度で償還されるべきではなかった医薬品や医療機器が詐欺的に保険償還されたことになります。これらによって被った米国政府の損害を回復することを可能にしているのが虚偽請求取締法（False Claims Act（31 U.S.C. §3729-3733)。FCA）です。虚偽請求を行った者は，同法に基づき米国政府から民事上の損害賠償請求を受けた場合，一つの虚偽請求あたり５千米ドル以上１万米ドル以下の罰金および米国政府が被った損害の３倍の損害賠償義務を負います（31 U.S.C. §3729(a)(1)（なお，Federal Civil Penalties Inflation Adjustment Actによる罰金の引き上げ（28 U.S.C. §2461))。過去に重い制裁が課せられた事例（Johnson & Johnson 22億米ドル（2013年），GlaxoSmithKline LLC 30億米ドル（2012年），Pfizer Inc. 23億米ドル（2009年））に見受けられるとおり，注目すべきは賠償金が巨額になりうることです。医薬品・医療機器ビジネスでは，一つのキックバックの提供が，何千もの連邦医療保険制度への虚偽請求を構成しうるため，賠償金額が非常に高額になりえます。

FCA訴訟による回収金は米国政府の重要な収入源です。特にヘルスケア業界に関するものは，2018年度の総損害回復額28億米ドルのうち実に25億米ドルを占めるほど多額であり（DOJ統計（The 2018 False Claims Act Statistics）），連邦医療保険制度への虚偽請求は政府の法執行活動の重点領域の一つとなっています。

(2)　内部告発の奨励制度（qui tam）

FCAには私人が米国政府に代わってFCA違反行為を告発し民事訴訟を提起できる制度（qui tam）があります。qui tam訴訟を提起し虚偽請求を明らかにした私人には，回収金額から最大30％が報奨金として支払われるというインセンティブが与えられています（31 U.S.C. §3730(d)）。2018年度のFCA訴訟によって政府が回収した総額の約75％がqui tam訴訟によるものである（前掲DOJ統計）ことからも，この制度が，水面下で行われる詐欺事案の解明に重要な役割を果たし，私人による法の実現として大いに機能していることがうかがわれます。また，こうした内部告発奨励制度の存在により，一般市民に対して違法行為の態様や過去事例の報奨金を紹介し，qui tam訴訟提起を動機付けさせようとする米国法律事務所のウェブサイトも多く見られます。

(3)　法令遵守に関する協定（CIA）

金銭的制裁に加えて，HHS-OIGは違反企業に行動改善を促し市場における公平な競争を確保することを目的として，通常FCA訴訟の和解時に違反企業と法令遵守に関する協定（Corporate Integrity Agreement（CIA）（https://oig.hhs.gov/compliance/corporate-integrity-agreements/index.asp参照））を締結します。これにより違反企業には，再発防止のための事業運営の変更やHHS-OIGの監督下での厳しいプログラムの履行が課されます。たとえば前述Johnson & Johnsonのケースでは，５年間のCIAの内容の一部として，役員またはその部下が重大な不正を行った場合，会社がその対象役員の年次賞与や長期的奨励金を回収することを可能にする役員報酬制度の変更が要求されました。

３．オフラベル規制と合衆国憲法第１修正

ただ，オフラベル・プロモーションについては合衆国憲法第１修正の表現の自由として保障されるのではないかという疑問も投じられています。これに関して，Amarin Pharma, Inc. v. FDA事件（2016年３月和解―Stipulation & Order of Settlement, Amarin Pharma, Inc. v. FDA, No. 1:15-cv-03588（S.D.N.Y. Mar. 8,

2016), ECF No. 84）が注目されています。Amarinは，誠実かつ誤解を生まないオフラベル・プロモーションについてFDAが不当表示として起訴することは合衆国憲法第１修正により認められないと主張し，FDAがAmarinに対し不当表示訴訟を提起することを禁止する仮差止命令を申し立てました。裁判所はこれを認容し仮差止命令を決定，後にAmarinとFDAは，将来の誠実かつ誤解を生まないオフラベル・プロモーションを認める内容の和解をしています。この影響により，今後FDAによる規制が緩和される可能性も考えられます。しかし，この点は未だ不明瞭であり，執行の動向に注視しつつも，違反と判断された場合の影響力に鑑み，引き続きプロモーションの態様には慎重な検討が必要です。

４．日本の法務パーソンとして理解しておく必要性

上述のとおり米国のプロモーション規制に違反した場合の制裁は非常に重く，事業に甚だしい影響を及ぼすリスクがあることから，日本で働く法務パーソンとしても規制内容や違反した場合の帰結について理解しておくことが極めて重要です。特に米国に事業を展開している内資系法務部門の場合，これらは健全なプロモーション活動やMSL活動を実現させるコンプライアンス体制構築のために不可欠な知識です。また，企業買収や提携の場面においても対象会社がこれらの違反リスクを負っていないか評価することは重要です。他方，外資系法務部門の場合，こうした厳格な法規制対応を念頭に本社によって構築されたグローバルなコンプライアンス体制の履行が求められます。本社から遵守を求められるプログラムの背景にある法規制とリスクの大きさを十分に理解することは，グローバルな法務チームと円滑なコミュニケーションを取る上で非常に有用です。さらに，国内の事業部に対しても米国の規制から生じたルールになぜ従わなければならないのかをより説得的に伝えることができ，ひいては社内のコンプライアンス体制の実現により貢献することができます。

また，米国でのプロモーション規制の内容や議論を踏まえておくことは，日本を含む他国の規制動向を理解する上でも有用です。

５．最近の違反事例

最近の事例として次の【図表１－６】に示しました。

【図表1－6】最近の違反事例

企業名（製品名）	賠償金額（米ドル）	和解成立時	問題となった行為（一部）の例（詳細はDOJウェブサイトのリリースを参照）
Celgene（Thalomid®・Revlimid®）	2億8,000万	2017年7月	MSLが研究や臨床試験の質問に答えるための場にMRを同席させオフラベルに関する議論を実施。MSLから営業部門への間接的レポートライン。
Advanced BioHealing（Dermagraft®）	3億5,000万	2017年1月	処方の誘因として，豪華な飲食・娯楽・旅行の提供，機器等の無償提供，講演やケーススタディ等に対する不当な支払いや現金・リベートの提供。
Olympus Corp. of the Americas	6億4,600万	2016年3月	販促のために助成金を提供，競合品からの切り替えの見返りとして医師の出張費の支払い，購買決定権のある医師に，その個人営業のために機器の無償使用を提供。
Amgen（Aranesp®）	7億6,200万	2012年12月	Regional Medical Liaison（RML）とMRとの機能が分離されておらずRMLによるプロモーションの実施。MRによるリアクティブ・マーケティングを装ったオフラベル・プロモーションの実施。

《参考文献》

• AKSやFCAについての日本語の参考文献として，井上朗「実務解説　日本企業が留意すべき米国における健康保険詐欺対策の最新動向」Business Law Journal 2019年3月号

第 2 章 ▶▶

医薬品

Q10 最近の事件とトレンド

医薬品メーカーでは，最近，どのような事件や不祥事がありましたか。また，これらの事件は，医薬品メーカーの規制のトレンドにどのような影響を及ぼしていますか。

最近発生した事件や不祥事の結果，医薬品業界は，プロモーション規制の強化，臨床研究へのメーカーの関与の規制の強化，副作用報告の徹底，承認書に沿った製造の徹底など，規制強化や摘発強化のトレンドにあります。

1．医薬品メーカーの最近の主な不祥事

(1) ディオバン事件

ノバルティスファーマ株式会社と同社元社員は，同社の降圧剤「ディオバン」に関する臨床研究の結果を記載した資材を用いて行った広告が薬事法違反（薬機法の施行前の事案）の虚偽・誇大広告に該当する疑いがあるとして，平成26年１月，厚労省から刑事告発され（厚労省「薬事法違反による告発について」（平成26年１月９日）参照。https://www.mhlw.go.jp/stf/houdou/0000034241.html），刑事事件に発展しました（Q25参照）。刑事裁判では，同元社員による臨床研究データの意図的な改ざんが認定されました。

ディオバン事件は，医薬品メーカーの社員が自社医薬品の臨床研究に不適正な関与をし，科学的な根拠を欠くデータが医薬品のプロモーションに利用された事件です。当該臨床研究に関する学術論文は，その後次々に撤回されました。

(2) CASE-J事件

武田薬品工業株式会社は，同社の降圧剤「ブロプレス」に関する臨床研究（CASE-J）の結果を用いた広告が薬機法違反の誇大広告に該当するとして，平成27年６月，厚労省から業務改善命令を受けました（厚労省「医薬品医療機器法違反業者に対する行政処分について」（平成27年６月12日）参照。https://www.mhlw.go.jp/stf/houdou/0000087154.html（Q25参照））。

CASE-J事件は，医薬品メーカーが，自社医薬品のプロモーションにおいて，

臨床研究データでは有意差が認められないにもかかわらず，自社製品が他社製品よりも優れていることを強調したり，本来の効能効果でない副次的効果を強調したりした事件です。

(3)　タシグナ事件

ノバルティス社は，同社の白血病治療薬「タシグナ」に関する臨床研究等において報告義務の対象となる副作用を把握していたにもかかわらず，定められた期限内に報告しなかったとして，平成26年7月，厚労省から業務改善命令を受けました（厚労省「薬事法違反業者に対する行政処分について」（平成26年7月31日）参照。https://www.mhlw.go.jp/stf/houdou/0000053244.html）。

タシグナ事件では，医師主導の臨床研究であったにもかかわらず，すべての患者データが同社に渡っていたなど，同社の不適切な関与があったことが明らかになっています（同社公表「調査報告書」（平成26年4月2日）参照。https://www.novartis.co.jp/sites/www.novartis.co.jp/files/report-2014.pdf）。

(4)　その他の副作用報告義務違反事件

ノバルティス社は，同社が製造販売する26品目の医薬品について，3,000例以上の副作用報告義務違反（遅延）が判明したことから，平成27年2月，厚労省から業務停止命令（15日間）を受けました（厚労省「医薬品医療機器法違反業者に対する行政処分について」（平成27年2月27日）参照。https://www.mhlw.go.jp/stf/houdou/0000075273.html）。医薬品メーカーが副作用報告義務違反で業務停止命令を受けたのはこの事件が初めてです。

このほか，ファイザー株式会社やセルジーン株式会社なども，副作用報告義務違反で行政処分を受けています（ファイザー社について，平成27年9月1日厚労省発表https://www.mhlw.go.jp/stf/houdou/0000094443.html参照。セルジーン社について，平成29年3月14日厚労省発表https://www.mhlw.go.jp/stf/houdou/ 0000154548.html参照）。

(5)　化血研事件

化学及血清療法研究所（平成30年に製造部門等をKMバイオロジクスに事業譲渡。以下「化血研」といいます）は，長年にわたって，承認書の製造方法と異なる方法で血漿分画製剤を製造するとともに，承認書の製造方法と整合させた虚偽の製造指図書および製造記録等を作成し，厚労省等の査察に対し組織的欺罔および隠蔽を図ってきたとして，平成28年１月，厚労省から業務停止命令（110日）を受けました（平成28年１月８日厚労省発表 https://www.mhlw.go.jp/stf/houdou/0000108663.html参照）。この処分は，これまでの厚労省が下した業務停止命令の中で最長です（Q22参照）。

2．規制トレンド

⑴　臨床研究法の制定

前述のとおり，ディオバン事件とタシグナ事件では，医薬品メーカーが不適切な形で臨床研究に関与しました。また，CASE-J事件を含む３事件では，いずれも，臨床研究に関して医薬品メーカーから資金提供がなされていたため，わが国の臨床研究に対する信頼を揺るがす結果となりました。このため，臨床研究に関する法規制を導入することで，①臨床研究の質の確保，②被験者の保護，③メーカーの資金提供や労務提供にあたっての透明性の確保および臨床研究の実施機関における利益相反の管理を図ることが必要であるとの機運が高まり，臨床研究法の制定に至りました（厚労省「臨床研究法の概要」（平成30年12月17日）参照。https://www.mhlw.go.jp/content/10800000/000460132.pdf）。

⑵　プロモーション規制の強化

ディオバン事件とCASE-J事件では臨床研究データが不適切な形でプロモーションに利用されました。このような不適切なプロモーションを防止する観点から，「製薬企業の薬事コンプライアンスに関する研究班」は，平成26年11月21日，「医療用医薬品の広告の在り方の見直しに関する提言」を発表しました（https://www.mhlw.go.jp/file/05-Shingikai-10801000-Iseikyoku-Soumuka/0000066366.pdf）。

本提言を踏まえ，厚労省は，平成28年から「医療用医薬品の広告活動監視モニター事業」を開始しました。このモニター事業の結果，口頭説明等証拠として残りにくい行為の問題等が指摘され，厚労省は，販売情報ガイドラインを制定しました（Q25参照）。

なお，平成31年３月に国会に提出された薬機法改正案（Q2参照）には，広告規制違反に対する課徴金制度が盛り込まれています。

(3)　副作用報告の徹底

タシグナ事件を受け，厚労省は，日本国内のすべての医薬品メーカーに対し，副作用報告に関する自主点検の指示をしました（「製造販売後安全管理業務に係る社内体制等に関する自主点検について（依頼）」（平成27年２月24日薬食安発0224第１号参照））。また，厚労省は，タシグナ事件をはじめ，これまでの副作用報告義務違反事件等を踏まえ，複数回にわたり，製造販売後安全管理業務の法令遵守について周知徹底しました（「製造販売業者におけるGVP省令等の遵守について」（平成26年８月４日薬食安発0804第２号），「製造販売業者における製造販売後安全管理業務に関する法令順守の徹底について」（平成29年３月14日薬生安発0314第２号等参照））。

(4)　製造承認書と製造実態の齟齬に関する監視の強化

化血研事件を受け，厚労省は，日本国内のすべての医薬品メーカーに対し，製造承認書と製造実態に関する一斉点検を実施しました。その結果，相当数の会社で軽微な不備がみつかりました（厚労省「医薬品の製造販売承認書と製造実態に関する一斉点検の結果」（平成28年６月１日）（以下「一斉点検」といいます）参照。https://www.mhlw.go.jp/stf/houdou/0000126263.html）（Q22参照）。厚労省は，医薬品メーカー各社に行政指導し，今後無通告査察（抜き打ち査察）を行い，法令遵守の監視の強化を実施する旨発表し（一斉点検），さらに，製造承認書通りの製造を周知徹底しました（「医薬品の製造販売承認書に則した製造等の徹底について」平成28年６月１日薬生審査発0601第３号／薬生監麻発0601第２号）。

(5)　ガバナンスの強化

承認書と製造実態に齟齬が生じた事例や副作用報告の遅延事例が散見されたことから，厚労省は，医薬品メーカーに対し，法令遵守のための社内体制の確保として，いわゆる「三役」（Q33参照）に必要な措置を講じさせることを指示しました（「医薬品の製造販売業者における三役の適切な業務実施について」（平成29年６月26日薬生発0626第３号））。

なお，平成31年３月に国会に提出された薬機法改正案（Q2参照）には，医薬品・医療機器メーカーのガバナンスを強化する制度が盛り込まれています。

Q11 業界団体

医薬品業界にはどのような業界団体がありますか。それぞれどのような役割を担っていますか。

中心的な団体として日薬連，製薬協，GE薬協，公取協等があり，その他の団体としてEFPIA-J，PhRMA等があります。製薬協は製薬協コードを，公取協は公競規を定め，会員会社の自主規制の制定および運用における指針を与えています。

1．日 薬 連

日薬連は医薬品製造業者を会員とする地域別団体（東京，大阪等各都道府県に所在する16団体）および業態別団体（医療用，一般用等各業態別による15団体）により構成される連合会です。製薬協も日薬連の構成団体の一つになります。日薬連は，医薬品の品質，安全性，再評価等や医療制度，薬価制度等に関して調査研究を行い，政策提言等を行っています（日薬連ウェブサイト：http://www.fpmaj.gr.jp）。

法務部門としては，日薬連を通じた学会や団体からの寄付の要請の審査（総務委員会）等で関わることがあります。

2．製 薬 協

製薬協は，研究開発志向型の医薬品メーカー72社（平成31年４月１日現在）が会員となっている任意団体で，昭和43年に設立されました。製薬協は，コードコンプライアンス推進委員会をはじめとする13の委員会や製品情報概要審査会等を有し，イノベーション（革新的な新薬の研究開発）の促進による医療の質の向上や，国際展開，国際協調の推進とグローバルヘルスへの貢献，コンプライアンスのさらなる徹底と国民の信頼感の一層の醸成等，医療を取り巻く多くの課題に取り組んでいます。製薬協は，製薬協コードをはじめとする多くの自主規制の策定に加え，製薬協コードに関する苦情申し立て等に対する処理や，製薬協コードに違反した会員会社に対して自主的な改善を求めるための措置等を行っています。さらに，自主規制等に関する研修会の実施，薬価制度や研究開発（産学連携）に関して他の業界団体と連携を図り当局（厚労省）に対して政策提言を行うなど，医療や医薬品産業の発展のために多岐にわたる活動を行っています（製薬協ウェブサイト：http://www.jpma.or.jp）。

医薬品メーカーがプロモーション用資材を作成および使用するにあたっては，「製薬協コード」や製品情報概要審査会が策定した「医療用医薬品製品情報概要等に関する作成要領」の規定を遵守することになります（Q25参照）。

また，会員会社が研究開発や製品のプロモーションのために医療関係者等に金銭を支払った場合，製薬協が策定した「透明性ガイドライン」に基づいて，その内容を公開する必要があります（Q30参照）。

法務部門としては，製薬協コードをはじめとするさまざまな自主規制に則って自社の社内基準を策定する必要があります（Q31参照）。さらに，プロモーション用資材の記載の適切性については，製薬協コードや上記作成要領に則り判断を行い，それでも判断に迷う場合には，製薬協コード等の趣旨や製薬協主催の研修内容を踏まえて，自社のポリシーに従って判断することになります。

3．GE薬協

GE薬協は，高品質なジェネリック医薬品（以下「GE」といいます）の安定的な供給を通じて，日本の医療の向上，効率化に貢献することを使命とするGEメーカーを会員とする団体です。GE薬協は，平成７年に「TDS協議会（当時）」として設立され，平成20年に現在の名称に改称されています。会員会社は，正会員が40社，賛助会員が11社（令和元年８月現在）です。

GE薬協も自主規制であるコード・オブ・プラクティスを制定し，会員企業の企業倫理・コンプライアンスを推進しています。また，「後発医薬品の安心使用促進アクションプログラム」を定め，GEが患者や医療関係者から安心して選択，使用されるようにするために，協会内部でさまざまな取組みを実施したり，政府に対して政策提言を行ったりしています（GE薬協ウェブサイト：https://www.jga.gr.jp/information.html）。

4. 日本OTC医薬品協会

日本OTC医薬品協会は，日本のOTC医薬品を製造する77社で構成されている団体です。当協会は，OTC医薬品の正しい使い方の広報活動等，OTC医薬品についてのあらゆる問題を取り上げ，検討しています。また，国際的な視野に立ち，世界セルフメディケーション協会などの国際的な組織団体との交流を深める活動も行っています（日本OTC医薬品協会ウェブサイト：http://www.jsmi.jp/info/index.html）。

5. 日本臨床検査薬協会

日本臨床検査薬協会（以下「臨薬協」といいます）は，日本国内で体外診断用薬品を製造・輸入する116社（令和元年８月現在）で構成されている団体です。臨薬協は，医薬品医療機器法関連ならびに医療保険を主とする行政への対応や，関連学会と協働する臨床検査の標準化活動，国際化に向けての取組み等を行っています（臨医協ウェブサイト：http://www.jacr.or.jp/）。

6. 公 取 協

公取協は，公競規を運用する医薬品業界の自主団体です。公取協は，本部および８支部（北海道，東北，北関東，南関東，中部，近畿北陸，中四国，九州）の体制で活動し，消費者庁および公正取引委員会の監督を受けています。公取協の会員は，医薬品メーカーであって自らMRを置くなどプロモーション活動を行っている224社（令和元年８月現在）です。公取協は，公競規の周知徹底，規約の運用上の疑義解釈等についての相談・指導や，規約に関する研修会等を行っています（公取協「公取協ガイド」。http://www.iyakuhin-koutorikyo.org）。

法務部門としては，製薬協コード等と同様に，公競規に則って自社の社内基準を策定する必要があります。さらに，MRが製品説明会や講演会を企画する際の審査部門を設け，審査担当者は公競規および自社の社内基準に則って，その企画を承認すべきか否かについて事前に判断することになります。MRが医療関係者と関わる際に，具体的にどのような規制を受けるのかについては，

Q28を参照してください。

7．その他の団体

(1)　IFPMA

IFPMAは，発展途上国の保健医療の向上を目的に活動している，38の医薬品メーカーおよび世界50国の医薬品業界団体（令和元年８月現在）で構成される国際的な非営利，非政府系業界団体です。日本からは製薬協と８つの医薬品メーカーが加盟しています（IFPMAウェブサイト：https://www.ifpma.org）。

IFPMAは，「IFPMAコード・オブ・プラクティス」（以下「IFPMAコード」といいます）という自主規制を定めており，加盟会社および各国業界団体は，IFPMAコードを遵守する必要があります（Q28参照）。そして，製薬協もIFPMAの加盟団体であることから，製薬協コードもIFPMAコードの考え方に沿って制定・改訂されています。

(2)　EFPIA-Japan，PhRMA

EFPIA-Japanは日本市場で事業を展開する研究開発に基盤を置く23の欧州医薬品メーカー（平成31年４月現在）で構成されている業界団体です（EFPIA-Japanウェブサイト。http://efpia.jp）。

PhRMAは，日本市場で事業を展開する研究開発に基盤を置く12のアメリカ系医薬品メーカー（令和元年８月現在）で構成されている自主団体です（PhRMAウェブサイト。http://www.phrma-jp.org）。

EFPIA-JapanやPhRMAは，医療制度，薬価制度，研究開発等に関する政府に対する政策提言や，法務・倫理・コンプライアンスの観点からの会員企業の対応に関する活動を行っています。

《参考文献》

• MRテキスト200～227頁

Q12 社内外での情報収集

医薬品業界の情報収集手段にはどのようなものがありますか。また，医薬品業界の法務パーソンとネットワーキングしたり勉強したりする機会にはどのようなものがありますか。

業界研究本や業界紙，MRテキスト，各種書籍などのほか，業界団体の活動や他部署の同僚などからは，生きた情報・ノウハウを得ることができます。また，JILAや医法研等の外部団体の活動もネットワーキングや勉強に役立ちます。

1．医薬品業界の情報収集手段

(1) 初めて医薬品業界に関わるとき

初めて医薬品業界に関わることになった法務パーソンは，業界の全体像がわからず戸惑うことも多いと思います。特に，医療用医薬品に関しては，多くの人にとって，薬局等で薬を処方されて受け取ったことはあるくらいの接点しかなく，聞き慣れない名称や専門用語も多いことから，ビジネスや業界規制の明確なイメージを付けることは非常に難しいかもしれません。

医薬品業界が全くの初心者である法務パーソンである場合は，いきなり薬機法や業界団体の自主基準などの細かな知識習得に飛びつくよりも，まずは医薬品業界のビジネスの全体像を理解することが有用です。そのために，一般向け（就活生向け）の，いわゆる「業界研究本」を読むことも一案です。これにより，「医薬品」の意義や分類，医薬品ビジネスの仕組みや市場規模，最新動向，医療従事者や卸等のさまざまなステークホルダーとのかかわりなどを理解することができます。また，製薬協等の業界団体や各種医薬品企業のウェブサイトなどにおいても，医薬品メーカー・産業の活動や社会における役割などについて，一般向けの説明が含まれています（たとえば，EFPIAのウェブサイトにおいては，「製薬産業の役割」が解説されています。http://efpia.jp/pharm-role/index.html）。

医薬品業界のビジネスのイメージがある程度付いたあとは，MR（Q26参照）

向けの導入テキストなどを読むと，医薬品業界における規制の全体像やMRの心構えなどを理解することができます（MR認定試験用のテキストは市販もされているほか，社内の営業部署等から手に入れることができる場合もあります）。また，基礎的な医学・薬学的知識も勉強することができるので，特に文系でこれまでそのような勉強を全くしたことがない人にとっては，医薬品に関するイメージを深める機会となり有用です（特に，自社製品に関連する疾患や薬剤の作用機序などを知っておくと，関係部署とコミュニケーションをとる際にスムーズになります）。加えて，社内事情が許せば，MRによる医療機関等の訪問に同行したり，自社がかかわる講演会や各種イベント，学会などに同席したりすることも有益です。これにより，現場における生の声を聞くことができ，法務パーソンとしての自分の業務と現場実務とのつながりを実感しやすくなります。

⑵　医薬品業界の経験をある程度積んでいる場合

法務パーソンとしてある程度の業務経験を積み，医薬品業界の実務についてのイメージが付いた後は，医事法や薬機法，その他ヘルスケアに関する諸制度を解説した書籍等に立ち戻ると，医療（制度）の中における医薬品ビジネスや関連法規の位置付けが理解でき，視野が広がります。

また，一般的な知識を超えて，医薬品業界のまさに「今」の動向が知りたい場合は，医薬品業界における業界紙（業界記事）も参考になります。医薬品業界における業界紙（業界記事）としては，日刊薬業や薬事日報，RISFAX，ミクスなどがあります。多くの医薬品企業においては，これらの業界紙は定期購読されており社内で閲覧等をすることができることも多いと思いますが，ミクスなどは多くの記事をオンラインにおいて無料で読むことができます（また，日刊薬業や薬事日報，RISFAXなどは，メール配信登録をすると当日のヘッドラインが自動配信されますので，最新ニュースの確認漏れを防ぐために利用することができます）。同じニュースを扱っていても，媒体によって取り上げ方やニュアンスが異なる場合もありますので，比較により事案が多面的に把握できることもあります。

加えて，内容は場合により相当専門的ですが，日経メディカルOnline等のウェブサイトからは，医療関係者側の視点の情報を得ることができ，自社医薬品等の多面的な理解や把握に役立つかもしれません。

(3) 担当業務に基づく情報収集

法務パーソンとしてコンプライアンスも含めた仕事をする際には，公競規や製薬協コードなど，いわゆる業界の自主基準に関する知識が必要になります（Q11，28参照）。業界の自主基準に関しては，書籍や一般向けのウェブサイトなどにおいてはあまり詳細な情報が書かれていないことが多く，また，自主基準の文面だけでなくその背後になる「業界実務」に関する知識がないと理解することが難しいことが多くあります。このような知識に関しては，自ら業界団体活動にかかわるほか，それが難しい場合は，社内で業界団体に関わっている人から直接実務のポイント等を教えてもらうことも有効です。また，たとえば公競規に関しては，社内の公取協担当者に質問することもできますし，公取協の会員向けのウェブサイト（ログインには会員会社のID・パスワードが必要です）においては，公競規本文のほか，運用基準等の解説や研修資材，質疑応答集などがアップロードされています（https://www.iyakuhin-koutorikyo.org/index.php）。

また，コンプライアンス以外にも，担当業務によっては，薬機法やいわゆるGXP省令，場合によっては人事法規や税務法規，知的財産法規（特許法等）等についての基礎的（場合によっては専門的）な知識が業務に必要となる場合があると思います。この場合，各担当部署に当該規制に詳しい人（専門家）がいることが多いので，こういった専門家に規制や実務運用等を直接伺うことも有用です。また，これらの規制に関しては専門的な書籍も多く刊行されていることから，必要性に応じてさらに勉強をしてみてもいいかもしれません。

2．医薬品業界の法務パーソンとネットワーキング・勉強する機会

医薬品業界の法務パーソンとネットワーキングする機会としては，JILAがあります（https://jila.jp/）。JILAは，組織内弁護士およびその経験者によって組織された団体で，現在1,600名を超える会員がいます。JILAには業種ごとに全部で10の部会がありますが，そのうちの第6部会が医薬・医療等のフォーカスしており，約120名の会員が所属しています（2018年12月末現在）。JILAにおいては，メーリングリストを通じた情報交換のほか，各種研究会やイベント等

が定期的に開催されています。これらのイベント等に積極的に参加することによって医薬品業界の法務パーソンのネットワークを広げることができると思います。

また，医法研の活動に参加することもネットワーキングに有効です（https://www.ihoken.or.jp/htdocs/index.php）。医法研は，医薬品企業，医薬品関連企業における法務に関する研究団体で，契約法，コンプライアンス，知的財産，薬事規制，臨床開発，医療問題等を対象とし，現在，90社以上が会員企業となっています。医法研の各研究部会は月例会を行って意見交換を行っているほか，研究発表も行っています。医法研に参加している会員は，非弁護士で非法務部員も多いので，普段業務等でつながることが難しい人たちとネットワークを広げることが可能です。

その他医薬品業界では，法律事務所やコンサルティング会社等が開催するセミナー等を含め多くのイベントが開催されています。これらに参加することによっても，弁護士等とのネットワークを広げ，また普段業務では得ることのできない知識を得ることができます。

研究・開発プロセスと規制の概観

医薬品を上市する場合，どのようなプロセスをたどりますか。また，どのような規制がありますか。

A

医薬品は，基礎研究，非臨床試験，臨床試験（治験），製造販売承認の取得，薬価収載を経て販売を開始されるまで約10～20年を要します。非臨床試験ではGLP省令，治験ではGCP省令による規制があります。

1．上市するまでのプロセスの概要

医薬品は，研究所での基礎研究，非臨床試験，医療機関での臨床試験（治験）を行った後，厚労省への製造販売承認の申請を行い，厚労省の審査を経て承認を取得し，薬価基準に収載され，販売を開始するというプロセスをたどります。この基礎研究から製造販売承認の取得までにはおおよそ9～17年の年月がかかるといわれます（「平成29年厚生労働白書」資料編100頁）。

2．基礎研究（2～3年）

医薬品の研究は，疾患に着目し，病態にかかわると考えられる標的分子と，標的分子に作用する新規化合物を探索するところから始まります。標的分子は，薬が作用する相手であり，受容体や酵素等があります。たとえば，ストレス等により体内で過剰に作られたヒスタミンが胃粘膜のH2受容体に結合すると，胃酸の分泌が過剰になり胸やけ等の諸症状が起きます。ヒスタミンよりも先に受容体と結合する化合物があれば，医薬品となる可能性があります。標的分子の探索は，生体の生理現象や疾患に着目して見出す薬理学的アプローチが主流ですが，最近は，ヒトゲノム情報を解読して疾患関連遺伝子のうち治療に直結する遺伝子を探索するアプローチも行われています。

新規化合物は，化学合成したり天然物から抽出したりして創製します。化合物を集めたものを化合物ライブラリーと呼び，ライブラリー内の化合物を，薬効薬理試験，薬物動態試験にかけて，開発候補となる化合物を見出します。薬

効薬理試験とは，どれくらいの量を投与すると，どのような作用を有するかという薬理作用を検討する試験です。薬物動態試験とは，薬物の体内での動き，すなわち，吸収され，体内の組織へ移行・分布し，代謝を受け，対外に排出されるすべての過程を検討する試験です。

試験方法には，試験管内で組織片や細胞等への作用を見るin vitro試験と，動物に投与して生体内の作用をみるin vivo試験があります（次頁【図表２－１】参照）。動物愛護の観点から，また，生体を使用すると費用は高額になることから，通常はin vitro試験から行いますが，創薬分野によっては初期からin vivo試験で行います（動物愛護についてQ4参照）。

各試験の結果を基に，さらに目的に合う化合物を創製して化合物ライブラリーを拡充し，またこれらの試験を繰り返すことで，多くの化合物をふるいにかけ，より有望な化合物を選択する一連の過程を「スクリーニング」といいます。スクリーニングにより，「リード化合物（目的とする活性を示す基本となる化学構造を有する化合物）」を見出し，医薬品としての条件を備えるように効果や安定性等を改善することで，開発候補化合物に仕上げていきます（化合物の特許化についてQ17参照）。

３．非臨床試験（３～５年）

(1) 非臨床試験とGLP省令

非臨床試験とは，人を対象としない生物医学的試験およびその他の試験をいい，その目的は，後続の臨床試験で人に投与される前に薬剤の安全性と有効性を動物レベルで確認することに尽きます。

この段階では，薬効薬理試験，薬物動態試験，安全性薬理試験，毒性試験が行われます。安全性薬理試験とは，神経系など生命維持に必要な重要な機能に対する化合物の作用を検討する試験です。毒性試験とは，毒性の質および医薬品としてどの用量まで安全かを見極める試験です。非臨床試験のうち，安全性薬理試験とすべての毒性試験は，GLP省令を遵守しなくてはなりません。GLP省令は，安全性試験データの信頼性確保を目的として，医薬品の承認申請等の資料収集のために行われる安全性に関する非臨床試験の試験施設が守るべき事項を定めています。

【図表２－１】医薬品の研究から販売開始までの流れ

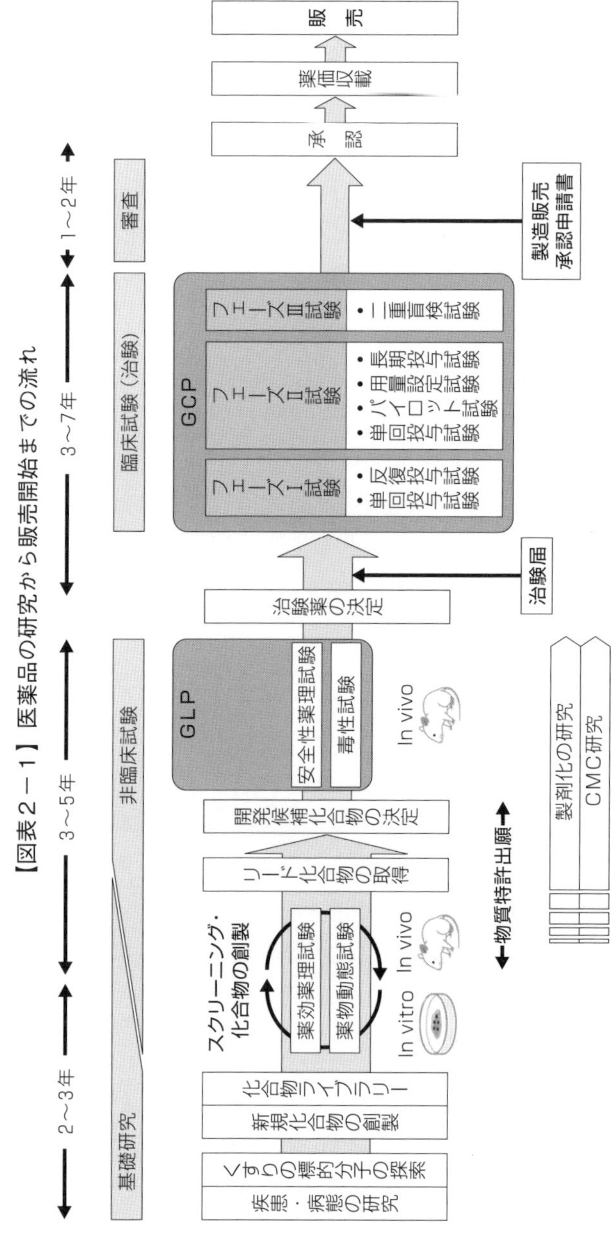

(2)　製剤化の研究，CMCの研究

将来の商業生産を考えると，最終製品は効率よく製造でき，かつ，流通段階や医療現場でも取り扱いやすいものが望ましいです。そのため，原薬，製剤，容器等の製造技術や製造設備を研究したり，原薬や製剤の安定性試験によって貯蔵法や有効期間を検討したりする製剤化の研究や，原薬や製剤の規格や試験法を策定するCMC研究（Chemistry, Manufacturing and Control）が，この時期に並行して行われます（製剤特許，製法特許等についてQ17，製造プロセスについてQ20参照）。

4．臨床試験（治験）（3～7年）

(1)　治験とそのプロセス

治験とは，医薬品の製造販売承認の申請のための臨床試験の試験成績に関する資料の収集を目的とする試験をいいます。治験開始前に，治験依頼者は，PMDAに治験届を提出しなければなりません。治験は3つのフェーズに分けて行われます。フェーズⅠ試験は，原則として健康な成人に投与して安全性と薬物動態を確認する目的で行われる試験です。フェーズⅡ試験では，少数の患者に投与して有効性と安全性を探索しコンセプトの立証（Proof of Concept）を行う試験で，ここで用法用量などが決定されます。フェーズⅢ試験では，多数の患者を対象として，既に有効性と安全性が確立された薬剤を対照群として設定した比較試験を行い，適応疾患における用法用量を確認します。適切な対照群がない場合は，偽薬（プラセボ）群との比較試験を行います。被験者を各群にランダムに割り付け（無作為化），かつ，誰がいずれの群に割り付けられたかについて被験者，治験責任医師，治験依頼者等に知られないようにすること（二重盲検化）で，試験結果の公平性を確保します。

治験薬は剤形や用量が複数あるため，少数多種類の製造が可能な治験薬工場がない場合は，通常の生産ラインの合間に製造するか，製造を外注します。

(2)　GCP省令の概要

治験は人を対象とするものであることから，被験者の人権を擁護するために，ヘルシンキ宣言（Q4参照）に基づく倫理的，科学的な配慮と対応がなされ，薬機法14条3項に基づくGCP省令を遵守して行われなければなりません。

GCP省令には，治験実施の基準，具体的には，①治験実施にあたり作成が義務付けられる文書の種類と内容（治験契約，治験実施計画，治験薬概要書，被験者の同意書，説明文書，業務手順書等），②治験審査委員会の設置と審査の義務付け，③治験依頼者，治験実施施設，治験責任医師の各役割と責任等が定められています（治験の概要についてQ14参照）。企業主導治験か医師主導治験かを問わず適用され，GCP省令に違反すると，承認の申請資料として使用できないだけでなく，薬事法違反として罰則が科せられることがあります。

5．製造販売承認の取得（1～2年）と薬価基準への収載

医薬品の製造販売をしようとする者は，品目ごとにその製造販売についての厚生労働大臣の承認を受けなければなりません（薬機法14条1項）。

医薬品メーカーは，製造販売承認申請書に，非臨床試験および臨床試験に関する資料等を添付して，厚労省から審査を委託されたPMDAに提出します。申請資料は，各国に特異的な文書を除き，ICHにおいて合意された国際共通化資料（CTD：Common Technical Document）に従って記載される必要があります。

審査は，書面調査と治験依頼者や治験実施施設等への実地調査があります。非臨床試験と治験がGLP省令とGCP省令に適合したものであったか，また，すべての製造所について製造管理または品質管理の方法がGMP基準に適合するかどうかについて審査が行われ，医薬品として適当であると判断されると厚労省から承認書を交付されます。

保険診療で使用することができる医薬品は，原則として薬価基準に収載された医薬品です。承認後，薬価基準へ収載されて，販売が開始されます（薬価制度についてQ3参照）。

Q14 企業主導治験

企業主導治験の開始前，実施中および終了後において，法務パーソンが注意すべきポイントや法的問題点を教えてください。

A

企業主導治験の開始前は，治験契約，プロトコールおよびICFの内容をよく確認すること，実施中および終了後は，健康被害が生じた場合の契約上の責任や個人情報保護法令に基づき，適切に対応されているかを確認することが重要です。

1．治験の分類

(1)　企業主導治験と医師主導治験

治験は，医薬品メーカーが，自らの責任で，医療機関に治験の実施を依頼（委託）して行う企業主導治験と，医師自らが治験を企画・立案し，治験計画届を提出して行う医師主導治験の２つに分けられます（Q58参照）。以下，本解説では，企業主導治験について説明します。

(2)　多施設共同治験

一つの治験実施計画書（プロトコール）に基づき共同で複数の実施医療機関において実施される治験を一般に多施設共同治験と呼んでいます。この場合，医薬品メーカーが各実施医療機関と個別に治験契約を締結することになりますが，これにより，後述の実務上注意が必要な問題があります。

(3)　国際共同治験

複数の国において同時期に医薬品の承認取得を目指して医薬品メーカー企業が企画する治験であって，共通のプロトコールに基づき，複数の国の医療機関が参加し，同時並行的に進行する治験のことを国際共同治験と呼んでいます（古澤135頁参照）。医薬品メーカーとしては上市時期を早めて売上を拡大することができ，ドラッグ・ラグ問題（外国で使われている新薬が，日本では開発や承認が遅れていることにより使えないという問題）の解消にもつながるメリットがあります。

以下，治験の段階（開始前，実施中，終了後）ごとに，注意すべきポイントや法的問題点を解説します。

2．治験開始前

(1) 治験契約

① 必要的記載事項

GCP省令13条1項各号の必要的記載事項が漏れなく記載されているかをまず確認します（同項に関するGCP省令ガイダンスの解説も参照）。必要的記載事項として，たとえば，被験者の秘密の保全に関する事項（同項11号）や一定の場合における治験依頼者による治験契約の解除に関する事項（同項15号）などがあります。

② 対価の金額・対象の適正

公競規では，原則として，医療機関に依頼した治験の報酬・費用の支払に関しては，その提供は制限されません（5条4号）。ただし，自社医薬品の不当な取引を誘引するような，不当に高額な報酬を支払う場合や医療用医薬品の購入に関連付けて（見返りとして）支払う場合は，公競規で制限される対象となります（Ⅲ－4 調査・研究委託に関する基準 第2）ので注意が必要です（公競規の趣旨等についてQ28参照）。

③ 健康被害が生じた場合の責任

一般に，薬の副作用による健康被害を完全に回避することは不可能です。そこで，治験に起因して被験者に健康被害が生じた場合の責任を取り決めておく必要があります（必要的記載事項（GCP省令13条1項16号））。

当該健康被害につき，治験依頼者である医薬品メーカーに故意または過失がある場合には，被験者に対する損害賠償責任が生じます。また，故意または過失の有無にかかわらず，被験者の損失を適切に補償すべきとされています（ヘルシンキ宣言15条，同省令ガイダンス1条の解説14項，同省令14条等参照）。実務上，適切な補償として，医法研の「被験者の健康被害補償に関するガイドライン」を参考に各社が作成した補償規程に従って，一定の医療費，医療手当および補償金が被験者に支払われることとされています。

治験契約書には，医薬品メーカーの故意または過失がある場合の賠償責任，補償責任および保険加入等の措置を講じる義務を記載します。

④　多施設共同治験における治験契約の実務上の問題点

実務上，各医療機関が独自の治験契約書のひな型を保有しており，当該ひな型の修正を拒む機関が少なくありません。米国では，共通のCTA（Clinical Trial Agreement）のフォーマットを使うことが多いそうですが，日本の現在の実務では，同一の治験にもかかわらず，各医療機関との治験契約が異なる場合があります。

これにより，同じ多施設共同治験から生じる同一の知的財産権の帰属や実施権の内容，治験の結果に関する情報やデータを利用する条件，治験の結果の公表（学会発表や論文投稿等）に関する条件やスケジュール等が，医療機関によって異なる可能性が生じます。その結果，たとえば，ある医療機関が同意しないために，治験により生じた発明に係る特許出願や治験の結果の利用ができなくなる，ある医療機関が上記特許出願前に治験結果を公表してしまい特許権が認められなくなるといったリスクが生じえます。

そこで，治験依頼者となる医薬品メーカーの法務パーソンとしては，上記のような重要な事項に関する規定については，統一した内容になるよう医療機関の契約担当者と交渉する必要があります。

⑵　説明文書・同意文書（Informed Consent Form，ICF）

被験者に治験薬を使用する危険性，メリットやデメリットなどを説明し，その同意を取得するための文書が説明文書および同意文書（ICF）です（GCP省令ガイダンス２条解説15項⑴②③）。これらの文書が，個人情報保護に関する各種法令等に適合していることを確認する必要があります。被験者から同意を取得する直接の主体は医療機関であるため，当該医療機関が，私立であれば個情法，独立行政法人であれば，独個法，地方自治体が運営する医療機関であれば当該自治体の個人情報保護条例が適用されますので，注意が必要です。

⑶　治験契約，プロトコールおよびICFの整合性

プロトコールやICFにも①治験の結果に関する情報やデータの利用目的に関する事項や②健康被害が生じた場合の責任の所在や措置の内容に関する事項等の契約的な内容が記載されていることがあるため，治験契約書，プロトコールおよびICFの内容に齟齬が生じないよう注意が必要です。また，齟齬が生じた場合に備えて，これらの書面間で齟齬が生じた場合の優劣関係を明記すること

が望ましいです。

3．治験実施中

治験実施中は健康被害が生じた場合の対応が問題となります。

(1)　補償責任

副作用報告を迅速に行うとともに，治験に起因する健康被害か否かを速やかに確認し，因果関係が認められる場合，医薬品メーカーは，各社が作成した補償規程に従って，一定の医療費，医療手当および補償金を被験者に支払います。

なお，補償責任は，医薬品メーカーが実施医療機関を通じて被験者に提供する「補償概要」と呼ばれる文書によって，医薬品メーカーと被験者の間に補償契約が成立することを根拠として生じると考えられています。

(2)　賠償責任

健康被害を訴える被験者が，医薬品メーカーに対して，補償責任の範囲を超える損害の補填を，賠償責任に基づいて求めるケースがあります。賠償責任の理由としては，たとえば，説明義務違反による不法行為が考えられます。

(3)　製造物責任

治験にも製造物責任法が適用されるところ，製造物責任の要件である「欠陥」に関して，ICFや添付文書における副作用の記載欄や記載方法が「指示・警告上の欠陥」に該当するかが争われる可能性があります（イレッサ事件・最判平25・4・12民集67巻4号899頁参照）。

(4)　PMDAによる健康被害救済制度

医薬品メーカーの責任で被害者を救済するのとは別の制度ですが，PMDAによる医薬品副作用被害救済制度および生物由来製品感染等被害救済制度があり，上市品の適応拡大目的の治験であれば，健康被害を受けた被験者は，これらの制度により一定の給付金を受給できる場合があります。

4．治験終了後

(1)　健康被害

上記3と同様に，補償責任，賠償責任および製造物責任に基づく対応の検討が求められる場合があります。ただ，請求の時期によっては，消滅時効を主張しうるか確認すべき場合があります。

⑵　当該治験で得られた情報の二次利用

たとえば，治験結果を承認申請以外の目的で解析する研究において利用する，また，欧米等の外国における同一の治験薬を用いた治験の承認申請の際，日本で実施した治験の成績を当該外国当局に提出するといった，二次利用が考えられます。

当該治験の治験契約，プロトコールおよびICFを確認の上，実施医療機関との契約に反しないか，また，被験者から取得した同意の範囲を超えないかを確認する必要があります。

《参考文献等》

- 治験のプロセス全体について，亀井，古澤
- 医薬品メーカーの製造物責任全体について，アンダーソン232～237頁，朝見行弘著『業種別製造物責任ハンドブック』（中央経済社, 1995）163～214頁

Q15 CRO・SMO

医薬品メーカーが治験業務の一部をCROに委託する場合，どのような契約を締結しますか。また，CROとSMOの違いを教えてください。

CROとの業務委託契約書には，GCP省令上の必要的記載事項のほか，一般の業務委託契約書に必要な事項を定めます。また，CROは治験依頼者である医薬品メーカーを支援するのに対し，SMOは実施医療機関を支援する点が違います（なお，AROについてはQ58参照）。

1．CROとは

CRO（Contract Research Organization）とは，（医薬品）開発業務受託機関のことをいい，企業主導治験において，治験の依頼をしようとする者（医薬品メーカー）から，治験の依頼および管理に係る業務を受託する者をいいます（GCP省令ガイダンス2条の解説15項(2)参照）。

2．外部委託増加のトレンドと背景

近年，治験関連業務の外部委託は増加トレンドにあります。日本CRO協会が2018年5月20日付で発表した2018年の年次業績報告（http://www.jcroa.or.jp/outline/2018report.pdf）によると，協会会員企業の同年の総売上高は1,901.3億円となっており，そのうち医療品開発関連業務の売上は，前年同期比2.8%増の1,740億円に達しています。

その背景には，新薬創出の難易度が上がり，開発競争が激化する中，医薬品メーカーの開発に対するスピードアップとコストダウンの要請が高まっていることがあると思われます。

3．CROが受託する治験関連業務の内容

CROが受託する治験関連業務として，たとえば，以下のようなものがあります。

(1) モニタリング

モニタリング業務とは，治験が適正に行われることを確保するため，治験等の進行状況を調査し，治験がGCP省令ならびに治験実施計画書（プロトコール）および標準業務手順書（SOP，Standard Operating Procedures）に従って実施，記録および報告されていることを調査する業務をいいます（GCP省令2条18項・21条，同省令ガイダンスの解説参照）。モニタリング業務を担当する者をCRA（Clinical Research Associate）またはモニターといいます。

CRAまたはモニターは，治験を担当する医療機関の医師に対して，治験にかかわる事項全般を記載したプロトコールの説明を行い，治験の進捗状況を確認し，症例報告書（CRF，Case Report Form）の記入依頼・回収・精査まで担当します。

(2) データマネジメント

データマネジメント（DM，Data Management）業務とは，治験により集積された症例データを入力・精査・修正し，データベース化する業務をいいます。

(3) 統計解析

統計解析（SA，Statistics Analysis）業務とは，有効性，安全性，副作用など，さまざまな観点から評価基準を数値化し，DMにより整えられたデータを分析し，治験薬の有効性や安全性を統計学的に検証する業務です。解析計画書や解析報告書の作成も行います。

(4) メディカルライティング

メディカルライティング業務（MW，Medical Writing）とは，薬機法やGCP省令等を遵守して，治験の実施と承認取得に必要な治験総括報告書等の各種申請書類の作成を行う業務をいいます。

(5) 安全性情報対応

安全性情報対応（PV，Pharmacovigilance）業務とは，治験中または治験終了後，治験薬を服用したことによる有害事象・副作用を監視・調査・報告する業務です。なお，規制当局への副作用等の報告は，CROに委託することができないこととされています（GCP省令ガイダンス12条の解説１項参照）。

⑹ 治験の品質管理

治験の品質管理（QC，Quality Control）業務とは，治験において，GCP省令に従い作成されたSOP，プロトコール等が遵守されているかどうか，また，治験関連文書（プロトコール，治験薬概要書，治験総括報告書等）の内容を確認し，また，SOPの作成・改訂を行うことで，治験の品質について第三者的立場でチェックする業務をいいます（GCP省令ガイダンス4条1項の解説2項参照）。

⑺ 治験の品質保証（監査）

品質保証（QA，Quality Assurance）業務とは，治験等がGCP省令ならびにプロトコールおよびSOPに従って実施され，データが記録，解析され，正確に報告されているか否かを確定するため，治験依頼者によって指名された監査担当者が，独立した立場において治験等に係る業務および文書を体系的に検証する業務をいいます（GCP省令2条19項，同省令ガイダンス参照）。

4．医薬品メーカーとCROとの業務委託契約書のポイント

⑴ 必要的記載事項

GCP省令において，当該契約書の必要的記載事項が定められています（GCP省令12条1項各号，同省令ガイダンス12条の解説参照）ので，当該事項の漏れがないかを確認します。

⑵ CRO業務委託契約書の固有の事項

医薬品メーカーの立場からは，CRO業務の結果生じた知的財産権等の権利は医薬品メーカーに帰属する旨や，CRO業務に付随してCROが知得した被験者の個人情報の取扱い等について，明確に定めておく必要があります。

⑶ 業務委託契約書の一般的事項

CROとの契約も業務委託契約ですので，上記のほか，委受託業務内容，業務委託料の支払，再委託，秘密保持，契約の解除，損害賠償，権利義務譲渡禁止，裁判管轄等の規定を定めておくことが必要です。

特に，損害賠償の規定については，責任要件（重過失に限る等），損害の範囲（通常損害に限る等）および賠償額の上限の有無等について，しばしば交渉が難航することがあります。

5．SMOとは

SMO（Site Management Organization）とは，治験施設支援機関をいい，治験の実施に係る業務の一部を実施医療機関から受託する者をいいます（GCP省令ガイダンス２条の解説15項(3)参照）。SMOの主な業務として，①医療機関での治験を開始するための補助業務，②医療機関の治験事務局の補助業務，③治験審査委員会（IRB，Institutional Review Board）の設立・運営の補助業務，④CRC（Clinical Research Coordinator，治験コーディネーター）の教育と派遣等があります（日本SMO協会のウェブサイト参照。http://jasmo.org/ja/business/flow/index.html）。なお，実施医療機関は，SMOにこれらの業務を委託するにあたり，GCP省令39条の２所定の必要的記載事項を明記した契約を締結する必要があります。

CROとSMOの違いは，CROが治験依頼者である医薬品メーカーを支援するのに対し，SMOは実施医療機関を支援する機関であるという点にあります（治験における各当事者間の関係については，亀井53頁の図５－５参照）。

企業主導治験において，実施医療機関が，SMOと業務委託契約を締結し，上記のようなSMO業務を委託しますが，その業務委託料は，治験依頼者である医薬品メーカーが治験費用として負担します。実務上，医薬品メーカー，実施医療機関，SMOの三者間で当該業務委託料支払に関する覚書を締結し，医薬品メーカーがSMOに対して直接当該業務委託料を支払うこととしているケースが少なくありません。この場合，当該業務委託料が不当に高価な対価となっている場合，委託業務の対価ではなく，自社医薬品の処方を誘引する（処方の見返りの）対価であるとの疑いを生じさせ，公競規の違反のおそれが生じるため，注意が必要です（Q14の２(1)②，Q28参照）。

《参考文献等》

- 日本CRO協会ウェブサイト（http://www.jcroa.or.jp/）
- 日本SMO協会ウェブサイト（http://jasmo.org/index.html）
- 亀井71～117頁（CROについて），119～143頁（SMOについて）
- 古澤71頁

Q16 ライフサイクルマネジメント

新薬はどのような制度のもと，どの程度の期間，後発医薬品の参入から保護されますか。これは新薬メーカーのビジネスにどのような影響を与えていますか。

新薬は，特許およびデータ保護・再審査制度によって後発医薬品の参入から保護されます。これらの制度のもと，医薬品のライフサイクルマネジメントに沿った特許の権利化を図り，新薬開発にかかった投資を回収し，次の新薬開発に投資する資金を確保します。

1．新薬のライフサイクルマネジメント

多くの新薬は10年以上の長期にわたる研究開発期間を経て，数百億円以上の多額の開発費用をかけて創出されますが，その成功確率は極めて低いものとなっています（近年は約２万５千分の１の確率（製薬協DATA BOOK 2018））。このように莫大な投資を行って開発された新薬は，適応症の拡大，剤形の追加等の改良を重ねてさらに長期にわたり当該医薬品価値を高め有効に活用されるよう工夫されます（医薬品のライフサイクルマネジメント）。新薬の特許保護は物質特許が中心になりますが，新薬の改良とともに当該医薬品に関する特許戦略を検討し用途・製剤・製法特許等を取得することにより長期的な製品保護を図り，当該医薬品による総売上げを最大化していきます（Q17参照）。新薬は当該新薬にかかる特許および後述のデータ保護・再審査制度によって後発医薬品の参入から保護されていますが，これらの保護期間が満了し，後発医薬品が参入すると新薬の価格や販売量は大きな影響を受けます。

新薬メーカーの法務パーソン（特に知財担当者）の役割としては，製品のライフサイクルマネジメントに沿って製品価値の最大化を図り，当該製品に関する特許の権利化を進めるとともに，各国における特許期間，データ保護・再審査期間の満了に伴う後発医薬品の市場参入により新薬の独占販売が失われる時期（LOE：Loss of Exclusivity）を算出して収益を見積もることが非常に重要

です（【図表2－2】参照）。

【図表2－2】製薬のビジネスモデル

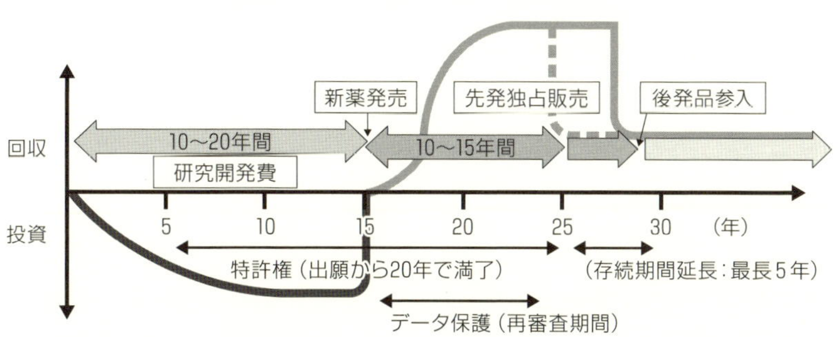

なお，後発医薬品は先発医薬品との生物学的同等性等を証明することにより承認を得られるため，開発コストを低く抑えることができ，先発医薬品に比べて低い薬価による供給が可能です（Q38参照）。このような後発医薬品は医療保険財政の改善等の観点から望ましく，政府としては先発医薬品開発のイノベーション促進と後発医薬品の推進・医療費の効率化の両者のバランスを図って，新薬を後発医薬品の市場参入から保護する制度を設定しています。

2．特許による後発医薬品の市場参入からの保護

(1)　制度の概要

特許法は，発明を奨励し産業の発達に寄与するために，発明を公開するとともに発明に対して特許権を与え，特許権により当該発明の実施について他者排除効を有します（特許法1条・68条）。したがって，新薬に関する特許権が存在すれば，後発医薬品が上市されても特許権の行使により後発医薬品の市場への参入を排除できます。

また，医薬品の安定供給の観点から，後発医薬品承認前に特許侵害にかかる紛争解決を図るパテントリンケージ制度が設けられており，先発医薬品の特許の無効または非侵害が確認されない場合には後発医薬品が承認されない場合があります（たとえば，米国ではHatch-Waxman法に基づくパテントリンケージ制度が設けられています（Q39参照））。日本においては，後発医薬品の承認申請時に，厚労省が先発医薬品メーカーから提出される医薬品特許情報報告票

の情報をもとに物質・用途特許に関して，抵触ありと認められる場合には後発医薬品は承認しない運用が行われています（平成21年6月5日付医政経発第0605001号／薬食審査発第060514号）。なお，その他の判断の難しい特許について特許係争のおそれがある場合は，後発医薬品の薬価収載時に，先発・後発医薬品メーカーの当事者間で特許侵害の有無を確認する事前調整を行ったうえで薬価収載を認めることになっています（Q38参照）。

⑵　特許の実質有効期間

特許権はその出願から20年間存続します（特許法67条1項）。また薬の品質，有効性および安全性の確保等のための許可その他の処分を受けるため特許発明を実施することができない期間だったと認められた場合には，5年を限度として特許期間の延長が認められます（同条4項）。

しかしながら，新薬を後発医薬品参入から保護するための基本となる物質特許は多くが医薬品開発の初期段階で出願され，その後，研究開発に10年以上かかってしまいます。そのため，新薬の製造承認取得時から特許が満了するまでの実質特許有効期間は特許延長期間を含めても平均すると10～12年程度といわれています（小野塚修二「日米における医薬品の特許期間」製薬協News Letter No.133（2009/09））。なお，前述のとおり，物質特許に加えて，用途・製剤・製法等の特許を取得することで長期的に新薬の保護が図られます（Q17参照）。

3．データ保護・再審査制度による後発医薬品の市場参入からの保護

⑴　制度の概要

医薬品は，臨床/非臨床研究により有効性・安全性を確認したうえで承認されます。医薬品研究開発において臨床研究には特に多額の費用を要するところ，後発医薬品は先発医薬品の有効性・安全性のデータ利用により，生物学的同等性等を証明することにより承認を得られるため，その分の開発コストが低くおさえられます。そこで，国によっては，新規医薬品の有効性・安全性データのフリーライドを防ぎ，開発投資へのインセンティブを保持するため新薬の上市後一定期間は新薬のデータを利用させないことによるデータ保護制度が設けられています。なお，かかるデータ保護は新規に有効性・安全性のデータを取得し製品化することを制限するものではなく，その意味で他者排除効を認める特

許とは異なる保護制度といえます。

日本ではデータ保護に特化した法制度はありません。日本においては再審査制度が実質的にデータ保護の役割を果たしているといわれています。再審査制度とは，新薬の製造販売承認後に一定期間が経過した後に医療機関で使用したデータを集め，承認された効能効果，安全性について再度確認するための制度です（薬機法14条の４）。再審査期間中の後発医薬品の申請には新薬と同等またはそれ以上のデータが求められる（平成26年11月21日付薬食発1121第２号）ので，実質的に後発医薬品の市場参入が限定され，新薬は，再審査期間中は後発医薬品の市場参入から保護されます。

(2)　データ保護・再審査期間

データ保護および再審査制度のもと，新薬は製造販売承認時から起算して，定められた一定期間，後発品の参入から保護されます。日本における主な再審査期間は【図表２－３】のとおりです。

【図表２－３】主な再審査期間

期間	新医薬品の種類
10年	希少疾病用医薬品，長期の薬剤疫学的調査が必要なもの
８年	新有効成分医薬品
６年	新医療用配合剤（新規性により４年もある），新投与経路医薬品
４年	新効能・効果医薬品，新用法・用量医薬品

（出所）　特定保健用食品の表示許可制度専門調査会，厚労省医薬食品局審査管理課「再審査制度，再評価制度について」（平成23年２月28日）

もっとも，各国によりデータ保護制度の期間は異なります（たとえば，米国のデータ保護期間は希少疾病用医薬品：７年，バイオ医薬品：12年，新有効成分含有医薬品：５年）ので，グローバル化するビジネスにおいては国ごとにどのような制度を設けているのかに留意することが重要です。

《参考文献》

- 杉田健一『医薬品業界の特許事情〔第２版〕』（薬事日報社，2008）
- 医薬品に係る特許権の期間延長，再審査期間，パテントリンケージに関して，アンダーソン106～110頁

Q17 特許の活用

医薬品に関する特許にはどのようなものがありますか。それぞれ，研究・開発のどのタイミングで特許化され，ライフサイクルマネジメントにおいてどのように活用されますか。

医薬品に関する代表的な特許としては，物質特許，用途特許，製法特許，製剤特許などが挙げられます。同じ製品に関連する特許でも，それぞれ，特許出願されるタイミング，権利範囲等が異なり，特徴に応じた活用が必要です。

1．はじめに

医薬品を保護する特許には，主に，「物質特許」，「用途特許」，「製剤特許」，「製法特許」，といった名称で呼ばれる特許が挙げられます。これらの特許を中心に解説することにより，医薬品のライフサイクルマネジメント（Q16参照）と特許の関係，また，医薬品開発（Q13参照）と特許の関係を明らかにします。

2．医薬品を保護する特許

(1) 特許とは

そもそも，特許とは何でしょうか。特許は発明に与えられる独占的な権利です（特許法2条・66条）。特許権の及ぶ範囲は，特許請求の範囲により規定されます（特許法70条1項）。特許請求の範囲は請求項（業界では「クレーム」とも呼ばれます）という項目ごとに，箇条書で記載されます（特許法36条5項）（【図表2－4】を参照）。

(2) 物質特許

物質特許とは，医薬品の有効成分となる，生理機能に作用を与える物質そのものを権利範囲とする特許を意味します。化合物自体の特許のほか，塩や結晶に関する特許などもあります。

物質特許は，用途や製造方法にかかわらず，その物質すべてに権利が及ぶため，一般的に強力な特許であるといわれます。

【図表２－４】請求項（クレーム）の記載例

特許の種類		請求項の記載例
物質特許	化合物特許	下記，式（1）で示される化合物。
	結晶特許	X線解析図が下記の回析ピークを有する○○（特定の化合物の名称）の結晶。
用途特許	医薬用途特許	下記，式（1）で表される化合物を含む，肺癌治療用の医薬組成物。
	用法用量特許	下記，式（1）で表される化合物を含む，肺癌治療用の医薬組成物であって，当該化合物の１日量1.5mg/kg～3.0mg/kgを１日３回に分けて投与することを特徴とする組成物。
製剤特許	成分に特徴	下記，式（1）で表される化合物と，乳糖，マンニトール及びエリスリトールより選択される糖類と，トウモロコシデンプンを含む医薬組成物。
	剤形に特徴	下記，式（1）で表される化合物を含む口腔内崩壊錠。
製法特許		下記，式（1）で表される化合物を製造する方法であって，工程（1）……，及び，工程（2）……を経ることを特徴とする製造方法。

(3)　用途特許

用途特許とは，生理機能に作用を与える物質（有効成分）を含む医薬組成物を，ある特定の用途（特定の疾患の治療など）に適用させることを特徴とする特許です。また，用法用量を用途の特徴とする特許も認められます（「特許・実用新案審査ハンドブック」附属書Ｂ第３章（https://www.jpo.go.jp/shiryou/kijun/kijun2/pdf/handbook_shinsa_h27/app_b3.pdf）参照）。

用途特許では，その医薬組成物を請求項で特定される用途に適用させたものに権利が及びます。

(4)　製剤特許

製剤特許とは，有効成分を含む医薬組成物を権利範囲とする特許です。実は，日頃から私たちが目にする医薬品の多くは，有効成分は数％しか含んでおらず，残りの90％近くは，生理機能に作用を与えない「賦形剤」と呼ばれる成分で構成されています。ですから，有効成分以外の成分の構成を特徴とする製剤特許も，医薬品を守る上で，重要な特許となります。また，成分の構成を特徴とする特許以外に，医薬品の剤形（錠剤，散剤，注射剤，坐剤，貼付剤など）を特徴とする製剤特許もあります。有効成分の性質に適した剤形や対象疾患で好ま

【図2－5】

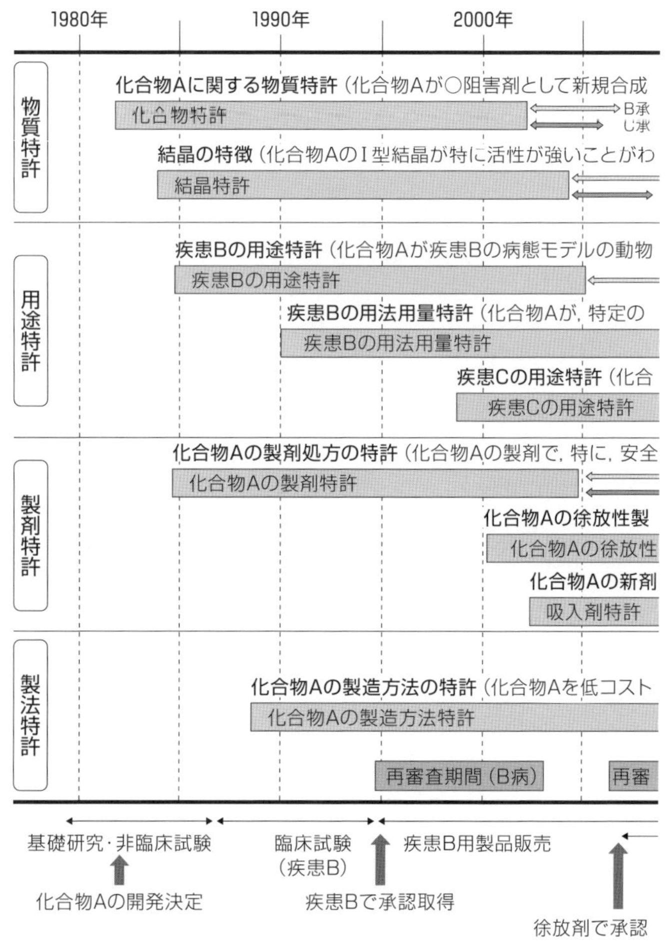

しい剤形を権利化しておくことも非常に重要です。

⑸　製法特許

製法特許とは，ある化合物や組成物を製造する上で，その製造方法に特徴がある場合に，その製造方法を権利の対象とする特許です。

製法特許は，その製造方法と，当該製造方法により製造された物に権利範囲が及びます（特許法２条３項３号）。ただ，異なる製造方法で製造された物に対しては，最終生成物が同じであっても権利が及ばないので注意が必要です。

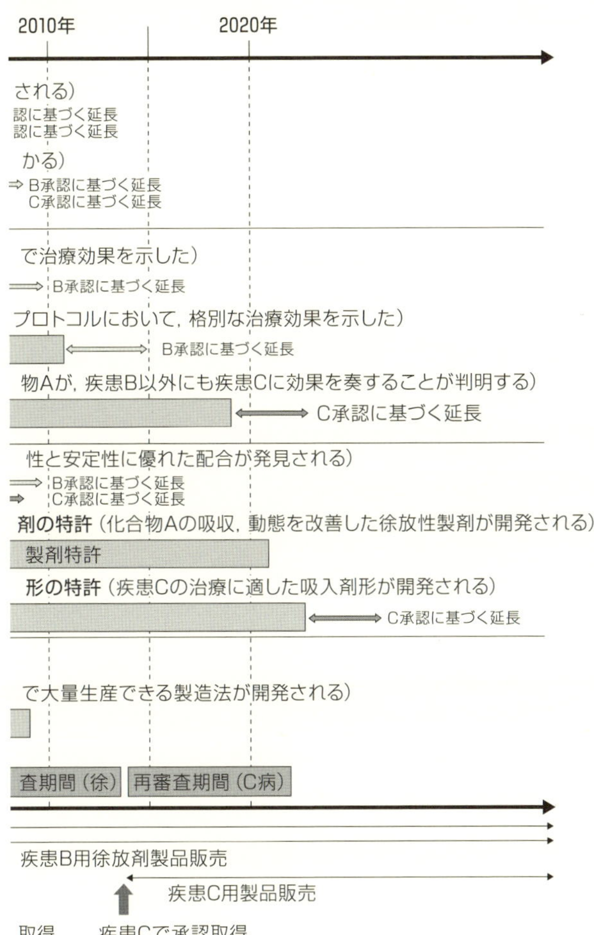

3．医薬品のライフサイクルマネジメント

(1) 特許と再審査期間

Q16に記載のとおり，後発品を排除する機能を有する制度として特許以外に，再審査制度による再審査期間があります。したがって，再審査期間と特許の両者を組み合わせて新薬の長期的な保護を図ります。

(2)　特許の延長制度

医薬品の特許は5年を限度に特許期間の延長が認められます（Q16参照）。一つの製造販売承認（以下，単に「承認」といいます）に基づき延長できる特許の数に制限はありませんが，延長された特許についての権利範囲等については，承認を受けた品目に限られます（特許法68条の2）。なお，延長された特許の権利範囲についてなど，近年この分野では重要な判決も出されており注目されています（Q19参照）。また，延長された特許の権利範囲や，一つの承認により延長できる特許の数などについては，各国で制度が異なるので，注意が必要です。

(3)　ライフサイクルマネジメントの例

【図表2－5】は，化合物Aのライフサイクルマネジメントの例を示しています。化合物Aをまず疾患Bの治療剤として開発する過程で，さまざまな特許が生まれ，続いて，徐放製剤（体内で薬がゆっくりと放出されることで，作用・効果の持続などを可能とする製剤）や新しい疾患への適用により，新たな特許が生まれていることがわかります。また，各承認に伴い再審査期間による独占が認められます。

このように，物質特許は比較的早期に出願され，用途特許，製剤特許，用法用量特許，製法特許は，開発や製造の厳しい規制をクリアする段階の開発過程（Q13，20参照）で出願されます。さらに，市販後も改良製剤や第2医薬用途の出願が行われます。初期に出願される物質特許は，上市後，長くは製品を保護できません。一方，後期に出願される製剤特許，用法用量特許などは，上市後も長く製品を保護することができます。ただ，製剤特許では，【図表2－4】に例示した請求項では，トウモロコシデンプンの代わりにバレイショデンプンを使用することで回避が可能であり，また，用法用量特許は，【図表2－4】に例示した請求項では，たとえば，1日に2回投与とすれば，回避されてしまうので，権利範囲は狭くなります。

また，近年の世界医薬品売上高ランキングで，上位に挙がるバイオ医薬品についても，重要となる技術が低分子とは異なる点もありますが，その特徴に応じて適切に製品をカバーする特許により保護を図ることが大切です。

(4)　法務パーソン（特に知財担当者）として注意すべきこと

先発品メーカーでは，後発品の参入するタイミングは収益に大きな影響を与えます（Q16参照）。したがって，法務パーソンとしては，製品をカバーする特許が存在することだけで安心してはならず，それぞれの特許の強み，弱みを認識し，後発品の参入時期を正確に予測することも重要になります。たとえば，【図表２－５】では，疾患Bの再審査期間が経過し，物質特許が切れた後，存続している他の特許が，技術的に容易に回避される可能性があるか検討し，後発品参入のタイミングを正確に予測することが大切です（Q38参照）。

《参考文献等》

- 企業のライフサイクルマネジメントの分析として，山中隆幸『ジェネリックvs.ブロックバスター　研究開発・特許戦略からみた医薬品産業の真相』（講談社，2017）
- バイオ医薬品の技術動向について，「平成26年度　特許庁技術動向調査報告書　抗体医薬」（https://www.jpo.go.jp/shiryou/gidou-houkoku.htm）

Q18 ライセンス契約

当社は，日本国内で開発中の医薬品について海外の他社に特許等をライセンスして，海外での開発・販売を当該他社に任せようと計画しています。ライセンス契約にはどのような内容を盛り込む必要がありますか。また，どのような点に注意する必要がありますか。

医薬品のライセンス契約には一般に，実施許諾対象・範囲，実施料，当事者の役割と権利義務，期間，知的財産の取扱い等の条項が含まれます。業界特有のリスクに対応しながら社内調整，契約交渉を行う必要があります。

1．ライセンス契約とは

ライセンス契約とは，「ライセンサー（実施許諾者）」が「ライセンシー（実施権者）」に対し，自己の知的財産等の使用を許諾する契約をいいます。他者から実施許諾を受けることを「ライセンスイン（導入）」，他者に実施許諾することを「ライセンスアウト（導出）」といいます。医薬品メーカーにとってライセンスは重要な戦略の一つである場合が多く，法務パーソンにもなじみある契約類型と考えられます。

2．医薬品のライセンス契約の特徴

医薬品のライセンス契約では，ライセンサーがライセンシーに対し，医薬品の開発，製造，販売等を許諾します。許諾の対象には，①特許（物質，用途，製法等（なお医薬品を保護する特許についてはQ17を参照）），②開発，製造，販売等に必要なノウハウおよび③商標（ブランド）の3つが含まれます。医薬品のビジネスの特徴（Q16参照）と，特許の特徴（Q17参照）から，医薬品のライセンス契約では，①独占的実施権（対する概念として，非独占的実施権）の許諾が多い，②実施料率が高い，③契約期間が長い，④医薬品の開発に必要な物質特許のライセンス契約（原則として，複数ではなく1つのライセンス契約）が重要，という特徴があります。

医薬品の製造販売には国・地域毎の承認取得が必要なため，国内では，自社の製品の開発を自社で進めつつ，国外では，導出をして，その国・地域で開発等のノウハウを有する医薬品メーカー等に開発等を依頼することがよく行われます。国外での製品化により，ライセンシーは販売による収益を，ライセンサーはライセンス収入を得ることができます。

3．ライセンス契約の内容

一般的に，ライセンス契約に盛り込まれる内容は，個々の取引により異なるものの，①定義（特に，対象製品，対象特許，対象ノウハウ，対象領域，テリトリー，実施料の基礎となる売上高等が重要），②実施許諾（許諾対象・範囲，再実施権の取扱い等），③実施権の登録，④実施料（ライセンスフィー）の取り決め（実施料（通常，契約一時金（アップフロント），開発進捗に応じたマイルストーンペイメントおよび上市後のランニングロイヤルティで構成される），支払条件，報告，監査権等），⑤知的財産権の取り決め（特許の維持義務，改良発明の取扱い，第三者による特許侵害，第三者の特許の侵害，不争義務，商標権等。後発医薬品との係争（Q19参照）に備えた規定が必要。なお，後述のとおり独禁法との関係に注意する必要があります），⑥期間（契約期間，解除・解約，契約終了後の権利義務等），⑦秘密保持・公表，⑧表明保証，⑨準拠法・管轄裁判所や仲裁等の紛争解決，⑩一般条項（通知，補償，その他）等があります。

これらに加え，医薬品の製品ライセンスの場合，⑪開発，製造（製造物責任を含む），供給（原薬の供給義務および品質に関する規定を含む。なお，供給や品質を別契約とする場合もあります（Q21参照）），薬事申請，販売等，各段階における当事者の役割（情報提供義務を含む。なお，自社の技術情報流出への対応も必要な点につきQ21参照），⑫開発・上市に向けた努力義務，⑬意思決定（ガバナンス），⑮副作用報告および安全性情報，⑯競業避止義務，および，⑰保険（製造物責任保険，補償・賠償責任保険等）等の各条項も検討すべき内容となります。

4. 注 意 点

(1) 契約交渉スケジュール

ライセンス契約交渉のスケジュールは個々の取引により異なるものの，一般的な流れは，【図表２－６】のとおりです。非秘密情報の交換から始まり，秘密保持契約（CDA：Confidentiality Agreement）締結後，秘密情報を開示，デューデリジェンスと進みます。並行して，ライセンス契約条件の概要を記載したタームシート（Term Sheet）の交換を行います。タームシートには，「法的拘束力を有さない」旨が記載されることが通常ですが，タームシート上の基本条件と異なる条件をライセンス契約段階で交渉することは困難な場合も多いため，この段階での条件検討も実務上重要です。その他，最終契約の交渉には時間を有するため，早期に当事者間での取引のコミットを希望する場合には別途覚書（LOI：Letter of Intent，MOU：Memorandum of Understanding）を結ぶこともあります。法務パーソンとして，案件ごとのスケジュールを念頭に，各時期において必要なサポートを提供することとなります。

【図２－６】ライセンス契約交渉の時系列

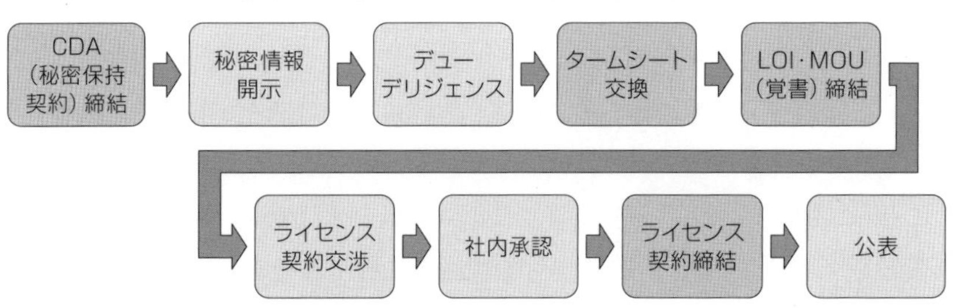

(2) 想定されるリスクと契約条項の検討

ライセンサーとして取引上想定しうるリスクを洗い出し，契約上これに対応することが必要です。自社の戦略，ライセンスの目的，開発段階（内外での開発（フェーズ）・上市の状況），相手方の戦略等も考慮する必要があります。

医薬品の開発・上市には不確定要素が多いため，想定しうるリスクには業界特有のものがあります。たとえば，想定する適応で海外上市できない，有害事象の発生，承認時期が想定より遅れるまたは承認取得できない，販売価格が想定より著しく低くなる，想定ほど海外で売上が伸びない，後発医薬品が想定よりも早く販売されるなどです。開発計画を見直し，定期的に当事者間で会議を開き進捗状況を確認するプロセスが重要なため，契約にこれらに関する規定を置く，また，ライセンシーに開発努力義務を課すなどの手当てをすることが考えられます。さらに，契約期間が長期に及ぶため，不確定要素に備えた契約の変更権や解約・解除権を規定し，有事の事象が生じた場合に権利行使可能としておく工夫も大切です。その際，契約終了時の当事者の権利義務関係（薬事，供給，知財等）も検討しておきます。

(3) 交渉相手に関する注意点

相手方の所在国によっては，取引に適用される海外の法令に注意する必要もあります。たとえば，独禁法（特に知的財産権との関係），贈賄禁止規制（なお，公務員や医療従事者との関わりから注意すべき点としてQ28〜30，海外の汚職規制についてはQ8を参照），薬事規制（国や地域毎に販売等に必要な承認やデータ等が異なる），外資規制（外資による医薬品の製造，販売等に規制がある場合がある）等があります。その他，交渉相手のビジネスカルチャーやカントリーリスク等を考慮する必要もあります。

国外への導出の場合，契約の言語について日本語を正とする場面は少なく，英文契約が多いため，英文契約への精通も求められます。相手が国外企業かつ契約言語が母国語でないという事情から容易に契約条件を譲ることは避け，可能な限り自社の戦略に沿った合意地点を目指し粘り強く交渉することが大事です。

(4) 社内・社外調整

事案に応じ，営業，研究，開発，製造，事業（国内，海外），安全性，知財，経理等の各部門や関係会社，外部アドバイザー（弁護士（特に準拠法が外国法の場合外国法弁護士との協働が求められます），弁理士等）等から必要なインプットを得て調整し，契約に落とし込み，交渉を行う必要があります。

《参考文献》

• 山上和則＝藤川義人編『知財ライセンス契約の法律相談〔改訂版〕』（青林書院，2011）

Q19　特許紛争事例

医薬品業界の法務パーソンとして知っておくべき特許紛争事例にはどのようなものがありますか。

医薬品業界の法務パーソンとしては，プロダクト・バイ・プロセス（PBP）クレーム，均等侵害，国内消尽，特許法69条1項，特許の存続期間の延長など，医薬品業界特有の特許法上の論点に係る紛争事例を知っておくべきです。

1．医薬品業界において特許判例が重要な理由

医薬品業界においては，特許で製品を保護すること（Q17参照）が事業の鍵を握るため，法的紛争（Q39参照）の中でも特許紛争が避けられません。法務パーソンとしては，将来生じうる特許紛争を適切かつ迅速に対処するために，PBPクレーム，均等侵害，国内消尽，特許法69条１項など特許法上の重要論点に関する判例をキャッチアップしておくことは非常に有益です。また，医薬品のライフサイクル（Q16）を理解する上で，特許の存続期間延長に関する判例の理解は必須となります。

2．知っておくべき特許紛争事例

(1)　ハーセプチン用途特許侵害訴訟

先発品メーカーと後発品メーカーの紛争の直近の事例として，後発品メーカーがどのように特許侵害を回避したかについての重要な事案です。

本件では，ハーセプチンという抗体の乳癌治療に関する用途特許の専用実施権者である先発品メーカーが，後発品メーカーに対し，特許侵害を理由に製品の製造販売等の差止訴訟の提起と仮処分の申立てを行いました。結果として，後発品メーカーが，当該用途特許の侵害を避ける効能・効果で製造販売承認（いわゆる虫食い承認（Q38参照））を取得したことから，先発品メーカーは差止訴訟等を取り下げるに至りました。

(2)　マキサカルシトール事件（最判平29・3・24民集71巻3号359頁）

特許侵害のうち，特許請求の範囲（クレーム）の文言解釈によって対象製品が特許を侵害していると認められる場合を文言侵害といいます。これに対し，文言侵害が認められない場合であっても，対象製品が特許発明と実質的に同一と評価され，特許を侵害していると認められる場合を均等侵害（均等論）といいます。均等侵害が認められるためには，①非本質的部分，②置換可能性，③容易想到性，④非公知技術，⑤特段の事情の不存在といった5つの要件が必要とされています。医薬品に関する判例ではありませんが，均等侵害を認めた最高裁判例としてボールスプライン軸受事件（最判平10・2・24民集52巻1号113頁）が重要です。

本判例では，マキサカルシトールの製法特許（Q17参照）と被告製品に用いられる製法に差異があり，文言侵害が認められませんでしたが，均等侵害が認められました。特に，均等侵害の第5要件（特段の事情の不存在：対象製品が特許発明の出願手続で特許請求の範囲から意識的に除外されたなどの特段の事情がないこと）における特段の事情が客観的，外形的に存在しなければ第5要件が認められるとして，均等侵害が認められやすくなる解釈基準が示されました。

さらに，本件に関する損害賠償請求事件（東京地判平29・7・27判時2359号84頁）では，後発品メーカー各社に対し，侵害品の販売によって先発品の販売数量が失われたことによる損害賠償が認められるとともに，被告製品が後発品として薬価基準に収載されたことによる原告製品の薬価の下落分が損害と認定されました。

(3)　特許の存続期間延長に関する判例

医薬品は製造販売承認の取得までに相当の長期間を要し，特許取得後も特許を実施することができない期間が存在するため，医薬品に関する特許は5年を限度として存続期間を延長することができます（特許法67条4項，Q17参照）。医薬品は，医薬品の名称，有効成分，分量，構造，用法，用量，使用方法，効能・効果，剤型等の品目ごとに承認を受けなければいけませんが，かつては一度特定の有効成分と効能・効果で承認を取得した場合には，その後に剤型や用法用量等を変えて承認を取得しても存続期間の延長登録が認められないという運用が特許庁により取られていました。しかし，医薬品メーカーがこれを争うことで，特許庁の運用が変更されることとなりました（特許庁ウェブサイト「『特許権の存続期間の延長』の審査基準の改訂について」および「特許・実用新案審査基準」の「第IX部 特許権の存続期間の延長」参照）。

パシーフカプセル30mg事件（最判平23・4・28民集65巻3号1654頁）では，特定の有効成分，効能・効果の医薬品（先行医薬品，オプソ内服液）の製造販売承認が先に取得されている場合で，剤型だけが異なる医薬品（後行医薬品，パシーフカプセル30mg）の製造販売承認が認められた場合には，後行医薬品に係る特許の特許期間の延長登録が認められることが判示されました。

アバスチン事件（最判平27・11・17民集69巻7号1912頁）では，用法用量のみが異なる先行医薬品と後行医薬品が承認された場合で，双方が同一の特許の技術的範囲に含まれる場合において，後行医薬品の製造販売承認に基づいて特許権の存続期間の延長が認められることが判示されました。

オキサリプラチン事件（知財高判平29・1・20判時2361号73頁）では，後行医薬品の製造販売承認に基づいて特許権の存続期間が延長された場合の特許権の効力（特許法68条の2）について，製造販売承認等の処分で定められた成分，分量，用法，用量，効能および効果の範囲で効力が及ぶことが判示されました。また，用法・用量等に差異があっても，それが僅かな差異であるか，全体的にみて形式的な差異にすぎない場合には，医薬品として実質的に同一なものであるとして特許権の効力が及ぶと判示されました。

(4) プラバスタチンナトリウム事件（最判平27・6・5民集69巻4号700頁）

プロダクト・バイ・プロセス（PBP）クレームとは，化学物質やバイオテクノロジーによって得られる物質の物質特許（Q17参照）について，その物の構造によって特定するのではなく，製造方法を記載して発明を特定する特許クレームをいいます。

本判例は，製造方法によって特定されたプラバスタチンナトリウムに係る特許の成立要件を解釈するにあたり，出願時においてその物質を構造又特性により特定することが不可能であるか，およそ実際的でないという事情（不可能性・非実際性事情）が存在するときに限り，特許法36条6項2号の明確性要件に違反せず，特許が有効であると判断しました。そして，有効なPBPクレームの権利範囲について，同一の製造方法で製造されたか否かにかかわらず，物として同一のものに及ぶという「物同一説」を採用しました。

(5)　アシクロビル事件（東京高判平13・11・29判時1779号89頁）

権利者の意思に沿って特許発明を実施した製品がいったん国内の流通に置かれた場合に，その後の製品の国内での譲渡等は特許侵害にならないという理論を国内消尽といいます。医薬品の判例ではありませんが，国内消尽を認めた最高裁判例として，BBS最高裁判決（最判平９・７・１民集51巻６号2299頁）が参考になります。

本判例は，アシクロビルの物質特許を有していた医薬品メーカーの製品からアシクロビルを抽出し，自己の製品に使用する行為が，いったん流通に置かれた製品を使用する行為であるとして国内消尽を認め，特許侵害に該当しないと判断しました。

(6)　膵臓疾患治療剤事件（最判平11・３・９民集53巻４号627頁）

特許法69条１項では，試験または研究のためにする特許発明の実施には特許権の効力が及ばないと定められており，技術の向上を目指したり，特許発明の特許要件の有無を調査するために行う試験・研究は特許権の侵害に該当しません。もっとも，試験・研究で用いることを目的とした特許（リサーチ・ツール特許）を試験・研究において実施することは特許権の侵害に該当します。

本判例では，特許期間の存続期間中に，後発品メーカーが特許発明を実施して製品を製造し，これを用いた試験結果をもって製造販売承認を取得することが特許法69条１項の試験・研究のための実施に該当し，特許侵害にならないと判断されました。本判例の結果，後発品メーカーは，特許の存続期間満了後に後発品を製造・販売することを目的とした製造販売承認を取得するために，特許の存続期間中であっても特許発明を実施して必要な試験・研究（Q38参照）を行うことができることが明らかになりました。

Q20 製造プロセスと規制の概観

医薬品を製造する場合，どのようなプロセスをたどりますか。また，どのような規制がありますか。

研究・開発段階では，小さなスケールで製剤設計や製造方法を検討後，商業生産へ向けたスケールアップのための検討が行われます。製造販売承認される段階では，GMP省令の規制を受け，また製造業の許可を取得する必要があります。

1．医薬品の研究・開発段階における製造と規制

(1) 開発候補化合物選定および製剤化研究

医薬品の研究・開発は，Q13のようなプロセスをたどりますが，各々のプロセスに必要な原薬や製剤を製造する必要があります。

まずは原薬となる開発候補化合物を選定するため，スクリーニング試験用の原薬を製造し，それを用いて原薬の物性・安定性評価が得られれば，製剤化研究にうつります。製剤化研究では，薬効成分が生体内で充分に効果を発揮するように，薬剤濃度や形状，用量・処方の検討が行われ，また分析法や，製造装置・製造条件を検討し，包装設計が行われます（この過程で，製剤化技術等を権利化して後発品の参入を防ぐ方法については，Q17参照）。

また，非臨床試験や臨床試験（治験）に供するための製剤の製造をする必要もあり，治験用の製剤を特に「治験薬」といいます。不良な治験薬から被験者を保護するために治験薬の品質を保証することなどを目的として，「治験薬の製造管理，品質管理等に関する基準（治験薬GMP）について」（平成20年7月9日付薬食発第0709002号厚労省医薬食品局長通知）が発出されています。治験薬GMPの内容は，GMP省令に準じていますが，多岐に渡る臨床試験の目的や方法により求めるべき事項を一律的に規定することは困難であることから，開発の進展に連動した段階的な状況やリスクを考慮して柔軟に運用すべきものとされています。

(2)　工業化研究

上記のような研究・開発段階では，小さなスケールで，製剤設計や製造方法の検討が行われます。

しかしその後，商業生産を目的としたスケールアップ（量産化）のためには，製造プロセスや品質管理を設計する必要があります。なぜなら，実験室レベルの小さな装置で実施した運転・操作を，より大きなスケールあるいは生産スケールの装置において再現するためには，装置寸法や運転条件などを検討しなければならないこと，特に医薬品製剤は，注射液や点滴などの液剤，クリームや軟膏などの半固形剤，さらに，細粒・顆粒・錠剤などを基本とする固形剤から複雑に構成されており，それぞれの製剤の物性・特性に及ぼす運転条件の影響を考慮しなければならないからです。

このような検討を工業化検討あるいは工業化研究などといいます。

(3)　バイオ医薬品の研究・開発における特色

バイオ医薬品は，低分子医薬品の製造に用いられる単純な化学合成工程に比べて，変化に敏感な生物を用いた複雑な製造工程で作られるため，製造工程におけるわずかな因子によっても影響を受けることから，スケールアップのための製法の確立には広範かつ高度な技術が必要となり，また早期の段階で高額な投資判断が求められるという特色があります（内閣府「個別化医療に向けた次世代医薬品創出基盤技術開発」フォローアップ検討会 配布資料４参照 https://www8.cao.go.jp/cstp/tyousakai/hyouka/kentou/jisedaiiyakuhin/followup/haihu.html）。

2．医薬品の販売段階における製造と規制

(1)　「物」に対する規制―製造販売承認とGMP省令

特定の医薬品について製造販売承認申請を行い，当該品目が厚生労働大臣（または都道府県知事）によって承認されると，いよいよ商業生産となります。

医薬品の製造販売に関しては，①取り扱う品目ごとに製造販売承認（薬機法14条１項）が必要な「物」に対する規制と，②その承認を得た医薬品を業として製造販売または製造するための業許可が必要な「者」に対する規制の，２つがあるといえます（Q2参照）。

GMP省令は，このうち「物」に対する規制として働いており，製造販売承

認申請の際には，製造方法ならびに規格および試験方法等に関する資料をPMDA（または各都道府県）に提出し，製造所における製造管理および品質管理の方法がGMP省令に定める基準に適合していて初めて承認を受けることができます（同条2項4号）。この適合性については，厚労省またはPMDAにより承認に係る調査を受ける必要があるだけではなく，製造販売承認の取得後も定期または臨時に，書面調査または製造所への実地調査が実施されます（同条6項）。

GMP省令で求められる事項としては，①製造所ごとに，製造管理者の監督の下，製造部門および製造部門から独立した品質部門を設置することや，②いわゆるGMP文書（品目ごとの製品標準書，製造所ごとの衛生管理基準書・製造管理基準書・品質管理基準書，出荷管理・バリデーション・品質情報を得たときや回収に至ったときの処理等について定めた各種手順書など）を作成・保管すること，③製造部門に，GMP文書に基づき製造指図書を作成・保管させ，それに基づき製品を製造させること，などがあります。

適合性調査等でGMP違反が見つかった場合，新製品の承認遅延が生じるほか，既に製造販売承認されている医薬品であれば製品回収（Q33参照）をして再発防止策を検討しなければならないこともあります。

(2) バリデーションとは

医薬品はその外観だけでは品質を確認することがでないので，GMP省令ができる以前は，完成品についての抜き取り検査などに重きが置かれていました。しかし，近年では，それに加えて，製品の製造過程を厳格に管理することで品質管理を徹底するという考え方になっています。そのためには，製造工程が期待される結果を与え，一定の品質の医薬品を恒常的に生産するシステムであることを，科学的に証明して確認することが必要になります。これを「バリデーション」といい，GMP省令はバリデーションの考え方で作られたものといえます。

バリデーションにあたっては，製造工程だけでなく，医薬品の生産に使用される構造設備，製造を支援するコンピュータ化システム（空調処理システムや製造用水供給システムなど），洗浄等の作業手順，分析法などが，目的とする品質の製品を製造するために満たすべき具体的かつ検証可能な規格または基準に適合することを確認し，文書にしなくてはなりません。バリデーションを実施するタイミングは，製造所で新たに製造を開始するときのみならず，製造手順等で品質に大きな影響を及ぼす変更がある場合などにも実施されます。また，バリデーションに用いる原薬・製剤等を製造する必要があります。

(3)「者」に対する規制―製造販売業と製造業

従来の薬事法では，医薬品の有効性・安全性は，その医薬品を製造した者が責任を負うべきで，発売元となる者が自ら製造工場を持って製造するべきという考え方でした。しかし，平成17年改正薬事法によって，どこで（誰が）製造したかよりも，その医薬品を社会に売り出した発売元が責任を負うべきとの考え方の下，製造販売承認取得者は，製造販売業許可（薬機法12条）を取得した上で，製造を自ら行っても良いし，他のメーカーに製造委託しても良いが，その医薬品の有効性・安全性だけでなく品質についても責任を取らなければならない仕組みとなりました。そのため，製造販売業者は，医薬品等総括製造販売責任者の設置（同法17条１項），GQP省令およびGVP省令の基準への適合が求められるようになりました（同法12条の２，Q2参照）。

そして，「実際に製造する」行為に着目し，自らその医薬品を製造する場合は自らが，外注して製造販売する場合には委託先のメーカーが，製造所ごとに製造業の許可を取得する必要があります（同法13条。委託先との契約等については，Q21参照）。製造工程は大まかに，原薬製造，製剤化，包装，というプロセスをたどりますが，すべての製造所を製造販売承認申請書に記載しなければならないので，たとえば原薬保管倉庫についても製造所として承認を受けることになります。その場合は，当該原薬倉庫業者も製造業許可を取得する必要があります。製造委託先のメーカーが外国にある場合は，日本政府がその製造を許可することはできないため，製造所ごとに外国製造業者の認定を受けなくてはなりません（同法13条の３）（以上，Q21参照）。

《参考文献》

• 薬事医療法制研究会『やさしい医薬品医療機器等法―医薬品・医薬部外品・化粧品編―』（じほう，2015）62～119頁

Q21　製造における他社との連携

当社は，以下のような形で，他社と連携した製造を計画しています。この場合，どのような契約が必要ですか。

(i)　当社が開発した医薬品に関して，製造工程の一部をCMO（Contract Manufacturing Organization：医薬品製造受託機関）に製造委託する場合

(ii)　海外の会社が開発した医薬品を当社がライセンスを受けて日本で開発・販売するため，当社はライセンサーから原薬を輸入し，日本国内の自社工場で製剤化や包装を行う場合

製造委託契約や供給契約，品質契約，技術移管に関する契約，GQP省令に基づき製造所における製造管理・品質管理の確保のための取決めや，製造販売承認申請の際のMF利用に関する契約などが必要です。

1．自社医薬品の製造工程をCMOに委託する場合の契約

(1)　本設問(i)で必要となる契約

製造工程は大まかに，原薬製造，製剤化，包装，というプロセスをたどりますが（Q20参照），すべてを自社で行わずに，GMP省令に対応できる技術力や設備を備えた製造の専門業者（CMO）に委託することがあります。

その場合には，自社とCMOとの間で製造委託契約を締結し，その中で，製品標準書に合致した規格・品質の製品を納入することや，品質を担保するための立入調査等の監査，製造工程の変更が予定される場合の連絡義務や逸脱発生時の対応などが定められます。これらは，(2)で後述するGQP取決め書や品質契約書（Quality Agreement）の取り交わしの形でより詳細に決められますが，基本的な合意内容は製造委託契約に入れられることが多いです。

また，たとえばCMOに原薬を供給して製剤化を委託するというケースでは，製造委託契約の中で原薬の供給条件や品質条件を定めることもありますが，別途Supply Agreement（供給契約）などを締結する場合もあります。

自社が開発した医薬品の製造工程の一部を委託するにあたって，自社からCMOに対して原料管理・製造方法や分析・試験方法などの技術移転に関する条項を入れることもあります。別途Tech Transfer（技術移管）に関する契約を締結して，技術情報・ノウハウの開示・提供のスケジュールやその範囲，技術移管のための人的・物的支援および費用負担等の具体的計画について合意する必要がある場合もあります。自社の技術を他社製品に流用されることを防止するために，秘密保持義務等の情報の取扱いを定めたり，競業避止義務を定めたりするのが通常です。

(2)　GQP省令により求められる契約

自社が開発した医薬品について製造販売承認を受けた製造販売業者は，製造販売後の医薬品に対して最終的な責任を負う者として，委託先である製造所がGMP省令を遵守し，適正な品質管理の下で製品を製造しているかを管理監督することが求められます。製造販売業者が製造を自分の製造所で行うのではなく，外注して行う場合，製造所における製造管理・品質管理の確保のために，GQP省令がより重要となってくるのです（薬機法12条の２第１号，Q2，20参照）。

GQP省令で求められる事項としては，製造販売業者において，①品質保証部門の設置（４条２項）や品質保証責任者の設置（４条３項），②製造販売する品目ごとの品質標準書，出荷管理・適正な製造管理や品質管理の確保・品質情報を得たり回収を行ったりするときの処理や他部門等との連携などについて定めた各種手順書の作成・保管（５条・６条），③すべての製造業者との間で取決めを行い，品質標準書や手順書にも記載すること（７条），などがあります。

したがって，CMOとの間のGQP取決め書や品質契約書（Quality Agreement）の取り交わしの中で，CMOの製造業務の範囲や，製造管理および品質管理に関する手順や出荷手順，製品の運搬や受渡し時の品質管理方法，製造販売業者による定期的な監査などについて取り決めなければなりません。また，製造方法や試験検査方法等に関する技術的条件，それらの変更が製品の品質に影響を及ぼす場合等の製造販売業者への連絡についても定めなければならず，この連絡が適時に来なかったために製造販売承認書の記載と製造実態に乖離があると，出荷停止や製品回収となるだけでなく，違反が重大な場合には行政処分や刑罰が科される可能性もあります（Q22参照）。

2．ライセンサーから原薬を輸入して医薬品を製造する場合の契約

(1)　本設問(ii)で必要となる契約

海外で開発された医薬品が海外では既に販売されていても，食生活や生活環境，体格などの違いにより人種によって薬の効き目は異なるため，日本で製造販売承認を取得するには，用法・用量が日本人にあったものか有効性・安全性を確認するため，まず開発に取り組み，製造販売承認を得てから日本国内で販売できることになります。

開発・販売を行うために必要な原薬をライセンサーから輸入する場合，ライセンス契約（Q18参照）の中で，原薬の供給条件や輸送条件などについて定めていることもありますが，詳細に定めていない場合は，別途Supply Agreement（供給契約）やQuality Agreement（品質契約）を締結します。販売段階においては，供給目的や供給量が開発段階とは異なるため，供給価格についても異なることが多いといえます。たとえば，ライセンシーによる医薬品の販売努力を期待して，ボリュームディスカウントの条件が決められることもあります。また，原薬供給は無償提供の扱いとして，ライセンス料で調整される場合もあり，ケースバイケースといえます。

日本国内で治験を行うために治験薬を製造する目的でライセンサーから原薬を輸入するに際しては，治験薬GMP（Q20参照）で，製造工程における製造管理および品質管理の適切な実施を確保するための取決めを行わなければならないとされています。医薬品の製造販売目的で原薬を輸入するに際しては，GQP取決め書を取り交わす必要があることは，本設問(i)の場合と同じです。

また，日本国内で開発を行う際に必要となる製剤技術やデータ，製造販売承認申請を行う際に必要となる試験結果の資料やデータ等があれば，ライセンサーから，それらの使用許諾や技術移管（Tech Transfer）を受ける契約を締結する必要もあります。特に原薬については，医薬品の有効性や安全性に直接関わるため，承認申請の際に，原薬の性状・製造方法・規格，品質の試験方法，貯法や有効期間など品質に関する資料を提出しなければなりません。それらの資料・データの受け渡しについて，ライセンス契約（Q18参照）の中で条件を定めたり，別途契約をしたりします。

しかし，原薬メーカーは，多数の医薬品メーカーに対し販売・輸出する可能性のある原薬の製造方法等について，企業秘密・ノウハウに係る詳細情報を開示することに難色を示すことが往々にしてあります。そのため，原薬等登録原簿制度（マスターファイル（MF）制度（薬機法80条の６））があり，「原薬等登録原簿の利用に関する指針について」（平成26年11月17日薬食審査発1117第３号薬食機参発1117第１号）が出されています。これは，原薬メーカーが予め原薬の品質・製造方法に関する資料を審査当局に登録しておき，医薬品メーカーが医薬品の承認申請をする際，原薬はMF登録されている旨を記載すれば，原薬データ（製造方法等を含む）については提出しなくて済むという仕組みです。このとき，原薬メーカーから登録証の写しを提供すること等を定めたMF利用に関する契約を締結し，審査当局に契約書の写しを提出する必要があります。

外国の原薬メーカーがMF登録申請する場合は，日本国内に住所を有する当該登録申請等に係る事務を行う者（国内管理人）を選任し，国内管理人を通じて申請する必要があります。

(2)　製造所による製造業許可の取得義務

上記契約類の中で，原薬メーカーによる製造業許可（薬機法13条。製造所が外国にある場合は外国製造業者認定（同法13条の３））の取得および維持（Q20参照）を義務付ける条項が入れられることがあります。また，ライセンサーからたとえばどこの原薬保管施設を用いるのか適時に連絡させ，そこに外国製造業者認定を取得させなくてはなりません。

MSD株式会社は，平成31年１月，同社が製造販売元である抗アレルギー薬デザレックス錠５mgの原薬保管施設が外国製造業者認定を取得していなかったとして，同剤の品質や有効性・安全性に影響はないものの，使用期限内のすべてのロットを自主回収しました。外国製造業者の変更に関する情報をタイムリーに把握して日本の薬事上の手続を取らなければならない，という難しい課題を突き付けられています。

 Q22 製造工程の変更

製造販売承認を取得した後，製造工程を変更する必要が生じました。どのような点に注意する必要がありますか。

A

承認書の記載と製造実態を一致させるため，変更の程度に応じて承認事項の変更手続（一変承認申請，軽微変更届）を取らなければなりません。最近でも，承認書からの乖離があったため行政処分が下された事案が発生しています。

1．製造工程を変更する場合の規制

医薬品の製造販売承認を取得した者は，当該品目について承認された事項の一部を変更しようとするときは，その変更が厚労省令（薬機法施行規則47条）で定める軽微な変更であるときを除き，その変更について厚生労働大臣の承認を受けなければなりません（同法14条9項）。このような一部変更のことを「一変」といいます。厚労省またはPMDAによるGMP適合性調査は，特定の医薬品について承認された事項の一変に係る承認を取得しようとするときにも受けなければなりません（同法14条6項，Q20参照）。

承認事項の一変につき厚生労働大臣の承認を受けないまま，承認事項と整合しない製造手順等により製造した医薬品を販売等することはできません（同法55条）。同条に違反した者は，3年以下の懲役もしくは300万円以下の罰金に処せられ，またはこれを併科されます（同法84条3号）。また，この罰則は両罰規定のため，法人についても1億円以下の罰金刑が科されます（同法90条）。

なお，軽微な変更については，変更後30日以内の厚生労働大臣への軽微変更届出の提出でよいこととされています（同法14条10項，同法施行規則48条）。この軽微変更届出の制度は，平成17年改正薬事法によって導入されたものです。

従来の薬事法では，承認申請書の製造方法欄には全工程について詳細な記載が求められていませんでしたが，同改正により製造専用の原薬について承認を要さないこととされたことに伴い，それまで原薬の承認事項とされてきた原薬の性状，製造方法，規格および試験方法等の品質に関する事項についても製剤

の承認書記載事項とされ（Q21参照），これを受けて発出された「改正薬事法に基づく医薬品等の製造販売承認申請書記載事項に関する指針について」（平成17年２月10日付薬食審査発第0210001号厚労省医薬食品局審査管理課長通知）により，承認申請書で製造方法について詳細な記載が必要とされることになりました。そして，同時に，承認書記載の製造方法の変更のすべてについて一変承認を要するとするのではなく，製品の品質や有効性・安全性に影響を与えるおそれのない変更については軽微変更届出で足りることとされたのです。

製造工程を変更する必要が生じた際には，規制当局（監督機関）に報告し，どのような一変承認申請が必要か，軽微変更届出で足りるかなどを事前相談しておくべきです。また，日頃から，変更管理（GMP省令14条）・逸脱管理（同省令15条）が重要になります。

２．承認書の記載と製造実態に乖離があった最近の事例

(1)　化血研事件の例

平成27年５月，PMDAにより化血研に対する立入調査が実施され，化血研が製造販売する国内献血由来の血漿分画製剤の全製品について，承認書と異なる製造方法により製造されていることが判明しました。化血研は厚労省から，血漿分画製剤のうち12製品26品目について出荷を差し止めるとともに，承認内容の一変承認申請等の必要な対応を速やかに行うよう指導を受けました。

化血研は，遅くとも昭和50年頃から承認書と異なる製造工程を一部実施していましたが（ただし，当時と現在の承認書の内容が異なるため，当時の承認書違反と現在の承認書違反とは違反の内容が異なります），昭和60年頃から平成６年頃にかけて生じた，製造中の血液の凝固を阻止する作用を持つヘパリンを上流工程で添加するなど多くの製法変更等が，化血研事件の発端となっています（当時から承認書とは明らかに異なる製法を実施しているものもあれば，当時の抽象的・概括的な承認書の記載に違反するとは明確に判別しえないものもあります）。平成７年頃になると，実製造の製造記録を作成する一方で，規制当局からの査察強化に備えて，承認書に沿った虚偽の製造記録を作成する等して，承認書との不整合を組織的・継続的に隠蔽するようになります。虚偽の製造記録の作成は過去のものにまで及び，新たに作成し直してサインを偽造した

り，古く見せるために紙をUVで焼いたりまでしていたとのことです。

なお，平成17年薬事法改正前に医薬品の承認を受けていた製造販売業者は，同改正後に最初に製造販売業許可の更新を受けるまで等の期間内に，その医薬品について同改正薬事法により求められる記載事項に適合するよう承認書記載事項の整備に係る届出をすることとされ，この記載整備届出により従来の承認書の製造方法の記載は具体化・詳細化されることとなりました。しかし，化血研は隠蔽工作を続けたため，記載整備届出によりかえって明確に承認書の記載から逸脱した製造方法となっていったのです。

これをきっかけに，化血研は，平成28年1月から110日間の業務停止命令という，医薬史上最も重い処分を受けました。

(2)　化血研事件から学ぶこと

化血研における承認書と異なる実製造方法について，安全性に明らかに問題あるものが含まれるか調査の結果，見当たらなかったとされています。つまり，品質には問題がなくても，承認書の記載内容と製造実態の不一致を理由に，行政指導・行政処分や刑事罰を受けうるのです。化血研では，現業部門の製造部長が一変承認申請の決裁権者を兼務していましたが，現業部門の監督・統制という観点からは，承認申請等の薬事関係の業務は現業部門ではない別部門が担当してリスク回避するべきでした。また，品質保証部門等による内部監査体制を強化したり，内部通報制度を設けたりといった対策が必要になります。

化血研事件を契機として，厚労省は平成28年1月に，厚生労働大臣による承認を得た全医薬品（32,466品目）について，承認書どおり製造されているか一斉点検を指示し，医薬品製造販売業者（646社）が点検を実施しました。その結果，医薬品の品質・安全性に影響を与えるような，事前承認が必要な相違はありませんでしたが，事後届出（軽微変更届出）が必要な相違は479社22,297品目（全品目の69%）にありました。その中には，原材料の仕入れ先の変更や，医薬品の製造委託先の名称変更について，承認書への記載更新を遅延したものも相当数含まれています。たとえばサプライヤーが特定の原材料やツールの取扱いを突然終了したため，急遽仕入先あるいは原材料やツールを変更しなければならなくなった等，さまざまな事情で急に製造工程に変更が生じることが往々にして想定されます。変更を既に行ってしまった後でも，社内で報告を上げやすい環境作りが必要であることは，化血研内において何度も不正の報告が上げられていたのに放置され，是正されなかったために取り返しがつかなくなったことを，反面教師として理解しなければなりません。

また，厚労省は，無通告査察（抜き打ち査察）を行い，法令遵守の監視の強化を図ることとしました。化血研事件は，医薬品業界に対する規制当局（監督機関）の監視をより強めるきっかけともなったといえます。そして，厚労省等への開示・協力姿勢のほか，必要な事項について厚労省等に確認・相談を行い緊密なコミュケーションをとって，適切に進行させせようという姿勢を見せることの重要性を再認識させるきっかけにもなりました。

(3)　化血研以外の事例

バイファが製造し，田辺三菱製薬が製造販売していたメドウェイ注の承認申請資料等の試験データが差し替えられていることが判明したため，平成21年に製造販売承認の取下げ・自主回収をし，平成22年に25～30日間の業務停止命令を受けましたが，同じ時期の製造工程で承認書に記載されていない成分が添加されていたとして，平成25年にバイファは再度30日間の業務停止命令を受けました。

また，日本ビーシージーは，乾燥BCGワクチンにおいて，BCG菌培養の方法や不溶性微粒子試験についての軽微変更届出が不十分であったとして，平成28年に業務改善命令が下されました。

各医薬品メーカーは，これらの事例を他山の石とすべきでしょう。

《参考文献等》

• 化学及血清療法研究所第三者委員会「調査結果報告書」

Q23 コ・プロモーションとコ・マーケティング

当社は，自社の医薬品について，他の医薬品メーカーとの間で販売提携を計画しています。販売提携する場合の契約形態にはどのようなものがありますか。契約の締結にあたって，どのような点に注意する必要がありますか。

A

コ・プロモーションは，1社が製造販売承認を持つ医薬品について，複数企業が，共同でプロモーションを行う販売提携であり，コ・マーケティングは，同一の医薬品について，複数企業が，並行して販売を行う販売提携のことをいいます。それぞれにメリットとデメリットがあり，コンプライアンス面および契約面上の注意点があります。

1．販売提携の契約形態

(1)　コ・プロモーション

コ・プロモーション（コ・プロ）とは，1社が製造販売承認を持つ医薬品について，承認を持たない企業と共に共同して一つの医薬品のプロモーション（Q24参照）を行う提携のことをいいます。通常，売上は製造販売承認を有する1社が単独で上げ，パートナーは共同して行ったプロモーションについて，ロイヤルティや対価を受け取ります。

製造販売承認を持つ企業は，MR不足の解消や，他の領域を得意とする企業と組むことにより他の領域のシェア獲得等を目的としてコ・プロを用いることがあります。一方，パートナーは，自社が開発せずに得意分野の医薬品のプロモーションにより利益を得ることができるなど，追加投資を行うことなく収入を得ることができます。

なお，最近では，A社が製造販売承認を有する対象医薬品をB社が販売し，A社がプロモーションをB社と共同して行うという形のコ・プロを行うケースもあります（リバース・コ・プロモーション）。具体的な商流としては，A社がB社に対象医薬品を一旦販売し，B社がB社の販売チャネル（卸）を通じて販売することになります。このようなケースにおいては，A社とB社が共同開発を行っている場合もあり，コ・プロと一言でいってもさまざまな形態があります。

(2)　コ・マーケティング

コ・マーケティング（コ・マーケ）とは，複数（通常２社）の医薬品メーカーが同一の医薬品を並行して販売する販売提携のことをいいます。コ・プロの場合とは異なり，各医薬品メーカーが各自の販売チャネル（卸）を利用して対象医薬品を販売します。コ・マーケの場合，１社が製造販売承認を取得し，同一の商品名で各社が各自の販売チャネルを通じて販売する単一ブランドによるケースと各自が製造販売承認を取得し，各々異なる商品名で各自の販売チャネル（卸）を通じて販売する複数ブランドによるケースがあります。

共同で開発した医薬品について共同開発段階から各社が販売することを予定している場合や，販売力の弱い企業が販売力の強い企業と組むことにより一般名（医薬品の有効成分名）での認知度を向上させ市場のシェアの拡大を狙う場合等に用いられ，パートナーも自社製品としてパイプラインを強化できます。ただ，同じ医薬品を販売することからライバル関係にあり，価格競争が生じることがあります。コ・マーケの場合，双方が医薬品を販売することから，一方が製品を製造，供給するケースがほとんどです。

2．コ・プロモーション契約

(1)　コ・プロ契約の特徴

コ・プロにおいては，普段は競争関係にある当事者同士が共同してプロモーションを行うことになるため，独禁法や業界のコンプライアンスに違反しない範囲で，どのような条件に基づいて提携関係を構築し，双方が収益を得，関係を解消するか等について契約において定める必要があります。

また，コ・プロ契約においては，プロモーションの対価であるコ・プロの対価の設定方法も重要となります。

(2)　代表的な契約条項

個々の取引により異なるものの，コ・プロ契約の主な契約条項としては，①マーケティング会議，②プロモーション資材，③学術講演会，④教育研修，⑤

プロモーション活動報告，⑥コ・プロの対価，⑦製造販売後安全管理および製造販売後調査，⑧回収，⑨商標権，⑩有効期間，⑪契約解除等があります。

(3) 契約条項の検討における注意点

コ・プロにおいて，提携企業間で定期的に開催するマーケティング会議では，プロモーションの詳細（ターゲット施設の設定，プロモーションの計画，経過の報告，講演会等の実施等）について協議・決定します。製造販売承認を有する企業としては，パートナーによるプロモーション活動の進捗状況を管理するため，パートナーとしては，製造販売承認を有する企業からの情報提供，協力等を得るために重要な会議となりますので，契約においては，その運用の大枠を定めておく必要があります。

共通のプロモーション資材を使用する場合や共同して学術講演会を実施する場合の役割分担および費用負担は，プロモーションの経費の増減に影響することから実務上問題となりやすいです。また，双方のプロモーションやプロモーション資材に関するコンプライアンス規定（コード・オブ・プラクティス等）を満たす必要があることから，その承認の手順についても規定しておく必要があります。販売情報ガイドライン（Q25参照）において，製造販売承認を有する企業だけでなくパートナーについても対象となっていますので，契約検討にあたってはその点も考慮する必要があります。

コ・プロの対価は，プロモーションのインセンティブとなる部分であり，その算定方法はよく検討する必要があります。主に，製品の販売から得た利益を分配する方法とディテーリング（Q24参照）の回数に応じて支払う方法等がありコ・プロの実態に合わせて検討する必要があります。

また，MRが医療機関へのプロモーションを行うことに関係して，副作用情報や製造販売後調査の扱いについても，提携関係の実態に合わせて双方の役割を明確にして，製造販売承認を有する企業がGVPやGPSP上の義務を果たせるような体制を構築する必要があります。

3．コ・マーケティング契約

(1) コ・マーケ契約の特徴

コ・マーケにおいては，普段は競争関係にある当事者同士が並行して同一の医薬品を販売する関係にあることから，特に独禁法上のカルテルには注意する必要があり，他にも業界のコンプライアンスに違反しない範囲で，どのような条件に基づいて提携関係を構築し，双方が収益を得，関係を解消するか等について契約において定める必要があります。

また，コ・マーケの場合，一方が製品を供給することがほとんどですので，製品の供給についても定める必要があります。

(2)　代表的な条項

個々の取引により異なるものの，コ・マーケ契約の主な契約条項としては，①マーケティング会議，②プロモーション資材，③学術講演会，④製品の供給に関する条項（発注，引渡し，所有権および危険負担，製品の対価，瑕疵担保責任，製造物責任，契約終了後の在庫等），⑤製造販売後安全管理および製造販売後調査，⑥回収，⑦商標権（単一ブランドの場合），⑧有効期間，⑨契約解除等があります。

(3)　契約条項の検討における注意点

コ・マーケの場合においても，マーケティング会議の開催，共通のプロモーション資材の使用および共同の学術講演会の実施について規定を設けることもあります。ただし，コ・プロの場合とは異なり，双方が競争関係にあることから協議内容等によっては，独禁法上のカルテルとの関係で注意する必要があります。また，独禁法に関する各社の方針から，医薬品の安全性に不可欠な情報の交換以外の接触は基本的には行わない場合もあります。

製品の供給が伴う場合，製品の供給に関する条項を定める必要があり，併せて品質に関する取決めも必要となります。パートナーへの供給量によっては十分な利益が得られない可能性があることから，最低購入数量についても定めておく必要があります。また，製品を供給している場合，契約終了後の在庫の買い戻しなど，在庫の処理についても定めておくことがあります。

また，同一の医薬品を並行して販売することと関係して，副作用情報や製造販売後調査の扱いについても，提携関係の実態に合わせて双方の役割を明確にして，製造販売承認を有する企業がGVPやGPSP上の義務を果たせるような体制を構築する必要があります。

Q24 プロモーションの意義と形態

医薬品のプロモーションとは何ですか。また，医薬品のプロモーションにはどのような形態がありますか。

A

医薬品のプロモーションをどのように定義するかについてはさまざまな考え方があります。医薬品のプロモーションの形態もさまざまであり，特に最近はデジタル技術を活用したプロモーションが発達しています。

1．プロモーションとは

医薬品のプロモーションをどのように定義付けるかに関してはさまざまな考え方があります。ここでは，①製薬協コード上の定義，②国際ルール上の定義，③厚労省ガイドライン上の定義について解説します。

(1)　製薬協コード上のプロモーションの定義

製薬協コードは，製薬協の会員企業（令和元年7月31日現在72社）を拘束する効力のあるルールですが，製薬協コードでは，プロモーションは，「いわゆる『販売促進』ではなく，『医療関係者に医薬情報を提供・収集・伝達し，それらに基づき医療用医薬品の適正な使用と普及を図ること』をいう」と定義されています。この定義の特徴として，①情報を医療関係者に「提供・伝達」するだけでなく，医療関係者から「収集」することもプロモーションに含まれること，②医薬品の「適正な使用」と「普及」を目的とするものであること，③「販売促進ではない」と明示されていることが挙げられます。

医薬品の「適正な使用」を図るための情報の「収集・提供」がプロモーションに含まれているのは，GVP省令上の製造販売業者の義務やMR（医薬情報担当者）の役割を踏まえてのものです（Q26，33参照）。

一方，プロモーションには，医薬品の「普及」を目的とする情報提供も含まれています。それが「販売促進」ではないというのはどのような意味でしょうか。また，後述する厚労省のガイドラインが，医薬品メーカーが「販売促進を期待して」行う情報提供活動を規制の対象としていることとの関係をどのように考えればよいでしょうか。

製薬協によるこのような定義の背景にあるのは，医薬品には，その本質として，「医薬品の需要者はそれを治療上必要とする患者だけであり，販売促進によって患者を創造することはできない」「医薬品は正しい情報を伴わなければ医薬品として機能し得ない」という性質がある，という考え方です。つまり，医薬品のプロモーションは，適切な情報提供を通じた適正な普及活動であるべきで，不適切な情報提供により医療関係者に誤った認識を与える等，不当に自社品の使用推進を図る行為は患者の状態にかなった最適の処方を妨げることになり，適切な普及活動とはいえないという点を明確にする趣旨です（製薬協「製薬協コード・オブ・プラクティスの解説」参照。http://www.jpma.or.jp/about/basis/code/pdf/code2.pdf）。

(2)　国際ルールにおけるプロモーションの定義

WHO（世界保健機関）が定める「医薬品のプロモーションに関する倫理基準」では，医薬品のプロモーションは，「製造業や流通業によるすべての情報提供活動や説得活動を意味する。そして医薬品の処方，供給，購買，あるいは使用を勧誘（induce）する効果を持つものである」と定義されています。ここでは，プロモーションとは情報提供活動や説得活動であり，情報の「収集」はプロモーションには含まれません。

また，IFPMAが定める「コード・オブ・プラクティス」では，医薬品のプロモーションは，「インターネットを含むあらゆる情報伝達手段を介して，医薬品の処方，推奨，供給，投与または消費を促進（promote）するために，医療関係者を対象に加盟企業が実施，企画または後援するあらゆる活動を意味する」と定義されています。

WHOの定義では「処方，供給，購買，あるいは使用の勧誘（induce）」という言葉が使われ，IFPMAの定義では「処方，供給，投与または消費の促進（promote）」という言葉が使われていることからわかるように，国際ルールにおけるプロモーションの定義では，自社製品の有効性や安全性を医療関係者に対して伝達してその普及を図るという側面に重点を置いています。

(3)　厚労省ガイドラインによるプロモーションの定義

厚労省が策定した販売情報ガイドラインでは，「プロモーション」という言葉は用いず，代わりに「販売情報提供活動」という言葉を用いています。このガイドラインでは，販売情報提供活動とは，「能動的・受動的を問わず，医薬品製造販売業者等が，特定の医療用医薬品の名称又は有効性・安全性の認知の向上等による販売促進を期待して，当該医療用医薬品に関する情報を提供することをいい，医療用医薬品の効能・効果に係る疾患を啓発（一般人を対象とするものを含む。）することも含まれる」と定義されています。情報の「収集」を含まず「提供」のみを対象としていること，情報提供のうち「販売促進を期待して」行うものを対象としていることから，ガイドライン上の販売情報提供活動は，製薬協の定義によるプロモーションよりは，WHOやIFPMAの定義によるプロモーションに近い概念といえます。

2．プロモーションの形態

プロモーションにはさまざまな形態がありますが，主要なものとしては以下のものが挙げられます。

- ディテーリング：MRが医療機関を訪問して，医療従事者（主に医師）に対して，対面（主に一対一）で，プロモーション資材を用いて，自社製品に関する情報提供を行うこと。プロモーション資材として紙媒体を用いることもあれば，タブレット端末を用いて，端末上にプロモーション資材を表示して説明することもある。
- 院内説明会：MRが医療機関を訪問して，院内（主に会議室など）で，当該医療機関の複数の医療従事者に対して，プレゼンテーション形式で，自社製品に関する情報提供を行うこと。
- 講演会：医薬品メーカーが主催し，または医療関係の団体（学会等）と共催で，多数人を収容できる場所（ホテルの会議スペースやカンファレンスセンターなど）で，多数の医療従事者を対象として，自社医薬品に関連する講演を行うこと。医薬品メーカー社員による自社製品に関する情報提供と，医療従事者による医学・薬学関連の講演が行われることが通常。最近は，インターネットを通じて講演会の模様を配信する「ウェブ講演会」も活用されている。
- インターネットを通じたディテーリング：医療従事者がポータルサイトに

登録して情報提供を受ける形態。電子メールを用いることもある。時間と場所の制約を受けない点が最大のメリット。対象となる医療従事者をさまざまなカテゴリーで絞り込んでプロモーションを行うことが可能。ポータルサイトの例として，エムスリー株式会社の「m3.com」，株式会社日経BPの「日経メディカル オンライン」，株式会社ケアネットの「CareNct.com」など。医薬品メーカーがメーカーごとに運営するポータルもある。

- 疾患啓発：医療従事者以外の一般人（患者を含む）を対象として，疾患やそれに対する対処法に関する情報を提供して，認知度の向上を図ること。特定の製品の紹介を含まないことが通常。情報提供の方法は，①マスメディア（テレビ，新聞，一般人向け雑誌など），②一般人向けイベント，③医療機関の受付等に紙媒体の資材を設置して配布する，などさまざま（ただし，販売情報ガイドラインの定義を前提とし，かつ，特定の疾患啓発活動について，「自社製品の販売促進を期待して行うものではない」と位置付ける場合には，「疾患啓発はプロモーションではない」という整理も可能）。

Q25 プロモーションの規制

医薬品のプロモーションにはどのような規制がありますか。

医薬品のプロモーションは，薬機法に基づく広告規制のほか，業界団体による自主規制の対象となります。最近の不祥事がきっかけとなって，規制が強化される流れにあります。

1．プロモーションの規制

(1)　薬機法および医薬品等適正広告基準に基づく規制

医薬品のプロモーションは，薬機法上の広告規制（同法66条～68条）の対象となります。その内容は以下のとおりです。

- 名称，製造方法，効能・効果に関する虚偽・誇大広告の禁止（同法66条1項）
- 効能・効果について医師等が保証したものと誤解されるおそれがある記事の広告の禁止（同条2項）
- 堕胎を暗示すること，またはわいせつな文書・図画の使用の禁止（同条3項）
- 特定疾病（がんなど）用の医薬品に関する一般人に対する広告の禁止（同法67条，同法施行令64条，同法施行規則228条の10）
- 未承認の医薬品の広告の禁止（同法68条）

これらの規定に違反した場合には，刑罰または行政処分の対象となります。実際に，武田薬品工業が同社の降圧剤「ブロプレス」に関して作成した広告が誇大広告に該当するとして，平成27年6月，同社に対して業務改善命令がなされています（厚労省「医薬品医療機器法違反業者に対する行政処分について」（平成27年6月12日）参照。https://www.mhlw.go.jp/stf/houdou/0000087154.html）（Q10参照）。

薬機法の広告規制を具体化するものとして，「医薬品等適正広告基準」（平成29年9月29日薬生発第4号）および「医薬品等適正広告基準の解説及び留意事項」（平成29年9月29日薬生監麻発第5号）があります。これは，医薬品の広告が虚偽，誇大にわたらないようにするとともにその適正を図ることを目的として，当局による監視指導の基準を定めたものです。その概要は以下のとおりです。

- 承認を受けた効能・効果，用法・用量の範囲を越える表現の禁止
- 医薬関係者以外の一般人を対象とする広告の禁止
- 他社の製品を誹謗するような広告の禁止
- 医薬関係者等が指定，公認，推薦している等の広告の禁止
- 不快，迷惑，不安又は恐怖を与えるおそれのある表現や方法を用いた広告の禁止

(2)　薬機法上の広告規制の対象となる「広告」の該当性

規制の対象となる「広告」の定義規定は薬機法にはありませんが，厚労省の通知上，以下の３要件を満たす場合には「広告」に該当するとされています（「薬事法における医薬品等の広告の該当性について」（平成10年９月29日医薬監第148号））。

- 顧客を誘引する（顧客の購入意欲を昂進させる）意図が明確であること
- 医薬品の商品名が明らかにされていること
- 一般人が認知できる状態であること

医療関係者や患者から求めがあった場合に，要求内容に沿った範囲に限定して，科学的・客観的根拠に基づく正確な情報を提供することは，「顧客を誘引する意図が明確である」という要件を欠くので，「広告」には該当しません。したがって，この限りにおいて，未承認の医薬品に関する情報や，承認されている医薬品の適応外使用に関する情報（オフラベル情報）を提供することは薬機法上許容されています（なお，米国のオフラベル規制については，Q9参照）。

薬機法上の広告該当性に関する注目すべき裁判例として，ノバルティスファーマの降圧剤「ディオバン」をめぐる刑事事件があります。この事件は，ディオバンの販売促進のために，改ざんした臨床データを研究者に提供し，虚偽の論文を公表させたとして，同社と同社の元社員が薬機法66条（虚偽・誇大広告）違反に問われた事件です。平成29年３月，東京地裁は，同社と元社員をともに無罪としました。その理由として，東京地裁は，掲載前に査読を経る必要がある学術論文の投稿は，金銭を負担することで掲載内容を決められる広告とは性質が違い，顧客誘引性を欠くので広告には該当しないと判示しています。控訴審でも同様の理由で無罪判決が維持されています（令和元年９月現在，上

告審係属中)。

(3) 製薬協コードに基づく自主規制

業界団体の自主規制の一つとして，製薬協コードおよび，その一部を構成する「医療用医薬品プロモーションコード」があります。製薬協コードの概要は以下のとおりです。

- 会員会社の責務（社内体制の確立，MRへの教育研修の実施）
- プロモーション用資材の作成と使用にあたっての遵守事項
- 講演会等の実施にあたっての遵守事項（開催場所，飲食・金銭類の提供）
- 医薬品の適正使用に影響を与えるおそれのある物品や金銭類の提供の禁止

プロモーション用資材の作成と使用にあたっての遵守事項の詳細ルールとして，「医療用医薬品製品情報概要等に関する作成要領」が定められています。

2．プロモーション規制の強化の流れ

(1) 厚労省のガイドライン

医薬品のプロモーションに関する最近の不祥事がきっかけとなって，規制が強化される流れにあります（Q10参照)。その一つに，厚労省が策定した販売情報ガイドライン（平成30年9月25日薬生発第1号）があります。

このガイドラインは，大きく分けて，①販売情報提供活動の原則を定める部分と，②医薬品製造販売業者等の責務を定める部分とで成り立っています。

上記①に関する規定の多くは医薬品等適正広告基準や製薬協コードの内容に沿った規定ですが，一部，ガイドラインで新たに設けられた要求事項もあります。たとえば，以下の事項です。

- プロモーション資材に社外の調査研究を引用する場合には，臨床研究法や医学系指針等の指針を遵守したもののみを使用すること。また，調査研究の実施や論文作成に関して金銭等の提供があった場合には，その具体的内容を明記すること。

一方，上記②に関する規定の多くは，今回のガイドラインで新たに設けられた要求事項です。たとえば，以下の事項です。

- モニタリング部門を設け，定期的なモニタリングを行うこと。
- 自社からの独立性を有する者が含まれる審査・監督委員会を設け，モニタ

リング部門に対して必要な助言を行うこと。

- 業務記録（口頭でのプロモーションの記録を含む）を作成・保管すること。

このガイドラインは，医薬品メーカー等の従業員が，ガイドラインが定義する「販売情報提供活動」（Q24参照）を行う限り，MR，MSL（Q27参照）その他の名称やその所属部門にかかわらず全員に適用されます。また，「販売情報提供活動」の該当性は，実際になされた活動により個別に評価・判断されます。そのため，社内の特定部門の従業員を「販売情報提供活動」とは明確に切り離す旨を社内規則で規定したとしても，ガイドラインの適用からは除外されません（販売情報ガイドラインに関するQ&A参照。https://www.mhlw.go.jp/content/000481368.pdf）。

このガイドラインは，平成31年４月１日から適用されました（医薬品製造販売業者等の責務およびモニタリング部門に関連する事項については，同年10月１日から適用）。

(2)　厚労省の広告活動監視モニター事業

規制強化のもう一つの表れとして，厚労省が平成28年度から実施している，医薬品の広告活動監視モニター事業があります。これは，①MRによるディテーリング活動を対象とした，医薬関係者によるモニター調査と，②医療関係者向け専門誌などにおける記事体広告などの調査を行うものです。医薬関係者によるモニター調査が導入されたのは，MRによるディテーリング活動はクローズドな場で行われるものであるため，違反行為を早期に発見し，行政指導等の必要な対応を図るためには，医薬関係者からの情報が重要であるとの考えに基づくものです。

これまでのモニター事業の結果，不適切性が疑われる事例が毎年報告されており，厚労省は，モニター医療機関数を増加して，モニター事業を拡充していく方針です（厚労省「平成30年度　医療用医薬品の広告活動監視モニター事業報告書」https://www.mhlw.go.jp/content/000509783.pdf参照）。

《参考文献等》

- ライフサイエンス分野のプロモーション規制に関して，アンダーソン44～54頁

Q26　MRの役割

MRの役割は何でしょうか。他の業界のように「営業担当者」と呼ばれないのはなぜでしょうか。

MR（医薬情報担当者）には，医薬品の適正な使用に資するために安全管理情報を収集・提供するという役割があります。この点で，他の業界の営業担当者と異なります。

1．安全管理情報の収集・提供の担い手としての役割

GVP省令では，MR（Medical Representative。医薬情報担当者）は，医薬品の適正な使用に資するために，医療関係者を訪問すること等により安全管理情報を収集し，提供することを主な業務として行う者と定義されています（2条5項）。一般に，営業担当者が担う主な業務は販売促進ですが，販売促進活動は，同省令上はMRの主な業務として挙げられていません。

同省令上，製造販売業者は，医薬品の品質，有効性および安全性に関する事項その他医薬品の適正な使用のために必要な情報（安全管理情報）を医療関係者などから収集し，これら情報について遅滞なく検討を行い，必要があると認めるときは，種々の安全確保措置を立案し，実施しなければなりません（7条～10条）。安全確保措置には，廃棄，回収，販売の停止，添付文書の改訂のほか，MRによる医療関係者への情報の提供が挙げられています（Q33参照）。

このように，MRは，製造販売業者がGVP省令に基づいて行う安全管理情報の収集と提供を担っています。この活動は医薬品の適正使用に資するためのものであり，自社製品の販売促進を目的とするものではありません。この点で，他の業界の営業担当者とは役割が異なります。

2．プロモーションの担い手としての役割

(1)　MR認定センターによるMRの定義

MR認定センターは，MRを，「企業を代表し，医療用医薬品の適正な使用と

普及を目的として，医療関係者に面接の上，医薬品の品質・有効性・安全性などに関する情報の提供・収集・伝達を主な業務として行う者」と定義しています（MR認定センター「MR教育研修要綱」）。この定義は，製薬協コードにおけるプロモーションの定義と対応しており，MRが医薬品のプロモーションの主要な担い手であることを示しています（Q24参照）。

GVP省令ではMRの主な業務の目的は医薬品の「適正な使用」に資することですが，MR認定センターの位置付けでは，MRの主な業務の目的は医薬品の「適正な使用」だけでなく「普及」を図ることにもあります。このように，MRの活動には二つの側面があります。一つは，医療関係者を訪問して適正使用のための安全管理情報の収集・提供を行うというGVP省令上の活動の側面で，もう一つは，自社製品の有効性や安全性を医療関係者に訴求してその普及を図るというプロモーショナルな（営業活動的な）側面です。

(2)　MRは「営業担当者」か

多くの医薬品メーカーは自社製品を医療機関や調剤薬局に直接販売することはしておらず，卸を通じた間接販売を行っています（Q32参照）。医療機関や調剤薬局への納入価の交渉や決定は卸が行っており，MRはこれらには関与しません。

MRは医薬品のプロモーションを担いますが，プロモーションをどのように位置付けるかについては，いろいろな考え方があります（Q24参照）。したがって，「MRは営業担当者か」という問いに対する答えは，MRの役割として，自社医薬品の処方や供給の勧誘や促進を目的としてその有効性や安全性を顧客に訴求するという，営業的・販売促進的側面をどの程度重視するかにより異なります。なお，多くの医薬品メーカーでは，MRは個人，所属営業所，所属部門などのレベルで販売数量や売上の目標を持っています。

3．MRの認定制度

上記のとおり，MRは医薬品の適正使用と普及において重要な役割を担っているため，製薬協コード上，会員企業は，適切な者をMRに任ずるとともに，医薬品の適正な使用と普及に向け，継続してその教育研修を実施することが求められています。

MRの資質の維持・向上のための手段として導入されているのがMR認定制度で，MR認定センターがMRの認定を担っています。平成31年３月31日時点で，MR認定センターに登録している企業数は203社で，内訳は，医薬品メーカー189社，MR業務委託・派遣企業（CSO）13社，卸１社です（MR認定センター「2019年版MR白書」）。

MRの認定制度は法律上のものではなく，MR認定を受けていない者がMR活動に従事することは法律上禁止されていません。また，製薬協コード上も，MR認定センターの規定上も，MR認定がなければMR活動に従事できないというわけではありません。ただ，多くの医薬品メーカーが，原則としてMR認定を受けている者のみをMR活動に従事させることとしています。また，医療機関の中には，後述する訪問規制ルールの一環として，MR認定を受けている者に限って院内でのMR活動を認めることとしているところもあります。

MR認定を受けるためには，所定の導入教育を受講した上で，MR認定試験に合格する必要があります。導入教育は「医薬品情報」「疾病と治療」「MR総論」「技能・実地」「製品知識」などの科目で構成されており，各科目合わせて450時間以上の履修が必要です。MR認定は５年ごとに更新が必要で，更新するためには，所定の継続教育またはMR認定センターの提供する補完教育を修了することが必要です。継続教育は「医薬品情報」「疾病と治療」「MRの倫理」「法規・制度・PMS」などの科目で構成されており，MR認定センターに登録している医薬品メーカーに所属し，社内で規定された研修を年間40時間以上受講することが必要です（なお，MR認定センターが発行している「MRテキスト」は，法務パーソンが医薬品業界のことを学ぶ上でも有用です（Q12参照））。

4．MRをめぐる最近のトレンド

(1)　情報伝達手段の発達

最近の環境変化が，「医療機関を訪問して，医療従事者と面会して情報提供を行う」というMRの役割に変化をもたらしつつあります。

環境変化のうちの一つが情報伝達手段の発達です。医療関係者がインターネット上のポータルサイトに登録して，時間や場所の制約を受けず，必要なときに必要な情報にアクセスして情報提供を受けるという方式が発達・普及しています（Q24参照）。伝統的な，MRによる対面での情報提供を好む医療従事者もまだ多いですが，インターネット上の情報提供を第一とし，やむをえない状況でない限りMRによる対面での情報提供を好まない医療従事者も増えつつあります。

(2)　MRの訪問規制

もう一つの環境変化が，医療機関によるMRの訪問規制の強化です。MRによる過剰または不適切なプロモーション活動が医療機関で問題視されるようになり，また，医師の多忙化や医療機関のセキュリティの強化などを背景として，多くの医療機関で，MRの訪問規制が導入されています。訪問規制の内容は，訪問時間の制限，待機場所の制限，完全アポイント制など医療機関によってさまざまです。

(3)　MR数の減少と生産性に関する指摘

相次ぐ薬価引き下げ，大型新薬の特許切れと後発医薬品の普及などを背景として，多くの医薬品メーカーが人員の適正化を進めています（Q36参照）。この流れの中で，平成30年のMR数は５万9,900人と，平成25年の６万5,752人をピークに５年連続で減少しています（MR認定センター「2019年版MR白書」）。

平成29年10月の財政制度等審議会・財政制度分科会では，「医師５人に対して１人のMRによる営業が行われ，待ち時間や雑務が多いとの調査結果がある」との指摘がなされ，MRの生産性に疑問を呈する見方も出ています。

(4)　MRの将来像

このような環境の中，厚労省は，「医薬品産業強化総合戦略」（平成29年一部改訂。https://www.mhlw.go.jp/stf/houdou/0000189123.html）において，「医薬品産業の将来像」に関して，以下のような指摘をしています。

「医薬品の情報提供を主とする職種であるMRについても，これまでも過剰又は不適切な営業・宣伝活動が指摘され，訪問規制等が行われているが，昨今の情報伝達手段の発達等も踏まえれば，今後その活動内容や必要性が変化することが予想され，それぞれの企業の社会的な役割を踏まえた業務の集中と選択が求められるのではないか。」

MRの役割が変化すれば，医薬品メーカーの法務パーソンの業務も変化します。したがって，これらのトレンドを特に注視しておく必要があります。

Q27 MSLの役割

MSLの役割は何でしょうか。MRとの違いは何でしょうか。

MSLは，MRと異なり法令上の定義はありませんが，製薬協が平成31年4月1日にその基本的考え方を公表しました。MSLは医学的・科学的な面から製品の適正使用，製品価値の至適化等を推進するが，販売促進活動を行わない職種と定められています。

1　MSLとは

MSL（Medical Science LiaisonまたはMedical Scientific Liaison）は，1960年代に米国の製薬会社において，科学的な知見からKOL（Key Opinion Leaders）をサポートできるよう養成された人材が求められたことで生まれ，その多くは営業部門と独立したMA（Medical Affairs）部門に所属するようになりました。MA部門は，一般的に，医師などの医療従事者に必要な情報を作成・提供し，自社製品の医療価値の至適化等を目的とする部門をいいます。MA部を持つことは，各国の法律上の義務ではありませんが，米国連邦厚生省監察総監室が営業とメディカルの分離を医薬品製造販売業者向けのコンプライアンスガイドラインに定め，その後，同室と米国司法省がMA部門の設置を推奨したことで，各製薬企業に広がっていきました（Q9参照）。

MA部門およびMSLは，欧米を中心に浸透し，2010年前後から日本でも欧米諸国のトレンドを追いかける形で普及しはじめました。しかし，日本では，GVP省令でその位置付けが定められているMR（Q26参照）とは異なり，MSLについて法律上の定義は存在しません。製薬協医薬品評価委員会によるMAの業務に関するアンケート（平成28年度調査）（https://www.pmrj.jp/publications/02/pmdrs_topics/topic49-6_MA.pdf）によると，国内の製薬企業間では，MA部門の設置の有無およびその機能についてばらつきが見られます。

製薬協は，MSLの活動は各社でばらつきがあり医療従事者からの認知も十分に進んでいないという現状に問題意識を持ち，平成31年4月1日に「メディカルアフェアー」,「メディカル・サイエンス・リエゾン」それぞれの活動の基本的考え方を公開しました（http://www.jpma.or.jp/about/basis/mamsl/）。ここで，MSLの役割と業務について，①MSLの活動は，医療の質の向上と患者利益の最大化に寄与することを目的とすること，②MSLは，担当する疾患領域における最新の科学知識に基づき，社外医科学専門家と同じ科学者同士の立場で医学的・科学的情報の交換ならびに意見交換を行うこと，③社外医科学専門家の独立性を尊重することなどが掲げられています。加えて，MSLの活動には，営業活動からの独立を確保することが求められています。

【図表２－７】MRとMSL

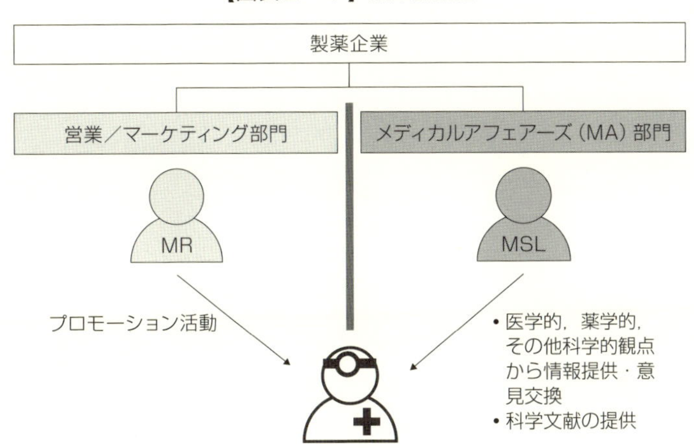

２．MSLの活動

では，具体的にMSLはどのような活動を行っているのでしょうか。

JAPhMed（The Japanese Association of Pharmaceutical Medicine：日本製薬医学会）によると，MSLは，Medical Planを元にKOLとの医学的・科学的な議論を通じ，Unmet Medical Needs（いまだ有効な治療方法が確立されていない疾病に対する医薬品・医療への強い要望）を明確化しその解決に貢献するものであるとして，【図表２－８】の活動を行っています。

【図表2－8】MSLの主な活動

情報提供収集・共有	戦略・計画	成果・発信
• KOLの選定 • 製品・領域疾患領域の最新情報の提供・医学的・科学的議論 • 医学的・科学的議論の社内関連事務所へフィードバック	• メディカル戦略の策定サポート • LCMプランのサポート • 臨床研究の企画・運営のサポート	• プロセスやコンプライアンスの観点での論文投稿，学会発表の後方支援

また，未承認医薬品の情報やオフラベル情報の提供について，MA部門のMSL等が担当していることも少なくありません。この点，平成31年4月より運用開始している販売情報ガイドラインでは，薬機法上許容されている未承認薬・適応外薬等に関する情報提供について（Q25参照），①通常の販売情報提供活動からの分離，②提供情報が，科学的・客観的根拠に基づき正確であること等を条件とすることが定められています。平成31年2月20日に発出された厚労省通知（https://www.mhlw.go.jp/content/000481368.pdf）においても未承認薬・適応外薬等に関する情報提供は，通常の販売情報提供活動とは切り分けることとしており，かつ，専門的，科学的な妥当性が特に求められることから，通常の販売情報提供活動の担当者以外の適切に対応ができる立場の者が対応することが望ましいとの見解が示されています。　医薬品の価値を最大化・至適化するには，医師による当該医薬品の疾患領域に対する理解・見識の向上が必要不可欠です。特に，KOLの見解は，他の医師の治療方針の選択に大きな影響を与えるため，MSLが上記活動を通してKOLとの議論を経ながらサポートを行っていくことが重要です。

3．MSL認定制度第三者認証事業

日本では，MSLの質・公益性を担保するために，JAPhMedがMSLの認定制度第三者認証事業者として機能しています（JAPhMedウェブサイト参照。https://japhmed.jp/）。MR認定制度は，MR個人について認定されますが（Q26参照），MSL認定制度は，個人でなく企業に対して認定を実施します。

この認証に際しては，①販促活動からの独立性（コンプライアンス体制），②医学・科学性，③教育体制，の3つの観点から評価基準が構成されています。

JaPhMedは，これらの評価基準に従って書面調査と実地調査を行い，MSL認定制度が適切に実施されていると評価された企業に対し，認証を発行しています。

4．MRとの違い

製薬協の「メディカル・サイエンス・リエゾンの活動に関する基本的考え方」では，MSLは，営業部門と独立した部門に所属し，自社製品医薬品の販売促進活動を行わないことが定められています。自社医薬品の販売促進とは，具体的に，その効果が処方量や販売量等の営業的指標により評価される活動を指します。しかしながら，製薬協コードでは，MRが担うとするプロモーション活動についても，販売促進活動ではないと示しているため（Q24参照），MSLの活動がプロモーション活動に該当しないのか，営業的指標の有無以外にMR活動とMSL活動の明確な違いはどの点にあるのか等については，不明瞭な部分が残っているといえます。

また，製薬協は，MSLによる自社医療用医薬品に関する情報提供については，販売促進を目的とするものではないとしながらも，医療関係者から見て企業活動の一端であることから，販売促進を目的とした活動であるとの疑念が生じうること，および販売促進を目的とするものではないとの担保方法が現時点（平成31年４月１日）においては統一されていないことから，販売促進を目的としていると疑われる情報提供の事例が発生しないとは完全に否定しえないとして，販売情報ガイドラインの遵守を求めています。前掲の平成31年２月20日付厚労省通知によっても，営業部門とMSLが所属するMA部門が社内で分離していたとしても，販売情報ガイドラインが適用されなくなるわけではなく，あくまでも各行為につき個別にその販売情報提供活動に該当するかが評価・判断される旨述べられています。

Q28 医療従事者との関わり

医薬品ビジネスにおいて，医療従事者に飲食や物品を提供したり，金銭を支払ったりするのはどのような場合でしょうか。またそれを制限する業界ルールについて教えてください。

医薬品ビジネスにおいて，医薬品メーカーが医療従事者に飲食や物品の提供または金銭の支払いを行う場合としては，業務委託の対価と費用の支払い，講演会参加者に対する交通費・宿泊費の支払い，情報交換会等での飲食の提供，プロモーション用補助品としての文具の提供等があげられます。

これらを規律する業界ルールとしては，製薬協コードと公競規があります。

1．医薬品ビジネスにおける医療従事者との関わり

医薬品メーカーと医療関係者との交流は，患者の利益や患者の健康と福祉に貢献することを最優先に考え，医薬・薬学の発展および公衆衛生の向上に貢献することを目的とし，医薬品の情報提供，医薬・薬学に関する学術的交流および研究支援に重点を置いたものでなければならず，それに対しての社会からの信頼が不可欠です（製薬協コード 4.「医療関係者との交流」参照）。両者の交流においては，上記回答に記載したとおり，さまざまな機会に，金銭の支払い，飲食，サービス，物品の提供がなされることがありますが，それらは交流の目的に沿った適切なものであることが求められます。

医薬品メーカーの法務パーソンは，後述の個別具体的な定めや「できる」「できない」といった結論を直ちに求めようとせずに，まずは医療関係者との交流の趣旨をしっかりと理解し，その趣旨との関係で，金銭の支払い，飲食，サービス，物品の提供が果たす役割は何か，その提供はどのようなものであるべきか，という視点をもって自ら考えてみることが大切です。

2．製薬協コードが掲げる行動規範

医薬品メーカーと医療関係者との適切な交流の要請は，わが国のみならず世

界的な傾向です。製薬協コードも，製薬協が加盟するIFPMAによる「IFPMAコード・オブ・プラクティス」の影響を受けて，グローバルな倫理観に立って策定されています。製薬協コードに含まれている医療用医薬品プロモーションコードにおいて，以下のような定めを置いています。

業務委託

会員会社は，医療関係者等に対し，講演，執筆，調査，研究，会員会社が組織的に開催する会議等への参加，研修等を依頼し，それら業務に伴う報酬，費用等を支払うことができる。ただし，業務の内容に比して著しく高額な場合は支払うことができない。

講演会等の実施

会員会社が医療関係者等を対象に行う講演会等は，出席者に専門的かつ学術的・科学的な情報を提供するものとする。講演会等の開催場所は，目的に合う適切な開催地・会場を選定し，原則国内とする。講演会等に付随して飲食等を提供する場合は，華美にならないようにし，製薬企業の品位を汚さないものとする。講演会等に付随して提供する金銭類の提供は，旅費（交通費，宿泊費等），役割者に対する講演料等に限定する。なお，随行者の旅費は支払わず，懇親行事への参加も認めない。

物品の提供

会員会社は，医薬品の適正使用に影響を与えるおそれのある物品や，医薬品の品位を汚すような物品を医療関係者，医療機関等に提供しない。

3．公正競争規約

医薬品製造販売業者として具体的に何ができて何ができないか，という判断においては，公取協が定める公競規の検討が欠かせません。医療用医薬品販売業において特に公競規が認定されている背景には，医療用医薬品の流通等においては，医療機関等における医薬品の適正な購入選択・医薬品の適正な使用の確保の必要性，医療保険制度・薬価基準制度（Q3参照）のもとでの薬価基準の適正な決定の確保の必要性といった特別な事情があります。公競規は，不当な顧客の誘引を防止し，一般消費者による自主的かつ合理的な選択および事業者間の公正な競争を確保することを目的として，不当な景品類の提供を制限しています。その中核となるのが同規約３条です。同条は,「医療用医薬品製造販売業者は，医療機関等に対し，医療用医薬品の取引を不当に誘引する手段として，景品類を提供してはならない。」と定めています。

法務パーソンが公競規を適切に使いこなすうえでは，①医療関係者に対する金銭，飲食，サービス，物品等の提供が,「景品表示法」のスキームを用いて規制されているということ，②公取協の「自主ルール」であることの２点の理解が極めて重要であると考えられます。

公競規においてもその究極の目的は，製薬協コードと同様に患者の利益と社会からの信頼にあることは間違いありません。しかしながら，公競規の観点からは，まずそれが「景品類」なのか，さらに「景品類」に該当するとしてもそれが「取引を不当に誘引する手段として」にあたるか，という景品表示法に基づく景品規制としての解釈・検討が求められます。ここは法務パーソンの本来のスキルが発揮できるところです。

他方で，景品表示法やその他の法令を扱う場合と大きく異なるのが，公競規は業界自主ルールであるということです。景品表示法を根拠とし，消費者庁長官および公正取引委員会の認定を要するものであるため全くのフリーハンドではありませんが，公競規の解釈と運用は，基本的に，公取協の本部および支部によって行われています。公取協では，昭和59年にまでさかのぼる公競規の歴史を踏まえるとともに，その時々に製薬業界が直面している倫理的・コンプライアンス的課題について，理事会社を含む会員会社が相互に協力し，足並みをそろえて妥当かつ現実的な解決を図っています。そのため，具体的な案件に対し，公競規と付随するルールの表面上の文言と法務パーソンとしてのリーガルマインドによって自分なりに解釈し結論を出しても，公取協の運用実務はそれとはまったく違うということがありえます。公取協の解釈運用に沿った実効的なアドバイスをするためにはもちろんのこと，法務の立場からあえてチャレンジをする上でも，医薬品メーカーの特に法務部門に所属する法務パーソンは，社内の公取協担当者と密に連携し，公取協が実際にどのように考えているか，どのような運用がなされているか，何が最新の公取協の課題になっているか等の知識をアップデートしておくことが肝要です。

4．世界的な規制の動向

IFPMAコードは，従来から，「製薬企業とステークホルダーとの交流は常に倫理的，適切，かつプロフェッショナルでなければならない，企業は不適切な影響を与える方法または条件で，いかなる提供や申し入れも行ってはならない。」という原則を掲げてそれに反する行為を規制していましたが，平成30（2018）年の改定により，その趣旨をさらに推し進め，プロモーション補助物品としての，ポストイット，マウスパッド，カレンダー等の禁止や，社会的儀礼としての弔慰金・香典の提供の禁止を明確に定め，平成31（2019）年１月より実施されました。これを受けて，製薬協も会員会社にIFPMAコードを踏まえた社内ルールの整備を求めています。

また，業務委託の対価については，外資系企業を中心に，その金額がFair Market Valueかどうかということが意識されています。透明性開示による間接的なコントロール（Q30参照）だけでなく，報酬金額決定の根拠という観点からも「透明性」が求められ，客観的指標に基づいて受託者のタイプを分類し，それに応じた時間単価を設定する報酬計算方法の要請が強くなってきています。

社会からの信頼を考えるとき，日本社会からの信頼のみならず国際社会からの信頼をも意識することが今後ますます重要になってくることが想定されます。

《参考文献等》

- 製薬協ウェブサイト（http://www.jpma.or.jp/）
- IFPMAウェブサイト（https://www.ifpma.org/）
- 公取協ウェブサイト（https://www.iyakuhin-koutorikyo.org/）

Q29 公務員との関わり

医薬品ビジネスにおいて，公務員と関わりが生じるのはどのような場合でしょうか。また，公務員への飲食・物品提供や金銭支払いに関する法規制・ルールについて教えてください。

医薬品ビジネスにおいては，さまざまな場面で公務員と関わりが生じます。国公立病院の医師など，公務員でもあり医療従事者でもある者への飲食・物品提供や金銭の支払いに関しては，公競規（Q28参照）だけでなく，刑法の贈収賄罪規定，国家公務員倫理法・倫理規程，地方公共団体や独立行政法人ごとの倫理規程を遵守する必要があります。

1．医薬品ビジネスにおける公務員との関わり

医薬品ビジネスにおいては，その事業を遂行する過程で，さまざまな形で公務員（みなし公務員を含む。以下同じ）と関わりが生じます。たとえば，以下のような場合が挙げられます。

① 厚労省の職員から薬機法に関する指導を受ける場合
② PMDAに製造販売承認の審査を申請する場合
③ 国公立病院の医師に対して自社製品のプロモーション（Q24参照）を行う場合
④ 自社製品に関する講演会後，参加した医療従事者（国公立病院の医師を含む）と，立食での情報交換会を行う場合
⑤ 自社と学会との共催セミナーにおいて，国立大学の教授に座長を依頼したり，製品説明会において付属病院の医師に講師を依頼したりする場合
⑥ 国公立大学と共同研究を行ったり，研究を委託したりする場合

2．公務員との関わりに関する規制の概観

医薬品メーカーが公務員と関わる場合，メーカーから公務員への利益供与（金銭の支払い，物品・飲食・労務の提供など）が生じることがあります。公

務員への利益供与は，大きく分けて，①刑法の贈収賄規定と，②公務員の各種倫理規程による規制を受けます。また，公務員が同時に医療従事者でもある場合には，③公競規も適用されます。

(1)　刑法の贈収賄規定

刑法の贈収賄規定は，医薬品メーカーと公務員双方に適用されます。また，刑法の贈収賄規定は，法律の規定によって公務員とみなされる「みなし公務員」にも適用されます。みなし公務員の例として，国立研究開発法人（国立がん研究センターや国立成育医療研究センターなど）の職員，国公立大学（付属病院を含む）の職員，国立病院の職員などが挙げられます。

(2)　公務員の各種倫理規程

公務員の各種倫理規程には，国家公務員に適用される国家公務員倫理法・倫理規程や，独立行政法人や地方公共団体が個々に定める倫理規程があります。これらは，公務員が利害関係者から利益供与を受けることを規制するルールであって，利害関係者が公務員に利益供与を行うことを規制するルールではないため，公務員のみに適用され，医薬品メーカーには適用されません。しかし，医薬品メーカーは高い倫理観に基づいた行動が求められており，倫理規程違反となる利益供与を行った医薬品メーカーはレピュテーションが損なわれることになります。したがって，医薬品メーカーとしても，公務員の各種倫理規程を熟知し，規程違反となる行為を行わないことが必要です。

(3)　公 競 規

公競規は，公務員に対してではなく，医薬品メーカーに適用されます（公競規についてはQ28参照）。医薬品ビジネスにおいては，メーカーによる利益供与の相手方が公務員でもあり医療従事者でもあることが珍しくありません（国立大学医学部の教授や国公立病院の医師がその典型例です）。この場合，医薬品メーカーは，上記３つのルールのすべてに抵触しないよう留意する必要があります。特に，公競規上は「社会的儀礼行為」として許容される行為であっても，公務員の各種倫理規程上は許容されない場合があることに注意が必要です。たとえば，公務員であり医療従事者でもある者が，医薬品メーカーからの依頼に基づき共催セミナーの座長や講師などの業務を行った場合，これら役割者への慰労のための飲食提供は，公競規上は許容されていますが，公務員の倫理規程の多くでは許容されていません。

3．国家公務員倫理法および倫理規程

(1)　国家公務員倫理法の目的

国家公務員倫理法は，国家公務員の職務に係る倫理の保持に資するため必要な措置を講ずることにより，職務の執行の公正さに対する国民の疑惑や不信を招くような行為の防止を図り，公務に対する国民の信頼を確保することを目的とする法律です（1条）。

同法は，国家公務員の職務に利害関係を有する者（利害関係者）からの贈与等の禁止および制限等，国民の疑惑や不信を招くような行為の防止に関し職員の遵守すべき事項については，国家公務員倫理規程に定めることとしています（5条）。

(2)　適用対象

国家公務員倫理法の適用対象は，国家公務員法2条2項で規定される「一般職国家公務員」で（国家公務員倫理法2条1項），厚労省の職員をはじめ，国の各府省の職員のほとんどがこれに該当します。

医薬品ビジネスにおいては，国立大学・附属病院（国立大学法人）の職員，国立病院（国立病院機構）の職員，公立病院（地方公共団体）の職員などとの関わりが日常的に発生します。しかし，これらの団体の職員は一般職国家公務員ではないため，国家公務員倫理法の適用を受けません。ただし，同法上，独立行政法人等は，倫理保持に必要な施策を講ずる義務があり（42条），地方公共団体と地方独立行政法人も，同法に準じた施策を講ずる努力義務があります（43条）。これを受けて，国立大学法人や国立病院機構は，国家公務員倫理規程と同趣旨の倫理規程を法人ごとに設けており，職員は所属法人の倫理規程を遵守する義務を負います。また，地方公共団体は，条例により倫理規程を定めている例が多く，職員は所属地方公共団体の倫理規程を遵守する義務を負います。これらの法人や地方公共団体がそれぞれ定める倫理規程は，国家公務員倫理規程に準じた内容になっていることが多いため，国家公務員倫理規程を理解しておくことが有用です。

(3)　国家公務員倫理規程の概要

国家公務員倫理規程は，国家公務員が利害関係者から①金品，物品または不動産の贈与を受けたり，②無償で労務の提供を受けたり，③供応接待を受けたりすることを一般的に禁止した上で，国民の疑惑や不信をまねくおそれのない一定の場合や類型に限って，国家公務員が利害関係者から贈与，労務提供，または飲食提供を受けることを許容しています。

飲食提供が許容されるのは，以下の場合です。

① 職務として出席した会議その他の会合において，利害関係者から茶菓の提供を受けること（国家公務員倫理規程３条２項５号）
② 多数の者が出席する立食パーティーにおいて，利害関係者から飲食物の提供を受けること（同項６号）
③ 職務として出席した会議において，利害関係者から簡素な飲食物の提供を受けること（同項７項）

上記の国家公務員倫理規程上許容される飲食提供の範囲は，公競規上許容される飲食提供の範囲よりも狭いことに注意が必要です。

なお，国家公務員倫理規程では，公務員は，費用の負担関係を問わず，利害関係者とゴルフをすること自体が禁止されています。

《参考文献等》

- 国家公務員倫理規程の解説として，国家公務員倫理審査会の「事例で学ぶ倫理法・倫理規程」（https://www.youtube.com/user/koumuinrinri）
- 国家公務員倫理員審査会ウェブサイト（http://www.jinji.go.jp/rinri/index.htm）

Q30　医療従事者等への支払いの公表

医薬品メーカーが医療従事者や医療機関に金銭を支払った場合，どのような内容を公表する必要がありますか。

医薬品が中立な立場で開発・処方されていることへの信頼を担保するため，研究開発費，学術研究助成費等につき，医療従事者および医療機関に対しての支払いの公表が業界団体のガイドライン等で義務付けられています。

1．医薬品ビジネスにおける医療従事者および医療機関に対する支払い

医薬品メーカーは，医療従事者および医療機関に対して，①研究開発，②学術研究助成および③社会への情報提供の各々の局面で，金銭その他の経済的利益を提供することがあります。①については共同研究，委託研究，臨床試験，製造販売後調査等への報酬として，②については奨学寄付金，学会等寄付金，寄付講座などとして，③については講演，執筆，座談会出席等への報酬として支払われることが多くあります。医薬品ビジネスにおいては患者・国民からの信頼確保が求められますが，これらの支払いについては，医療品メーカーが研究結果や医薬品の選択等に影響を与える利益相反が生じる可能性があることから，透明性の確保は重要なテーマと考えられてきました。

2．透明性ガイドラインによる規制

(1)　製薬協の透明性ガイドライン

製薬協は平成23年に透明性ガイドラインを制定し，医薬品メーカーから医療従事者または医療機関に対して金銭の支払いがあったときには，それらの金額と内容の公開を義務付けることによって，透明性・公正性・中立性の確保に努めています。

製薬協の会員である医薬品メーカーは，透明性ガイドラインを参考にし，自社の透明性に関する指針を策定した上で，自社のウェブサイト等を通じて，自社が医療機関および医療従事者に対して行った支払いを公開しなければなりま

せん。医薬品メーカーによって公開方法や公開の時期は異なることがありますが，透明性ガイドラインで決められている支払いの公開内容については異なることはありません。

⑵　臨床研究法と透明性ガイドラインの関係

透明性ガイドラインは，主に産学連携活動の中で，医薬品メーカーが自主的に利益相反管理と透明性確保を行うことを目的としていました。しかし，ディオバン事件（Q10参照）の発生を受けて，わが国の臨床研究に対する信頼を早急に回復するため，「臨床研究に係る制度の在り方に関する検討会」において，臨床研究に係る制度のあり方について検討が行われました。検討会は，医薬品メーカーの資金や労務提供にあたって，透明性の確保に関する法規制が必要との結論に至りました。この結論を受けて，平成30年に施行された臨床研究法（Q4参照）では，「特定臨床研究」に該当する臨床研究について，医薬品メーカーが提供する研究資金その他の利益に関する情報を，インターネット上で公表することが初めて法律で義務付けられました（33条）。そして，臨床研究法上の要求事項を反映するため，透明性ガイドラインは，平成30年に，特定臨床研究についての支払いを独立して開示する規定等を盛り込み改定されました。

⑶　透明性ガイドラインの内容

透明性ガイドラインは，①研究開発費等（臨床研究法，GCP/GVP/GPSP省令等の公的規制の下実施される研究・調査等に要した費用を含む），②学術研究助成費（奨学寄付金，学会寄付金，学会等共催費等），③原稿執筆料，④情報提供関連費（講演会，説明会等の費用）および⑤その他の費用の公開を義務付けています。①について，制定当時は，共同研究費や委託研究費等の総額の公開のみが義務付けられていましたが，平成28年に，契約先の名称，個別契約先の年間の契約年数および支払額を公開するよう改定が行われました。

3．諸外国の法令・ガイドライン

医薬品メーカーから医療従事者および医療機関に対して行われた金銭支払いや利益供与は，汚職規制（Q8参照），オフラベル規制，キックバック規制（Q9参照）等に抵触することもありえます。それに加えて，全般的な透明性を求める動きは，日本だけでなく世界的な潮流です。日本でビジネスを展開している医薬品メーカーであっても，研究開発や情報提供はグローバル規模で行われることが多いことから，海外のルールについても知識を持つ必要があります。特に重要なものとして，以下の法令・ガイドラインが挙げられます。

(1)　米国サンシャイン法

米国で，医療保険改革法（Patient Protection and Affordable Care Act）の一部として制定されたのがサンシャイン法（Physician Payments Sunshine Act (2010（平成22）年３月成立)）です（https://www.cms.gov/OpenPayments/About/Law-and-Policy.html）。

サンシャイン法の下では，医療従事者および医療機関に対する金銭提供はもとより，書籍や医療機器の提供，慈善目的の寄付や講演会等の謝礼等，ほぼすべての経済的利益について，医薬品メーカーはメディケア・メディケイド・サービス・センター（CMS）に対して報告する義務があります。CMSはウェブサイト上で企業名，受益者の名称・氏名と所在地・住所，提供した金額，物品であれば相当とされる価格，提供時期，提供物の内容と目的を年に一度公表します（https://openpaymentsdata.cms.gov/）。

サンシャイン法では１回10ドル以下の対価は報告の対象外ですが，年間の累計が100ドルを超えた場合は，１回10ドル以下の対価のものであっても報告の対象となります。また，サンシャイン法には法的な強制力があり，経済的利益の提供についての報告漏れや意図的な隠蔽に対しては，最大で15万ドルの罰金が科される可能性があります。

(2)　その他海外の規制

欧州でも事業者団体（EFPIA）がガイドラインを開示しています（http://www.transparencybelgium.be/uploads/ newsfiles/71726aec001cf18f567a0f5b93676555.pdf）。このほか，フランスにはサンシャイン法に類似した，医療機関および医療従事者に対する支払いを当局に報告することを義務付けるベルトラン法があります（http://www.sunshine-act.ordre.medecin.fr/liste_donnees_exploitables）。

4．今後の方向性

日本では，米国と異なり，医療従事者および医療機関に対する支払いの公表については（臨床研究法上の特定臨床研究に該当する研究についての資金および研究実施者に対する報酬等の支払いを除き），医薬品メーカーの自律性に任されている部分が大きいといえます。

しかし，このように医薬品メーカーの自律性に任せることには批判も多くあります。たとえば，日本学術会議臨床試験制度検討分科会は平成26年に，「(医薬品メーカーは）情報をデータベース化する，または迅速に調査を行い疑義等を払拭する説明責任を適切に果たすべき」という提言を行っています（「日本学術会議　科学研究における健全性の向上に関する検討委員会臨床試験制度検討分科会「提言　我が国の研究者主導臨床試験に係る問題点と今後の対応策」（平成26年3月27日）12頁。http://www.scj.go.jp/ja/info/kohyo/pdf/kohyo-22-t140327.pdf」)。また，各医薬品メーカーが公表している支払額を医療従事者または医療機関ごとに抜き出し，各々が医薬品メーカーから受領している金額およびそれに準じる利益の総額を計算する試みをしている団体等もあります（ワセダクロニクル×医療ガバナンス研究所ウェブサイト：http://db.wasedachronicle.org/)。

以上の動きから考えると，医薬品メーカーが医療従事者および医療機関に対して行う支払いの公表内容が，将来さらに詳細になることは十分予期されるため，法務パーソンとしては，今後の動きに十分留意する必要があります。

《参考文献等》

- 日本医学会「COI管理ガイドライン」(http://jams.med.or.jp/guideline/coi_guidelines.pdf)
- ヨーロッパ諸国の規制をまとめたものとして，Health Action International “The Sun Shines on Europe”（2017年）(http://haiweb.org/wp-content/uploads/2017/03/Sunshine-Act.pdf)
- World Medical Association「医師と企業の関係に関するWMA声明」（2009年）(https://www.wma.net/policies-post/wma-statement-concerning-the-relationship-between-physicians-and-commercial-enterprises/)

Q31 社内体制

プロモーションや医療従事者・公務員との関わりに関する法規制や業界ルールに対応するための社内コンプライアンス体制として，どのようなものが必要でしょうか。

A

法規制や業界ルールに対応するためには，事業活動の内容およびその適法性，正当性について適切に把握し，審査・承認するためのコンプライアンス体制が必要になります。コンプライアンス体制の構築にあっては，日本弁護士連合会の「海外贈賄防止ガイダンス（手引）」や製薬協の「コンプライアンス・プログラム・ガイドライン」が参考になるほか，厚労省の販売情報ガイドラインには適切なプロモーションのために構築すべき体制が具体的に定められています。

1．コンプライアンス体制の構築の必要性

これまでに見てきたQ25およびQ28からQ30までの医療従事者や公務員との関わりに関する規制，ルールを遵守するために，企業としては，適切なプロモーションがされているか，医療従事者や公務員に対する経済的価値の移転（Transfer of Value）の有無やその正当化事由としてビジネスとしての妥当性があるか，公正な市場価格（Fair Market Value）であるかどうか，利益相反，透明性があるかといった内容を事前に把握し，審査・承認するための社内コンプライアンス体制の構築・運用が必要になります。IFPMAのコード・オブ・プラクティス12条および製薬協コード14項においても，関係法令，コードを遵守し，プロモーション活動を点検，監視するための社内体制の構築を求めています。

また，実効性のあるコンプライアンス体制を構築することは，会社法や東京証券取引所のコーポレートガバナンス・コードにおいて求められる内部統制システム構築義務を果たし，米国においてはFCPA違反がある場合に連邦訴追基準や量刑ガイドラインから企業責任の減免要素となりうる点においても重要であるといえます。

2．どのような体制を構築すべきか

どのようなコンプライアンス体制を構築すべきかについては，公務員や医療従事者との関係においては，日本弁護士連合会の「海外贈賄防止ガイダンス（手引）」や製薬協の「コンプライアンス・プログラム・ガイドライン」が参考になるでしょう。また，プロモーションが薬機法や医薬品等適正広告基準等のルールに従って適切に行われることを確保するための体制としては，厚労省の販売情報ガイドラインが要求している社内体制（Q25参照）の構築や，製薬協「医療用医薬品製品情報概要等作成要領」に準拠した資材であることを確保するための社内審査体制を構築する必要があります。これらのガイドライン等を踏まえて，社内コンプライアンス体制の構築にあっては，次のような視点で行うことが考えられます。

(1)　経営トップの責務の明確化

コンプライアンス体制構築の出発点となる経営トップの責務として，法令を遵守する企業風土を醸成するために基本方針を策定し，コンプライアンス委員会等の機関設置，違反に対する人事処分，体制構築のための資源の配分等を当該企業におけるリスクに応じて実行します。これに関連して，医薬品業界においては，多くの企業がコード・オブ・プラクティスを制定し，プロモーションコード・公競規・透明性ガイドライン・贈収賄防止等に関する自主規範を設けています。

(2)　リスクアセスメントとその対応

想定されるリスクに効率的に対応するため企業としてどのような体制をとるべきかについては，「リスクアセスメントの実施」，「リスクに応じた対応」，「継続的実施」から成るリスクベース・アプローチが推奨されています

①　リスクアセスメントの実施

まず，社内モニタリングにより，対象となる行為や部門に存在しうるリスクを特定し評価します。たとえば，贈賄であれば(i)国・地域における腐敗の程度，(ii)企業の属する業界における（外国）公務員等との接点の高さ，(iii)取引形態，事業規模，(iv)トップの姿勢，社内体制の整備・遵守状況などをコンプライアンス担当者や公務員と接触しうる担当者からのヒアリングやアンケート，メール

や社内記録等により評価します。

②　リスクに応じた対応

次に，リスクアセスメントの実施結果からリスクを格付けし，その防止方法として，(i)社内規程と組織体制の整備，(ii)教育・研修をリスクの程度に応じて実施します。

(i)　社内規程と組織体制の整備

公務員，医療従事者との接触（Q28，29参照）やプロモーション（Q25参照）等の法規制や業界ルールへの対応が問題になりうる場面において，社内規程により必要かつ実効的な手続を定め，それらを監視する組織体制を整備します。社内手続としてどのようなプロセスで違反を防止し，監視するかは，当該企業の規模，監視対象となる行為やリスクの程度によって異なります。たとえば，寄付行為や研究助成金のような組織的な拠出案件においては，経理，法務部門等の上長で構成される社内委員会の承認を必要とするなどの方法が考えられます。また，法務部門における契約締結前の確認，たとえば，医療従事者への業務委託契約のレビューの際には製薬協コードの「8　業務委託」に列挙されている事項が遵守されているかを事業部門に確認し，契約締結後は経理において当該契約における業務委託費やコンサル料の名目で不当な支払いがされていないかを確認することが考えられるでしょう。これらの事前の監視手続に加え，違反行為が判明したときは，早急な対応により危機の拡大とレピュテーションリスクを低減するため，証拠保全方法や社内調査チーム結成，行政当局やマスコミ対応窓口などの有事対応を予め定めておくとともに，違反行為に対しては厳正な懲戒処分事由とし，是正のための研修プログラムを実施する手続を定める必要があります。

上記の手続を履践できるような組織体制の構築については，一般的に，経理，法務部門等の管理部門および事業部門のコンプライアンス担当といった実務担当者が現場から上がってくる問題についてチェックできるようにし，さらに上位機関として内部監査のほか社内における各種委員会が問題点を適確に把握したうえで対応について検討し，経営トップから独立した監査委員会や取締役会へ報告できるようにする必要があります。

また，リスクに対して客観的かつ適切な判断をするために外部専門家を関与させたり，現場からリスク情報を吸い上げるために内部通報窓口を設置することも検討すべきでしょう。特に，経営トップ層が違反行為をしている場合など社内の内部統制機能が期待できないケースにおいては，匿名相談が可能な社外の独立した内部通報窓口があることが重要になります。

(ii)　教育・研修

法令遵守より利益を追求するような経営判断をしないために，経営トップ層に対するコンプライアンス研修を行うほか，実際に医療従事者や公務員に接触するMRや開発部員に対しては，自身の行為，活動が法令，規制，上記で規定した社内規程に則っているかを判断できる自律機能を高めるため，特に継続的に研修，教育する必要があります。なお，MR認定（Q26参照）の取得と更新のためには，コンプライアンスに関する教育の修了が求められています。

③　継続的実施

最後に，コンプライアンス体制が実情に沿っているかの見直しとリスク関知のために，「リスクアセスメントの実施」，「リスクに応じた対応」を定期的かつ継続的に行う必要があります。

(3)　第三者が関与するケースにおけるリスク

社内だけではなく，卸（Q32参照），販売者，通関業者，コ・プロ（Q23参照）のパートナー（販売提携）など，社外の第三者を通じて医療従事者や公務員に対して贈賄等の違反行為がなされるケースがあります（Q8参照）。これを防止するためには，これら第三者との間の契約締結前には，契約において自社コードおよび贈収賄防止の遵守，監査権を定め，当該第三者に過去の取引事例，政府関係者の関与，違反事実の有無等に関する情報提供を要求すること，また社内においては，当該第三者を起用するにあたっての記録化を兼ねて，当該第三者と取引することの合理性（業務内容，金額の妥当性，選定理由など）を示す書面を提出するよう取引を担当する者に要求すること等が考えられます。契約締結後は，継続的に違反がないかリスクアセスメントの実施において監視することになります。

Q32 卸の役割

医薬品卸はどのような役割を担っていますか。医薬品卸との関係では，どのような点に注意すべきですか。

A

医薬品卸の役割には，物的流通機能，販売機能，情報機能，金融機能があります。医薬品卸との関係では，独禁法，流通改善ガイドライン，適正流通（GDP）ガイドライン等への対応に関して注意が必要です。

1．医薬品卸の概況

医薬品卸は，薬機法上「卸売販売業」として各都道府県の知事の許可を受けて，薬局，医薬品販売業者または医療機関等に対してのみ医薬品を販売する業者のことをいいます（同法25条３号・34条１項）。医薬品卸は，営業所ごとに管理薬剤師の設置義務を負い（同法35条１項），医薬品の管理，販売方法等その取扱いについて厳しい規制を受けています（同法44条以下）。

医薬品卸の本社数は，昭和35年には1,300社を超えていましたが，再編等により年々減少し，平成29年現在で74社となっています。医薬品卸売業の経営は極めて厳しい状況にあり，営業利益率は平成７年から平成28年まで１％前後で推移しています（日本医薬品卸売業連合会「医薬卸連ガイド2018～2019」８頁）。

2．医薬品卸の役割

医薬品の供給は，通常「医薬品メーカー」から「医薬品卸」へ，そして医薬品卸から「医療機関・調剤薬局」（以下「医療機関等」といいます）へという流れをたどります（序章参照）。その中で医薬品卸の役割は，主に①物的流通機能，②販売機能，③情報機能，④金融機能の４つです。特に①物的流通機能，具体的には医薬品の安全かつ安定的供給は最も重要な機能とされています。また，多くの医薬品メーカーは卸を通じて医薬品を供給していることからすれば，医療機関等との価格交渉は卸のみが行うという意味で，②販売機能も重要な機能といえるでしょう。

これらの医薬品卸の役割の一役を担っているのが販売担当者であるMS（Marketing Specialist）です。MSは，医薬品の配送，情報提供，情報収集および商談を行っています。MSは，医薬品メーカーから提供されたプロモーション資材を用いて情報提供を行うこともあります。

３．医薬品流通の課題

医薬品の取引には，主に３つの価格が存在します（【図表２－９】参照）。すなわち，「薬価（薬価基準）」，「市場実勢価格（納入価）」および「仕切価格」です。それぞれ，「薬価」とは医療機関等が保険償還（Q3参照）を受ける価格を，「市場実勢価格」とは医薬品卸が医療機関等へ販売する価格を，そして，「仕切価格」とは医薬品メーカーが医薬品卸へ販売する価格をいいます。さらに，「薬価」から「市場実勢価格」を差し引いたものを「薬価差」，「市場実勢価格」から「仕切価格」を差し引いたものを「一次売差」といいます（【図表２－９】参照）。薬価差は医療機関等の利益に，一次売差は医薬品卸の利益になります。

医療用医薬品の流通に関して，長年指摘されている課題に，一次売差マイナスの問題があります。一次売差マイナスとは，「市場実勢価格－仕切価格」がマイナスになることをいい，医薬品卸間の価格競争が激しくなること等により発生します。一次売差マイナスになると，そのままでは医薬品卸は赤字となりますが，医薬品メーカーは，「割戻し（リベート）」や，医薬品卸に期間限定で

【図表２－９】薬価・市場実勢価格・仕切価格

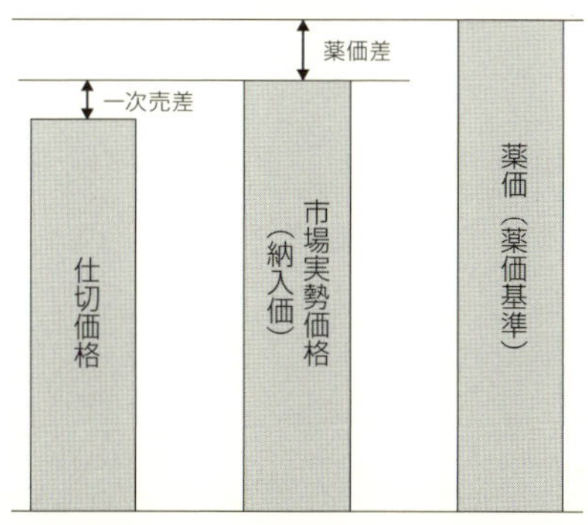

【図表２－10】一次売差マイナス・割戻し・アローアンス

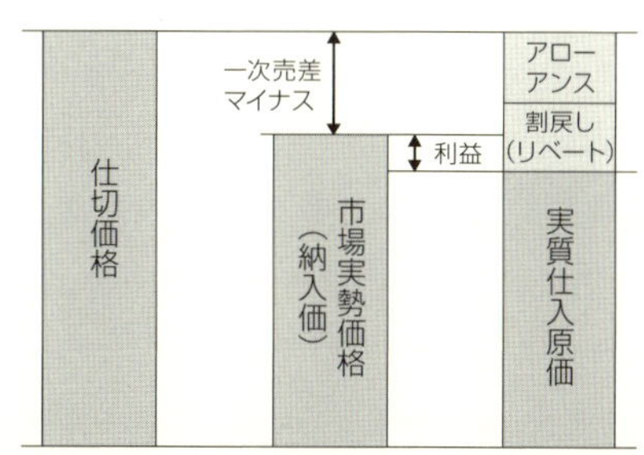

集中した情報活動を依頼するなどして，「割戻し」とは別の報奨費用（「アローアンス」）を支払うことがあります。これにより，医薬品卸は，「仕切価格」「割戻し」「アローアンス」を勘案して価格交渉を行うことにより「仕切価格」を下回る販売価格で販売することが可能になるわけです（【図表２－10】参照）。

この課題の解決策として，割戻しおよびアローアンス相当分につき単純に仕切価格を引き下げることが考えられますが，医薬品メーカーはこのことに消極的な傾向にあります。なぜなら，改定薬価が市場実勢価格を基準に決定されるところ，仕切価格の引下げにより，市場実勢価格も引き下げられ，それが将来の薬価の引下げにつながる結果となることが懸念されるからです。特に，令和元年から，従前２年に１度であった薬価改定が毎年実施されることになったことから（Q3参照），その影響はより大きくなります。

４．法務部門としての注意点

(1)　流通改善ガイドラインへの対応

「医療用医薬品の流通改善に向けて流通関係者が遵守すべきガイドライン」（以下「流通改善ガイドライン」といいます）（平成30年１月23日医政発0123第９号／保発0123第３号）においては，上記の一次売差マイナスの問題が指摘され，「一次売差マイナスの解消に向け，……適切な最終原価を設定すること」，「割戻し（リベート）については流通経費を考慮した卸機能の適切な評価，アローアンスのうち仕切価を修正するようなものについては仕切価への反映による整理を行う」とされています。

したがって，法務部門としては，自社が流通改善ガイドラインに則った実務を行うよう，流通部門をサポートする必要があります。

(2)　独禁法への対応

医薬品メーカーが医薬品卸の市場実勢価格を拘束することは，「不公正な取引方法」に該当し，原則として違法となります（独禁法２条９項４号・19条，流通取引ガイドライン第１部第１・１(1))。

この点，医薬品メーカーが医薬品卸の市場実勢価格に応じて仕切価格を修正等することも，独禁法に抵触するとされています（公取委相談事例集「４　医薬品の卸売価格の拘束」https://www.jftc.go.jp/dk/soudanjirei/ryutsutorihiki/kakaku/

kakaku1.html)。他方，医薬品メーカーが医療機関との直接の交渉により医薬品卸の市場実勢価格を決定した上で医薬品卸を単なる取次として機能させる手法は，独禁法上違法とならないとされています（公取委平成13年度相談事例集「2　単なる取次として機能する卸売業者の再販売価格の指示」https://www.jftc.go.jp/dk/soudanjirei/h14/h13nenmokuji/h13nen02.html)。

したがって，法務部門としては，上記相談事例を踏まえつつ，自社が医薬品卸の市場実勢価格を拘束していると評価されないように慎重に対応する必要があります（Q48参照)。

(3)　その他の注意点

販売情報ガイドラインが平成31年４月から適用されました（Q25参照)。このガイドラインは医薬品卸にも適用されますので，医薬品メーカーが医薬品卸（MS）を通じて医療関係者への情報提供を行う場合には，医薬品卸に対し同ガイドライン遵守を要請する必要があります。

また，「医薬品の適正流通（GDP）ガイドライン」（平成30年12月28日厚労省医薬・生活衛生局総務課等事務連絡）が取りまとめられました。これは，C型肝炎薬「ハーボニー配合錠」の偽造品が医薬品卸を通じて流通し，患者の手に渡ったという事件が契機となっています（厚労省ウェブサイト「平成30年６月７日第３回薬品医療機器制度部会資料１」https://www.mhlw.go.jp/content/10601000/000477356.pdf)。このガイドラインは医薬品卸に向けたものですが，偽造品流通の防止に関しては，医薬品メーカーとしても適切な対応が必要になります。

さらに世界的に，贈収賄等防止のための取引先（Third Party）のコンプライアンス管理が必須とされています（FCPA，UKBA等（Q8参照))。これに伴い多くの医薬品メーカーでは，医薬品卸等の取引先に対して事前のデューディリジェンスを行ったり，当該取引先との契約書に腐敗防止条項を規定したりするようになってきています（Q8，31参照)。

Q33　製造販売後の安全管理

医薬品の副作用などの安全管理情報の収集や報告に関する法規制について教えてください。また，収集された安全管理情報をもとに安全管理措置を適正に実施するためにどのような社内体制を構築する必要がありますか。

製造販売業者等は，医薬品の副作用等の安全管理情報を速やかに厚生労働大臣に報告する必要があります。また，安全管理措置を適正に立案・実施するために，いわゆる「三役」の設置が義務付けられています。

1．安全管理情報の収集・報告に関する法規制

(1)　安全管理情報の報告義務

副作用情報を含む医薬品の品質，有効性および安全性に関する事項その他医薬品の適正な使用のために必要な情報は「安全管理情報」と定義されています（GVP省令２条１項）。そして，MR（医薬情報担当者）は，同条５項において以下のように定義されています。

「医薬品の適正な使用に資するために，医療関係者を訪問すること等により安全管理情報を収集し，提供することを主な業務として行う者をいう」（下線筆者。なおQ26も参照）。

一般には，医薬品のプロモーションを主な業務とすると理解されがちなMRですが，同省令はなぜこのように安全管理情報の収集・報告を主な業務であると定義しているのでしょうか。

それは，医薬品の承認までに得られる情報は，治験の対象となる患者の数や状態に制限があることから，特に安全性に関する情報には限りがあり，製造販売後の実臨床における「生」の安全管理情報を収集し分析することは，医薬品の適正使用推進に不可欠なものであるからです。

副作用・感染症報告制度は，①企業報告制度，②感染症定期報告制度，③医薬品・医療機器等安全性情報報告制度，④WHO国際医薬品モニタリング制度に分かれます。①②は薬機法により医薬品メーカーに報告が義務付けられた制

度であり，③は医療関係者に報告が義務付けられた制度です。①③に基づき，製造販売業者は，その製造販売する医薬品の使用によると疑われる副作用・感染症を知ったときは，その重篤性や未知・既知などに応じ，15日以内または30日以内にPMDAに報告しなければなりません。PMDAを経由して厚生労働大臣に報告された国内の副作用・感染症報告は，④により海外（スウェーデン）にあるモニタリングセンターに報告されています。

また，製造販売業者は，医薬品の販売を開始した後の６カ月間，診療において医薬品の適正な使用を促し，副作用症例などの発生を迅速に把握するために「市販直後調査」を行わなければなりません。市販直後調査はGVPに基づいて医薬品リスク管理の一環として実施されるものですが，使用成績調査と異なり，その実施にあたって事前に医療機関などと契約を結ぶことはありませんし，調査票の記入も伴いませんので謝礼も発生しません。

GVP省令への適合は製造販売業の許可要件とされており，製造販売後の安全管理の方法がこれに適合しない場合は，製造販売業の許可は与えられません（製造販売業の許可申請時および５年ごとの許可更新の際に，都道府県によるGVP適合性調査を受けます）。

(2)　安全管理情報の報告遅延と製造販売業者の責任

上記のとおり，GVP省令への適合は製造販売業の許可要件の一つという重大なものであり，また医薬品等の適正使用に不可欠であることから，製造販売業者は安全管理情報を知ったときは，速やかに厚生労働大臣に報告しなければなりません。ここでの報告義務は，MRに限らず，製造販売業者に所属するすべての者に課せられていることに十分な注意が必要です。

たとえば，MRの業務記録に副作用情報に該当するものが含まれていたことを確認した者は，その所属の有無にかかわらず，速やかに自社の安全管理部門に当該情報を提供する必要があります。医師からのアンケートやフィードバック等（口頭によるものも含む）において安全管理情報が含まれていたことを確認した者等も同様です。安全管理情報は当該医薬品等にかかる副作用等の「おそれ」があれば十分ですから，報告の段階では当該医薬品等の使用と副作用等との間の因果関係が証明されているか否かは問いません。

近年では，以下のように，上記副作用の報告遅延により行政処分を課せられる事例が相次いでおり，十分な注意が必要です（Q10参照）。

【図表２－11】副作用報告の遅延事例

時期	製造販売業者名	違反概要	処分内容
平成26年７月	ノバルティスファーマ	副作用報告の遅延	業務改善命令
平成27年２月	ノバルティスファーマ	副作用報告の遅延	業務停止命令（15日間）
平成27年２月	ファイザー	副作用報告の遅延	業務改善命令
平成27年11月	ノバルティスファーマ	副作用報告の遅延（システム障害）	業務改善命令
平成29年３月	セルジーン	副作用報告の遅延	業務改善命令

２．安全確保措置の立案・実施のための社内体制

(1)　安全管理情報の収集・報告のための社内体制

薬機法では，医薬品等の製造販売業者に，品質管理および製造販売後安全管理を行わせる総括製造販売責任者を置くことを義務付けています。また，GVP省令は，安全確保業務の統括にかかる部門として「安全管理統括部門」を設置し，その責任者として安全管理責任者を置くことを義務付けています

【図表２－12】三役体制

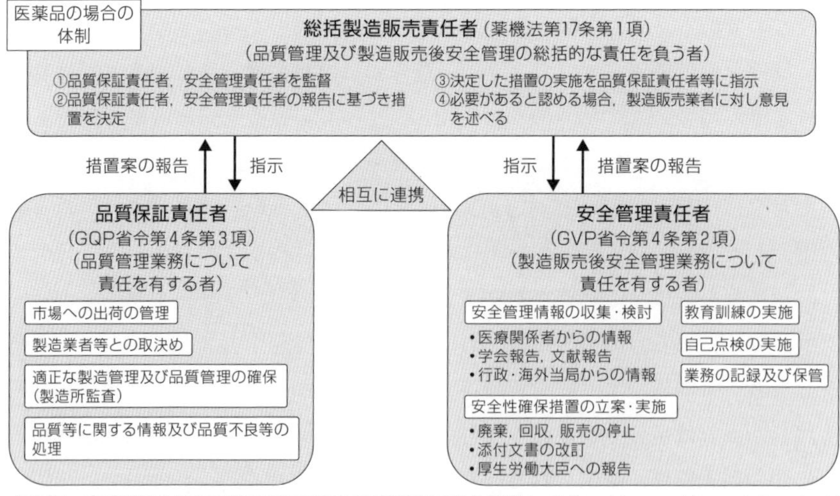

（出所）　平成30年６月７日第３回医薬品医療機器制度部会資料１（https://www.mhlw.go.jp/content/10601000/000477356.pdf）

（なお，総括製造販売責任者と安全管理責任者，品質保証責任者を併せて「三役」と呼ぶことがあります）。

製造販売業者は，安全管理責任者のもと，安全管理情報の収集・検討，安全性確保措置の立案・実施，自己点検の実施，教育訓練の実施，業務の記録および保管などを行わなければなりません。

(2)　安全確保措置の立案・実施

安全管理責任者は，薬機法68条の９に基づく危害の防止措置の一環として，収集した安全管理情報について遅滞なく検討し，安全管理措置を立案します。安全管理措置には，製品の廃棄，回収，販売停止のほか，使用上の注意の改訂その他添付文書の改訂，緊急安全性情報（いわゆる「イエローレター」）や安全性速報（いわゆる「ブルーレター」）の配布その他医療関係者への情報の提供，厚生労働大臣への報告等が含まれます。当該安全確保措置案は総括製造販売責任者に報告され，当該報告を適正に評価した後，総括製造販売責任者は安全確保措置を文書により決定します。当該決定に基づき，安全管理者に安全確保措置を実施し，その結果を総括製造販売責任者に報告することになります（GVP省令８条・９条）。これらの意思決定のうち，製品の回収といった重大な場面においては，総括製造販売責任者から法務部門にも意見を求められることもあるでしょう。

このように，医薬品の製造販売後の安全管理業務の中核的な役割を担っている三役制度ですが，上記のとおり副作用報告の遅延が相次ぐなど必ずしも十分に機能していないという指摘もあり，薬機法の改正によるガバナンス強化の動きが出ています（Q2，10参照）。

《参考文献等》

- MRテキスト第５章（PMS）

Q34　製造販売後調査等

製造販売後調査等に関する法規制について教えてください。また，製造販売後調査等に関しては，どのような契約を締結するのですか。

製造販売業者等は，承認を受けた医薬品について，その効能効果や安全性を見直すために，再審査（および一定の場合には再評価）を受けなければならず，その資料の収集・作成のために，製造販売後調査等をGPSP省令に則して実施する必要があります。製造販売後調査等に関して，使用成績調査については，医療機関との間で製造販売後調査等委託契約等の契約を締結して実施するのが通常です。

1．製造販売後調査等に関する法規制

(1)　製造販売後調査等

一般に，「製造販売後調査」や「市販後調査」といったときには，①GPSP省令における製造販売後調査等を意味する場合，②GPSP省令における製造販売後調査等に加えてGVP省令における調査（市販直後調査。Q33参照）も含めた調査を意味する場合，③医薬品の製造販売後の安全性を維持・調査するためのポストマーケティング・サーベイランス（Post-marketing Surveillance，PMS。これは，再審査制度，再評価制度，副作用・感染症報告制度（Q33参照）という３つの制度で構成されます）を広く意味する場合等がありますが，本設問では，GPSP省令における製造販売後調査等について述べます。

(2)　再審査制度（薬機法14条の４）

医薬品は，承認審査を経てその有効性や安全性が確認された上で市販されます。しかし，承認前の治験は，プロトコルで定められた一定の条件下で行われるため，おのずから制約があります。そこで，いったん承認した医薬品の効能効果や安全性を再確認するために，製造販売業者等は，新薬について，承認後一定期間の後に再審査を受けなければなりません。そして，再審査のための資料を収集・作成するために，製造販売後調査等を実施する必要があるのです。

【図表２－13】再審査制度

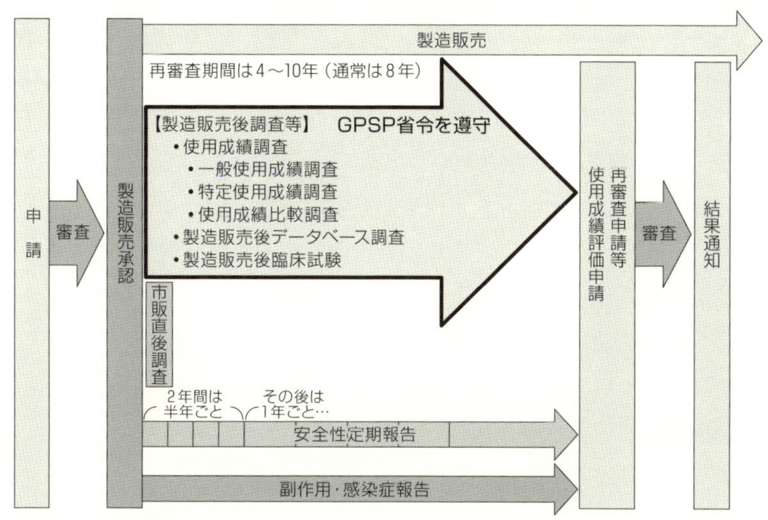

（出所） 厚労省公表資料をもとに作成

(3) 再評価制度（薬機法14条の６）

新しい医薬品について再審査制度があるのに対し，長年使用されてきた医薬品については再評価制度があります。すなわち，長年使用されてきた医薬品の効能効果や安全性を現在の医学・薬学の水準から見直すために，製造販売業者等は，厚生労働大臣により再評価を受けるべきと指定された医薬品については再評価を受けなければなりません。

2．GPSP省令

(1) GPSP省令とは

GPSP省令は，製造販売業者等が行う製造販売後調査等に関する業務が適正に実施され，また，再審査および再評価の申請を行う際の資料の信頼性を確保するために遵守すべき事項を規定した基準です。再審査申請に際し添付する資料および再評価申請に際し提出すべき資料のうち製造販売後調査等に係るものについては，同省令が適用されます。

(2) GPSP省令における製造販売後調査等

GPSP省令における製造販売後調査等には，「使用成績調査」，「製造販売後データベース調査」および「製造販売後臨床試験」があります。

①　使用成績調査

使用成績調査とは，製造販売業者等が，診療において，医薬品の副作用による疾病等の種類別の発現状況ならびに品質，有効性および安全性等に関する情報の検出または確認を行う調査のことをいいます（GPSP省令２条１項１号）。使用成績調査には，(i)医薬品を使用する患者の条件を定めないで行う一般使用成績調査，(ii)小児，高齢者，妊産婦，腎機能障害または肝機能障害を有する患者，医薬品を長期に使用する患者，その他医薬品を使用する患者の条件を定めて行う特定使用成績調査および(iii)特定の医薬品を使用する患者の情報と，当該医薬品を使用しない患者の情報を比較して行う使用成績比較調査があります。

②　製造販売後データベース調査

製造販売後データベース調査とは，製造販売業者等が，医療情報データベース取扱事業者が提供する医療情報データベースを用い，医薬品の副作用による疾病等の種類別の発現状況ならびに品質，有効性および安全性に関する情報の検出または確認を行う調査のことをいいます（GPSP省令２条１項２号）。これは，平成29年GPSP省令改正で新たに規定されました。医療情報データベースとしては，病院情報システムデータ（電子カルテ等），診療報酬および調剤報酬明細書（健康保険組合レセプトデータ等），学会や医療機関側で取り組んでいることが多いと思われる疾患登録データ等が想定されています。

③　製造販売後臨床試験

製造販売後臨床試験とは，製造販売業者等が，治験，使用成績調査もしくは製造販売後データベース調査の成績に関する検討を行った結果得られた推定等を検証し，または診療においては得られない品質，有効性および安全性に関する情報を収集するため，医薬品について承認に係る用法・用量，効果・効能に従い行う試験のことをいいます（GPSP省令２条１項３号）。製造販売後臨床試験は，GPSP省令に基づき，GCP省令基準に従って実施する必要があり，また，動物実験などで安全性に関する再試験が行われる場合はGLP省令も適用されます。

(3)　GPSP省令における製造販売業者等の主な義務

製造販売業者等は，製造販売後調査等業務手順書を作成するとともに（GPSP

省令３条），その業務を統括するために製造販売後調査等管理責任者を置かなければなりません（同省令４条１項）。また，製造販売業者等は，製造販売後調査等管理責任者に，製造販売後調査等基本計画書等の作成・保存，製造販売後調査等の企画，立案および調整ならびに製造販売後調査等が製造販売後調査等業務手順書，製造販売後調査等基本計画書に基づき適正かつ円滑に行われていることの確認等の業務を行わせなければなりません（同条３項・５条１項）。さらに，製造販売業者等には，使用成績調査または製造販売後臨床試験の実施ごとに，製造販売後調査等管理責任者に調査および試験の実施状況を記録・保存させることが義務付けられています（同省令５条２項）。

３．製造販売後調査等に関して締結する契約

使用成績調査は，製造販売後調査等業務手順書等に基づき，当該使用成績調査の目的を十分に果たしうる医療機関に対し，当該使用成績調査の契約を文書で行って保存しなければなりません（GPSP省令６条２項）。通常は，製造販売業者等と医療機関またはその長との間で製造販売後調査等委託契約等の契約が締結されます。再審査における適合性調査では，適切に医療機関と契約が締結されているかという点も調査の対象となります。

製造販売後データベース調査では，製造販売業者等は，医療機関ではなく医療情報データベース取扱業者と契約を結ぶことになります。契約にあたり，製造販売業者等は，医療情報データベース取扱業者が製造販売後データベース調査の目的を十分果たしうる事業者であることを確認する必要があります。

製造販売後臨床試験については，基本的に治験の場合と同様です。

《参考文献等》

- アンダーソン14〜16頁
- ドーモ編『カラー図解　よくわかる薬機法　全体編〔第４版〕』（薬事日報社，2016）155頁，182〜193頁
- 翁健ほか『医薬品医療機器等法・薬剤師法・毒劇法解説』（薬事日報社，2015）160頁

Q35　個人情報保護

医薬品ビジネスを行う上で，どのような個人情報を取得・使用しますか。どのような点に注意する必要がありますか。

プロモーション活動等を通じて，医療従事者の個人情報を取得・使用します。治験や安全性情報収集活動等を通じて，患者の個人に関する情報を扱うこともあります。医療現場には診療録など要配慮個人情報があふれており，不適切に個人情報に接しないよう注意が必要です。

1．医療現場における個人情報

(1)　規制の概要

医薬品ビジネスの特徴の一つとして，医療情報，遺伝情報などのセンシティブな情報に触れるリスクが高い点が挙げられます。後述する個人情報保護法等でも，診療録等は要配慮個人情報として厳格な取扱いを求めています。

また，多くの法令やガイドラインの存在も特徴の一つとして挙げられます。一般的な法律をみても，事業主体の法的性格により，個人情報保護法，行政機関個人情報保護法，独立行政法人等個人情報保護法が存在し，これらには利用目的規制，第三者提供規制等に違いがあります。また，厚労省等からガイドライン類が多数出されており，事業活動を行うにあたって，いかなる規制の適用を受けるかをその内容とともに慎重に検討する必要があります。

(2)　法改正と患者の個人情報についての留意点

上記法律のうち民間の医薬品メーカーに適用される個人情報保護法は，平成29年に改正されました。医薬品業界に関連する改正点として，一定量以上のDNAを構成する塩基配列や，健康保険法に基づく被保険者証の記号，番号および保険者番号は「個人識別符号」に該当し，たとえ氏名などが含まれていなくとも個人情報に該当することが明示されました（個情法2条1項・2項，同法ガイドライン（通則編））。

また，診療録や調剤情報等は「要配慮個人情報」に該当し，取得には原則として本人同意が必要とされ（同法18条２項），オプトアウトによる第三者提供もできないこととされました（同法23条２項）。

「医療・介護関係事業者における個人情報の適切な取扱いのためのガイダンス」（平成29年４月14日医政発0414第６号）（以下「医療機関ガイダンス」といいます）では，他の病院との連携や家族への病状説明など，患者への医療の提供に通常必要と考えられる行為については，一定の条件のもと，原則として，要配慮個人情報を含む個人情報の第三者提供について黙示による本人同意が得られているものとして取り扱っています。

このように，医療現場には多くの要配慮個人情報を含む個人情報が存在し，黙示の本人同意の理論のもと，医療の提供のために，医療関係者間で情報交換がなされています。そうであるからこそ，そのような医療現場で業務を行う医薬品メーカーは，カルテなど患者の個人情報が含まれた媒体に不適切に接することのないよう，一層の注意が必要となります。医療機関ガイダンスにおいても，医師等が医薬品メーカーのＭＲ等との間で医薬品の投薬効果などについて情報交換を行う場合に，必要でない氏名等の情報を削除せずに提供することが，適切ではない例として挙げられています。

報道によれば，バイエル薬品は，平成24年～平成25年，血栓治療薬「イグザレルト」の発売前後に実施した調査において，患者の同意を得ずにカルテを閲覧しデータを収集していました（薬事日報平成29年４月14日参照（https://www.yakuji.co.jp/entry57536.html））。このケースや，患者の個人情報がノバルティス社に渡っていたタシグナ事件（Q10参照）を他山の石として，患者の個人情報を不適切に取り扱うことのないようリスク管理体制を徹底する必要があります。

２．患者の個人に関する情報

上で述べたように，患者の個人情報を不適切に取得し，取り扱うことは禁止されますが，他方で，医薬品メーカーは，以下に述べるように，患者の個人に関する情報を取り扱う機会があります。

(1)　治　　験

治験依頼者である医薬品メーカーは，治験にあたってモニタリングを実施しなければならず（Q15参照），そのために治験実施医療機関から原医療記録の提供を受けて閲覧することがあります（GCP省令21条・37条）。医療機関ガイダンスでは，医療機関は，法令に基づく提供（個情法23条１項１号）として，被験者本人の同意なく，モニターが行う原医療記録の閲覧に協力できるとされていますが，GCP省令上，説明文書にモニターが原医療記録を閲覧できることを明記したうえで文書により被験者本人から同意を得ることが求められます（「『医薬品の臨床試験の実施の基準に関する省令』のガイダンスについて」平成24年12月28日薬食審査発1228第７号）。

また，治験によって生じた健康被害の補償支払いの手続等にあたって，被験者本人の個人情報を（書面で）入手することもありえます。この場合，本人の同意の取得（個情法17条２項），利用目的の明示（同法18条２項），安全管理措置（同法20条）等，諸規定を遵守する必要があります。

⑵　安全性情報の収集・報告と製造販売後調査

医薬品製造販売業者は，薬機法上，医薬品の安全性情報を収集し報告する義務を負っており（薬機法68条の２第１項。なお，Q33参照），医療機関側も，かかる情報収集に協力する義務を負っています（同条２項）。そのため，医療機関は，「法令に基づく場合」として，患者の情報を本人の同意を得ずに医薬品製造販売業者たる医薬品メーカーに提供することができます。また，医薬品製造販売業者は，製造販売後調査として，医療機関から，副作用による疾病等の発現状況や品質，有効性および安全性に関する情報を収集する必要があることがあります（Q34参照）。

このような法令に基づく情報収集のためであっても，特定の個人を識別できないように患者氏名の報告を不要にするなど，必要ない個人情報まで提供を求めないよう留意する必要があります（製造販売後調査について，個人情報保護委員会事務局・厚労省「『医療・介護関係事業者における個人情報の適切な取扱いのためのガイダンス』に関するQ&A（事例集）」（平成29年５月30日））。

⑶　そ の 他

その他，患者団体との活動等を通じて，患者本人やその家族の個人情報に接する可能性もあります。要配慮個人情報を取得するケースもありうることから，本人の同意の取得（個情法17条２項）など諸規定を遵守する必要があります。

3．医療従事者の個人情報

医薬品メーカーは，プロモーション活動等を通じて，顧客である医療従事者の個人情報を取得，利用します。最近では，デジタル技術を活用したマーケティング活動が活発となり（Q24参照），会員サイトへの登録やクッキー等を利用しウェブ上の行動を把握の上，個々の顧客のニーズに応じたテーラーメードの活動を指向することも多いように見受けられます。かかる活動では顧客の個人情報を取り扱うことになるため，電磁的記録による個人情報の取得にあたっての利用目的の明示や（個情法18条２項，公表では足りません），保有個人データの利用目的等を本人に知りうる状態にしておくなどの対応が求められます（同法27条）。

また，デジタルマーケティング活動にあたって，クラウド業者等のベンダーを利用する場合，情報管理に留意する必要があります。当該ベンダーが個人データを取り扱う場合，個人データの取扱いの委託（同法23条５項１号）となり，委託者たる医薬品メーカーは監督責任を負います（同法22条）。また，当該ベンダーが海外所在の場合，同法24条に基づく対応も必要です。当該ベンダーが個人データを取り扱わない場合には，同法22条による監督責任は生じませんが，医薬品メーカーは，自ら適切な安全管理措置を講じることが必要です（同法20条）。

4．グローバリゼーション―他国の法規制

海外を拠点として事業活動を行う場合，海外の医療従事者を国内のイベントに招聘する場合や，グローバルなデジタルマーケティング活動を行う場合，各国法制にも留意する必要があります。

この点，平成30年５月にEUで施行されたGeneral Data Protection Regulation（GDPR）では，最大で全世界売上高４％または2,000万ユーロの制裁金が課されます。EUと日本は，個人データに関する保護レベルについて相互に同等と認める決定を採択しましたが（十分性認定（なお，独個法には十分性認定が及ばない点に関してQ57参照）），GDPRでは，本人の同意の意義につき，明示的な同意を要求しているなど，個情法と異なりうる内容がありますので，慎重な検討が求められます。

Q36　労　務

医薬品業界の法務パーソンとして知っておくべき労務上のトピックにはどのようなものがありますか。

①早期希望退職募集，②働き方改革，③労働紛争が，近年知っておくべき労務上のトピックです。

1．早期希望退職募集

医薬品ビジネスでは，近年，人員削減が顕著です。平成30年度には，内資，外資を問わず多くの医薬品メーカーが人員削減を実施しました（RISFAX 平成30年12月３日。https://risfax.co.jp/risfax/169020.html）。また，MR数も平成25年をピークに平成30年まで５年連続で減少しています。（Q26参照）。

その背景には，大型新薬の特許切れや後発医薬品の普及などに加えて，平成30年の薬価制度抜本改革（Q3参照）があるといわれています。この改定では，薬価改定のペースが２年に１度から１年に１度に引き上げられました。通常，新薬上市後の市場実勢価格は経年的に下がる傾向にあるため，薬価改定の頻度が上がると事実上薬価が引き下げられます。これにより，医療費が適時に軽減される一方で医薬品メーカーの売上は下がるため，医薬品メーカーは，効率的な経営のため事業再構築と人員削減を迫られています。

一般に，人員削減の方策のひとつとして早期希望退職募集があります。医薬品ビジネスでの早期希望退職募集では，たとえば「45歳以上かつ勤続５年以上」または「45歳以上もしく５年以上勤続」などとして，年齢や勤続年数が条件となる例があります。また，事業再編後の組織にフィットしやすい人材を絞り込んで残すことを期待して，部門や職種によって条件を変更して設定したり，「４月１日時点で勤続年数が満２年以上の社員」などの条件を定め中高年層だけでなく若年層をも対象に加えたりすることがあります。退職金の割増がある点は他業種と同様ですが，さらに会社が再就職斡旋会社による再就職の相談・斡旋費用を負担して，退職者の再就職を支援することもあります。

早期希望退職募集と併せて，企業が退職勧奨・退職誘導を実施することもあります。この場合，使用者は労働者の自由な意思決定を妨げないよう留意する必要があり，この点は医薬品ビジネスにおいても変わりません。退職勧奨・退職誘導行為が適法か違法かについては，平成23年の東京地裁判決において，労働者が自発的な退職意思を形成するために社会通念上相当と認められる程度をこえて，当該労働者に対して不当な心理的威迫を加えたりその名誉感情を不当に害する言辞を用いたりする退職勧奨は不法行為となる，との一般的判断基準が立てられ（日本アイ・ビー・エム事件（東京地判平23・12・28労経速2133号３頁）），これが以後の裁判例において用いられています（菅野和夫『労働法〔第11版補正版〕』（弘文堂，2017）705～706頁）。

２．働き方改革

平成31年４月１日から順次施行される「働き方改革関連法」もまた，医薬品ビジネスに大きな影響を与えています。

働き方改革は，長時間労働の是正や多様で柔軟な働き方の実現，雇用形態にかかわらない公正な待遇の確保を目的に掲げ，①労働時間法制の見直し（労働基準法，労働安全衛生法，労働時間等設定改善法），②産業医・産業保健機能の強化（労働安全衛生法等），③不合理な待遇差を解消するための規定の整備や労働者に対する待遇に関する説明義務の強化（パートタイム労働法，労働契約法，労働者派遣法）などの改正をするものです。その中でも，①労働時間法制の見直しに関し，時間外労働の上限規制，年次有給休暇の時季指定義務，労働時間状況の客観的把握への対応は，平成31年４月以降必須となっています（働き方改革については https://www.mhlw.go.jp/stf/seisakunitsuite/bunya/ 0000148322.html）。

医薬品メーカーへの影響をみると，平成29年から平成30年の間に「働き方改革」を実施した医薬品メーカーは77社中57社に上ります（ミクスOnline 平成30年７月10日午前３時51分。https://www.mixonline.jp/Article/tabid/55/artid/62101/Default.aspx）。

まず，事務職等の内勤職については，他業種と同様，「フレックスタイム制」と「テレワーク」を拡充させる企業が多数みられます。

フレックスタイム制とは，労働者が，1カ月などの単位期間の中で一定時間数（契約時間）労働することを条件として，1日の労働時間を自己の選択するときに開始し，かつ終了できる制度のことです。通常，出退勤のなされるべき時間帯（フレキシブルタイム）と全員が必ず勤務すべき時間帯（コアタイム）が定められます（前掲・菅野512頁）。しかし，近年，コアタイムを廃止してすべての時間帯をフレキシブルタイムとする医薬品メーカーが現れています（フレックスタイム制度については https://www.mhlw.go.jp/stf/seisakunitsuite/bunya/koyou_roudou/roudoukijun/roudouzikan/henkei.html）。

テレワークとは，情報通信技術を活用し，時間や場所を有効に活用できる柔軟な働き方を指します。テレワークは，①「在宅勤務」（所属するオフィスに出勤しないで自宅を就業場所とする働き方），②「モバイルワーク」（移動中（交通機関の車内など）や顧客先，カフェなどを就業場所とする働き方），③「サテライトオフィス勤務（施設利用型勤務）」（所属するオフィス以外の他のオフィスや遠隔勤務用の施設を就業場所とする働き方）の3つのテレワーク形態の総称です。医薬品メーカーの中にも，一定の要件の下でカフェでの業務を可能とした会社や（ミクスOnline 平成30年7月20日午前3時52分。https://www.mixonline.jp/Article/tabid/55/artid/62137/Default.aspx），テレワーク日数の上限を撤廃した会社が見られます（テレワークについては https://work-holiday.mhlw.go.jp/telework/）。

次に，MR等の外勤職の働き方も見直されはじめています。従来，MRについては，労働基準法38条の2による「事業場外労働に関するみなし労働時間制」（本稿では「みなし労働制」といいます）が用いられてきました。みなし労働制とは，労働者が業務の全部または一部を事業場外で従事し，使用者の指揮監督が及ばないために，当該業務に係る労働時間の算定が困難な場合に，使用者のその労働時間に係る算定義務を免除し，その事業場外労働については「特定の時間」を労働したとみなすことのできる制度をいいます。そして，使用者の指揮監督が及ばず，労働時間を算定することが困難であるというためには，①情報通信機器が，使用者の指示により常時通信可能な状態におくこととされていないこと，②随時使用者の具体的な指示に基づいて業務を行っていないことという要件をいずれも満たす必要があります。そして，「情報通信機器」

とは，使用者が支給したものか，労働者個人が所有するものか等を問わず，労働者が使用者と通信するために使用するパソコンやスマートフォン・携帯電話端末等を指すとされます（厚労省「情報通信技術を利用した事業場外勤務の適切な導入及び実施のためのガイドライン」https://www.mhlw.go.jp/stf/seisakunitsuite/bunya/koyou_roudou/roudoukijun/shigoto/guideline.html）。

直行直帰の多いMRは労働時間の把握が難しく，みなし労働制を適用するのが企業にとって簡便でした。しかし，会社は携帯電話等をMRに持たせている上，近年，労働基準監督署から，みなし労働制の下でMRの長時間労働が常態化しているおそれがあるとの指摘がありました。これを受けて，MRへのみなし労働制の適否が議論されはじめました。そして，平成30年には，MRの働き方改革として，みなし労働制を廃止してコアタイムなしのフレックスタイム制を導入する会社が現れました（日刊薬業平成30年２月27日 午前４時30分 https://nk.jiho.jp/article/130867）。他方，みなし労働制を維持する場合でも，勤務間インターバル制度（勤務終了から始業までにインターバルとして11～12時間を経過することを義務付ける制度）を導入したり，20時～翌朝７時の業務を原則禁止にしたりする企業もあり，各社で長時間労働を是正する取組みが見られます。

３．労働紛争

近年では，医薬品メーカーの労働紛争が訴訟に発展するケースも目立ちます。平成29年には，アストラゼネカ株式会社に対して，降格・減給，配置転換，懲戒解雇などの対象にされたMRらがそれぞれ労働訴訟を提起しました。一連の訴訟に関して，原告側は，PIP制度と呼ばれる業務改善計画の恣意的運用により，比較的賃金水準の高い高齢のMRを標的とした人員整理が行われていると主張しました（じほう編『薬事ハンドブック2018』（じほう，2018）68～69頁）。これらの訴訟については，平成30年５月に和解が成立したものの（ミクスOnline 平成30年６月４日午前３時52分。https://www.mixonline.jp/Article/tabid/55/artid/61958/Default.aspx），事業再構築と人員削減が進む医薬品メーカー全体が抱える課題とリスクを象徴するケースとして参考になります。

Q37　O T C

OTC医薬品メーカーの法務にはどのような特徴がありますか。

OTC医薬品は，市場にて販売される商品としての側面を持つため，医薬品業法だけではなく，販売方法，広告方法およびブランド維持に関する規律にも留意する必要があります。

1．OTC医薬品の概要

「OTC」とは，英語の「Over The Counter」の略語で，「カウンター越しに」という意味です。そのため，「OTC医薬品」とは，カウンター越しに購入することのできる医薬品，すなわち，医師や歯科医師の処方箋によらず，需要者自身の選択によって薬局や薬店で購入できる医薬品のことを指します。わが国で販売されているOTC医薬品には，要指導医薬品と一般用医薬品があります。いずれも，「その効能及び効果において人体に対する作用が著しくないもの」という点で共通していますが，医療用医薬品から一般用医薬品に移行したばかりである場合など，リスクが確定していない医薬品（【図表２－14】①②）や毒薬・劇薬（【図表２－14】③）が要指導医薬品に分類されます。

また，OTC医薬品のうち，もともと医療用医薬品として製造販売されていたものを慣例上「スイッチOTC医薬品」といい（医療用から転用（スイッチ）されたことが名称の由来です），これに対し，医療用医薬品になったことのないOTC医薬品のことを「ダイレクトOTC医薬品」といいます。

【図表２－14】OTC医薬品分類表

OTC医薬品	要指導医薬品（薬機法４条５項３号）	①医薬用医薬品から転用され，一定期間（原則３年）が経過していないもの	スイッチOTC医薬品
		②医薬品のうち，①と有効成分，分量，用法，用量，効能，効果等が同一性を有すると認められ，一定期間（原則８年）が経過していないもの	ダイレクトOTC医薬品

		③毒薬，劇薬	
	一般用医薬品（同法４条５項４号）	④医療用医薬品から転用されたもの（①の一定期間が経過したもの）	スイッチOTC医薬品
		⑤はじめから一般用医薬品として承認されたもの（②の一定期間が経過したものを含む）	ダイレクトOTC医薬品

2．セルフメディケーション税制とその対応

国民のセルフメディケーションの推進を目的として，平成29年１月１日以降，スイッチOTC医薬品（ダイレクトOTC医薬品は対象外）を購入した場合に，その購入費用のうち一定金額まで所得控除を受けることができるというセルフメディケーション税制が開始されました。厚労省のウェブサイト（https://www.mhlw.go.jp/stf/seisakunitsuite/bunya/0000124853.html?_fsi=9BJGErAm）には，「セルフメディケーション税制対象品目一覧表」が掲載されており，当該税制の対象となる具体的な品目名（販売名）や製造販売業者名等が記載されています。医薬品メーカーが自社の製品をこの一覧表に記載してもらうため，または記載内容の変更をしてもらうためには，上記ウェブサイト内に掲載されている所定の届出書を厚労省に提出する必要があります。

3．OTC医薬品の販売に関する留意点

⑴　特定販売（薬機法施行規則１条２項５号）の概説および留意点

一般用医薬品に特徴的な販売方法として特定販売（インターネットを通じて店舗以外の場所にいる者に対する郵便その他の方法による販売）があります。特定販売は，かつては第三類一般用医薬品のみに認められていましたが，第一類および第二類一般用医薬品についてインターネット販売を禁止していた当時の薬事法施行規則が旧薬事法の委任の範囲を超えるものと判示した最高裁判決（最判平25・１・11民集67巻１号１頁）が出され，これが契機となり，平成26年に薬機法が改正され，現在では，一般用医薬品のすべての区分で認められています。

他方，要指導医薬品は，リスクが不確定な医薬品であるため，特定販売が認められていません。なお，要指導医薬品について特定販売を認めていない現行

法令の規制が憲法22条１項に違反しない等と判示した下級審裁判例（東京地判平29・７・18裁判所ウェブサイト〔平26（行ウ）29号〕，同判決の控訴審として東京高判平31・２・６裁判所ウェブサイト〔平29（行コ）254号〕）があります。

特定販売を実施するには，実店舗に関する条件，インターネット販売サイトに関する条件，情報提供に関する条件など，種々の条件を満たす必要があります（詳細は，「一般用医薬品のインターネット販売について（平成26年７月厚労省医薬食品局総務課）」（https://www.mhlw.go.jp/file/06-Seisakujouhou-11120000-Iyakushokuhinkyoku/sinseido.pdf）参照）。

⑵　流通業者との関係における留意点

OTC医薬品メーカーが，自社の医薬品製品を市場に流通させる方法としては，卸売業者または小売業者へ販売をするのが一般的です（Q32も参照）。しかし，これらの流通業者との取引に際し，何らかの条件を付けた場合，その条件内容次第では，独禁法に抵触する可能性があります。

流通業者との取引段階において問題となりうる独禁法上の規律に関しては，公取委の流通取引ガイドラインや同委員会のウェブサイトに掲載されている相談事例集（https://www.jftc.go.jp/dk/soudanjirei/index.html）が参考になります（医薬品メーカーに関する相談事例については，Q32を参照）。

４．OTC医薬品に関する広告規制

⑴　法令に基づく規制

OTC医薬品は，医療関係者ではない一般人が市場で自ら購入し使用する製品であるため，テレビCM，新聞，インターネットなどで幅広くプロモーションが行われています。しかし，当然ながらOTC医薬品も医薬品である以上，そのプロモーションについては，薬機法の広告規制の対象となり，「医薬品等適正広告基準」（平成29年９月29日薬生発0929第４号）および「医薬品等適正広告基準の解説及び留意事項」（平成29年９月29日薬生監麻発0929第５号）に則した内容にする必要があります（Q25参照）。

また，OTC医薬品は，市場で販売される「商品」であることから，景表法の規制の対象となります。そのため，広告の内容が，優良誤認表示（同法５条１号）や有利誤認表示（同条２号）に該当しないようにしなければなりません。

なお，景表法には，「景品」（おまけ，賞品等）に関する規制もありますが，OTC医薬品を景品とすることを禁止する条項は景表法その他の法令には存在していないため，「景品」とすること自体は可能です。しかし，「医薬品等適正広告基準」には，「懸賞，賞品として医薬品を授与する旨の広告を行ってはならない」との規制があるため，注意が必要です。

⑵　日本一般用医薬品連合会による自主規制

OTC医薬品の広告に関する自主規制として，日本一般用医薬品連合会が作成している「OTC医薬品等の適正広告ガイドライン」（2019年版が最新版）があります（https://www.jfsmi.jp/ad_guideline/item/guideline_2019.pdf）。同ガイドラインは，「医薬品等適正広告基準の解説及び留意事項」の内容をOTC医薬品へ敷衍するとともに，スイッチOTC医薬品の成分等に関する広告表現のように，OTC医薬品に特有の事項に関して詳細な解説が加えられています。

また，同連合会では，定期的に広告審査会が開催されており，審査対象期間中に行われたテレビ広告，新聞・雑誌広告，ウェブ広告について適正性の審査が行われており，その審査結果は，同連合会のウェブサイト（https://www.jfsmi.jp/activity/advertisement/report/）に掲載されています。

5．OTC医薬品と商標

OTC医薬品は，一般人を販売の対象とする商品であるため，市場で販売されている他の商品と同様に，競合する商品と差別化を図り，ブランド価値を向上させることが重要です。その一つの手段として，商標権の登録があります。商標権に関して法務部門が関与する場面としては，次の場面が考えられます。

⑴　商標権の登録をする場面

商標権の登録を獲得するには，最初に商標登録を目指す商標と同一または類似の商標が，同一または類似の商標区分（医薬品の商標区分は第5類）で使用されていないかを調査する必要があります。調査方法としては，特許情報プラットフォーム（https://www.j-platpat.inpit.go.jp/web/all/top/BTmTopPage）で検索すること，または弁理士事務所に調査依頼をすることが基本となります。

なお，商標権の登録がされた場合であっても，登録商標を３年以上使用しなかった場合には，不使用による取消審判（商標法50条１項）により取り消される可能性があるため，定期的に商標の使用状況を確認することが必要です。

⑵　自社の商標権への侵害に対応する場面

自社の商標権が侵害されている疑いがある場合，インターネットや小売店での販売状況を確認するなど，侵害の程度や範囲について証拠収集が必要となります。収集した証拠を踏まえ，対処する必要があると判断した場合は，まずは，侵害者に対し警告文を送付し，交渉による解決を図り，交渉が奏功しなかったときは，侵害者に対し販売差止めおよび損害賠の請求訴訟を提起するという流れになるのが通常です。

Q38 後発医薬品

後発医薬品ビジネスにおける法務の特色にはどのようなものがありますか。

後発品ビジネスにおいては，先発品の特許期間および再審査期間が大きく影響しますので，研究開発・承認申請段階において先発品の特許に対してどのような戦略をとるかを検討するところに法務の一つの特色があります。

1．後発品について

後発医薬品（後発品）とは，先発医薬品（先発品）の独占販売期間（特許期間および再審査期間（Q16，17参照））が終了した後に販売される，先発品と同じ有効成分，効能・効果，用法・用量を有する医薬品のことです。「ジェネリック医薬品」とも呼ばれます。

先発品の開発期間が長期わたり，研究開発費も莫大である（Q16参照）のに対し，後発品の開発期間は，３年～４年くらいであり，研究開発費も1億円程度と研究開発へ投資に大きな差があるのが特徴です。

本解説では，低分子医薬品の後発品を念頭において，先発品と比較しながら，法務の特色と法務パーソン（特に知財担当者）の役割について解説します。バイオ医薬品の後続品（バイオシミラー）については，アンダーソン117～131頁を参照。

2．研究開発

(1) 特許調査

後発品の開発品目の選定や開発スケジュールを決定する上では，先発品の再審査期間（Q16参照）や関連特許（Q17参照）の期間が大きく影響しますので，再審査期間の満了が近い先発品に関連する特許の有無およびその期間を調べる必要があります。

その上で，法務パーソンとしては，先発品の関連特許の内容ついて調査し関連特許について無効理由（特許法123条1項各号）がないか，製剤特許の場合には当該特許を回避する製剤設計が可能であるか等を研究開発部門（開発部門）と連携して検討します。

後述するように，物質特許や用途特許の存在が承認申請時に認められる場合，後発品は承認されません。そのため，特許期間中に後発品を上市しようとする場合，法務パーソンは，開発部門，特許事務所，法律事務所等と連携して当該特許の無効審判の可能性について検討する必要があります。自社において関連特許の無効審判に関与していない場合も，他社が無効審判を請求している場合は，その結果次第で後発品の製造販売承認を最初に取得できるタイミングに大きく影響することから，その状況を継続して観察する必要があります。

また，先発品メーカーがライフサイクルマネジメント（Q16参照）の一環として新規に出願した場合，新規性・進歩性がないこと等について特許庁に情報提供（同法施行規則13条の2）することも考えられます。

⑵ 製剤設計

製剤設計段階においては，先発品の関連特許を回避した製剤設計の検討が必要となります。また，先発品にはない付加価値（安定性の向上，剤型の工夫，ラベルや包装の工夫等）を付けた製剤を開発し，他の後発品との差別化を検討する場合，法務パーソンは開発部門と付加価値部分の技術について特許取得の可能性を検討します。

⑶ 承認申請用の試験

後発品の承認申請には，規格および試験方法の設定の根拠となる実測試験および安定性試験を行う必要がある他，生物学的同等性試験を行う必要があります（「後発医薬品の生物学的同等性試験ガイドライン」（平成24年2月29日薬食審査発0229第10号）を参照）。生物学的同等性試験の実施については，先発品の治験と同様に定型的な治験実施契約を医療機関との間で締結します。

⑷ 共同開発

後発品における共同開発の場合，開発の中心企業（開発親元企業）が製剤設計から申請データの取得までの開発業務を行い，他の共同開発参加企業（開発参加企業）は費用のみを負担し開発行為は行わない点に特色があります。開発参加企業は，共同開発契約書等を提出することにより開発親元企業が提出した申請データ等を利用することができます（平成26年11月21日薬食審査発1121第12号）。

共同開発契約は，開発親元企業が各開発参加企業と各々締結することになりますが，通常，開発親元企業のひな型に基づいて条件を揃えることになります。開発親元企業としては，開発参加企業からの製造受託も含めて開発費を算出しているため，申請データ等の利用は，開発親元企業に製造を委託する限りにおいて利用できる旨を契約において定めることが多いです。

3．承認申請―薬価収載に係る特許の取扱い

(1)　承認申請

先発品メーカーより提出される医薬品特許情報報告票に基づき，厚労省より承認申請した後発品メーカーに対して物質特許，用途特許につき照会が行われます。法務パーソンとしては，無効審判を提起している場合等には薬事部門と連携してその状況等を厚労省に説明することになります。双方の情報をもとに物質特許または用途特許が存在するかが判断され，物質特許が存在する場合には，後発品は承認されません。先発品の効能・効果一部について用途特許が存在する場合，特許が存在する効能・効果については，承認はされませんが，他の効能・効果については虫食い承認（事例についてQ19参照）が認められています（平成21年6月5日医政経発第0605001号／薬食審査発第0605014号，平成6年10月4日薬審第762号）。

(2)　薬価収載

後発品の承認を取得後，薬価収載を希望する場合，特許係争（主に製剤特許，製法特許等）のおそれがある品目については，安定供給の観点から特許権者である先発品メーカーと事前に調整を行い，それぞれ厚労省へ報告しなければなりません。法務パーソンは，この事前調整のために先発品メーカーや厚労省へ提出する文書をレビューすることがあります。事前調整により，双方が合意に至らない場合でも，後発品メーカーが関連特許に抵触しないことを主張する限り厚労省では薬価収載を認めることが多いようです。ただ，先発品メーカーからの侵害訴訟，差止訴訟の可能性があることを社内関係者に周知の上，対策を検討しておく必要はあります（令和元年7月26日医政経発0726第1号）。

⑶　海外事情

米国においては，先発品メーカーと後発品メーカーの利害を調整するため，Hatch Waxman法に基づくANDAの制度があります（Q39参照）。

4．製　　造

後発品の製造においては，先発品同様にGMP省令，治験薬GMP（Q20参照），原薬GMPを遵守しなければなりません。他社と連携（Q21参照）の場面においても，製造委託の場合には，製造委託契約や品質に関する取り決めが必要となる点も同じです。なお，共同開発の場合，開発親元企業が開発参加企業から製造を受託することが多く，その場合，技術移管の問題は発生しません。

また，原薬の品切れに基づき後発品の安定供給に支障がでるケースが多いことから，原薬の供給元を複数確保するとともに，供給契約において供給中止についての事前報告や品質上の問題が発生した場合に即時の情報提供など安定供給の考慮した条件を契約上，規定しておくことも重要です。

5．プロモーション規制

後発品のプロモーションにおいては，先発品と同様に薬機法上の広告規制，業界団体による自主規制，販売情報ガイドライン等を遵守する必要があります（Q25参照）。業界団体による自主規制については，後発品を専業とするメーカーの場合，GE薬協のコード・オブ・プラクティスがあります。

6．医療従事者・公務員との関わり

後発品ビジネスにおいても，国立・公立の病院の医療従事者へのプロモーション，国立大学の教授への講演会の講師依頼，国立大学の教授との共同開発等，さまざまな場面において，医療従事者や公務員との関わりがあります。先発品メーカーと同様，医療従事者との関わりに関して公競規（Q28参照），公務員との関わりに関して刑法の贈収賄規定や国家公務員倫理規程等の規制を受けます（Q29参照）。

7．製造販売後の安全管理

後発品においても先発品と同様に，GVP省令に基づき副作用情報などの安全性情報の収集と管理に関する規制を受け，社内体制を構築しなければなりません（Q33参照）。

GPSPに基づく製造販売後調査については，後発品が先発品の再審査により有効性と安全性が検証されているため，先発品に義務付けられている使用成績調査が通常は義務付けられていません（Q34参照）。

《参考文献等》

- 井上信喜『ジェネリック医薬品の現場実学マーケティング』（メディカルレビュー社，2013）
- アンダーソン

 Q39 法的紛争

医薬品ビジネスにおける法的紛争にはどのようなものがありますか。

A

医薬品ビジネスにおける主な法的紛争として，特許に関する紛争，企業間の提携契約に関する紛争，製造物責任訴訟，治験の健康被害に関する紛争が挙げられます。各紛争類型のポイントを理解し，日々の業務において対応策を取っておくことが必要です。

1．特許に関する紛争

多くの場合単一の物質特許によって製品の主要知的財産がカバーされるという医薬品の特性上，医薬品ビジネスでは一つの特許紛争の帰趨が大きな影響を与えかねません。そのため，特許紛争での攻防は生命線ともいえるほど重要です。特許紛争が生じる多くの場面は，後発品の参入時です。後発品の早期市場参入は社会全体の医療費削減に資するものですが，発売後に特許紛争が生じると医薬品の安定供給を害するおそれがあることから，厚労省により，事前に先発品メーカーと後発品メーカー間で調整を行うこと（いわゆる事前調整）が要請されています（令和元年7月26日医政経発0726第1号，Q16，38参照）。この調整がつかない場合や，後発品メーカーが製造販売承認取得や薬価基準への収載のために積極的に既存特許の有効性を争う場合には，特許に関する法的紛争に発展します。ここでは特許紛争の実務にあたる場合や提携契約等に規定する特許紛争対応条項を立案・交渉する際に背景知識として必要な基本的制度について紹介します（具体的な特許紛争事例についてはQ19参照）。

(1) 特許権者（先発品メーカー）の取りうる法的手段

後発品が自社の特許権を侵害していると判断した場合，特許権侵害行為の差止請求訴訟（特許法100条）を提起し，後発品の製造販売行為の差止めと特許法100条2項に基づき当該後発品の在庫の廃棄を請求します。

加えて，先発品メーカーとしては早急に後発品の製造販売行為を差し止めるために，差止めの仮処分命令の申立て（民事保全法23条2項）も検討すべきです。

たとえ特許権者が本案で勝訴したとしても，本案の第1審判決が出るまでに既に後発品が上市され普及していると，実質的に先発品ビジネスを守る結果につながらない可能性があるためです。

また，後発品メーカーが既に後発品の上市に踏み切っている場合には，差止請求や仮処分命令ではカバーされない損害を回復するため，損害賠償請求（民法709条）をすることも考えられます。係争中に特許権存続期間が満了してしまった場合でも，これによって一定の損害の回復が可能です。

(2) 後発品メーカーが取りうる法的手段

後発品メーカーは，特許無効審判請求（特許法123条）により，自社の発売しようとする製品が抵触すると主張されうる先発品メーカーの特許を予め無効とすることで，製造販売承認の取得や薬価基準への収載をスムーズに行うことができます。また，問題となっている特許が無効となった場合だけでなく，当該特許請求の範囲が広範だとして減縮された場合においても，後発品メーカーにとっては先発品メーカーの特許を回避して後発品を上市できる可能性が広がるため，有効な手段といえます。

この他，後発品の製造販売承認の申請を行う前に，申請予定である後発品が先発品メーカーの特許を侵害しないことを確認する，特許権侵害に基づく差止請求権の債務不存在確認訴訟を提起することもできます。

(3) 米国ANDA訴訟

特に先発品メーカーの法務パーソンであれば，米国の特許紛争制度の概要を理解しておくことも必要です。米国では，後発品の早期市場参入と先発品メーカーの特許権の保護の利益調整を目的として，The Drug Price Competition and Patent Term Restoration Act of 1984（通称「Hatch-Waxman法」）の下，後発品の簡易新薬申請（Abbreviated New Drug Application（ANDA））と特許訴訟が結びつけられた独特の制度が設けられています。【図表2－15】に示すとおり，後発品メーカーからパラグラフⅣ証明を含むANDA申請が行われた場合，特許権者はわずか45日以内に提訴しなければなりません。そのため，先発品メーカーはANDA申請が当然行われることを想定して事前に訴訟対応を準備します。ANDA訴訟で先発品メーカーが勝訴した場合，後発品の承認は特許期間満了時まで遅らされ，逆に敗訴した場合にはその時点で後発品が承

【図表２－15】ANDA制度の概略

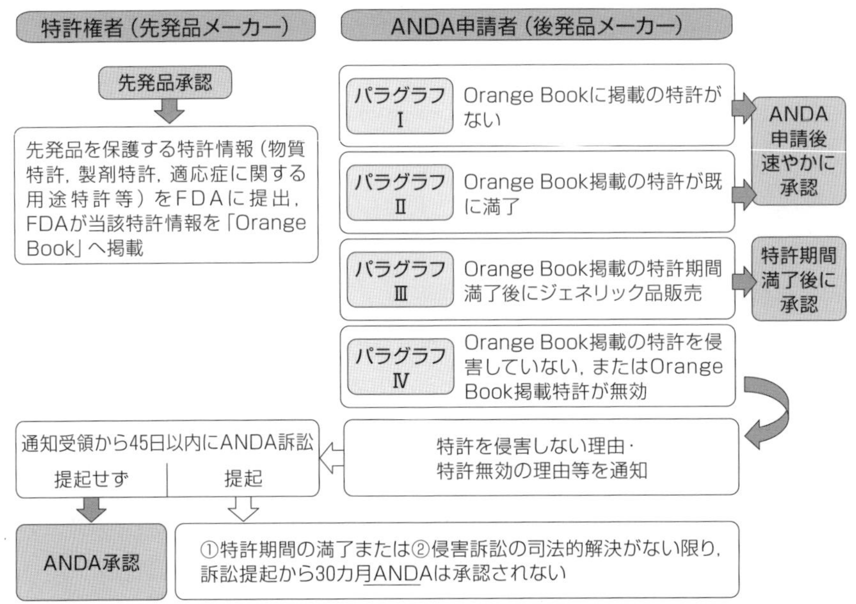

認されます。訴訟提起後判決が出ないまま30カ月が経過する場合には，後発品メーカーは損害賠償のリスクを負って後発品を上市しうるため，先発品メーカーとしては製造販売行為の仮差止めを申し立てます。

Hatch-Waxman法では，最初にパラグラフⅣ証明を含むANDA申請を行った後発品メーカーに対してANDA申請承認後180日間の独占販売権を付与するというインセンティブを与えることで，制度の活用を推進しています。後発品への切り替えが迅速な米国市場においてこの独占期間は非常に魅力的です。

なお詳細は割愛しますが，先発品メーカーが後発品メーカーに対価を支払う代わりに後発品メーカーが後発品の上市を遅らせることを内容とする和解（リバースペイメント）と反トラスト法違反の議論についても併せて理解しておくことが有用です（F.T.C. v. Actavis, Inc., 570 U.S. 136（2013），アンダーソン172～177頁参照）。

２．提携契約に関する紛争

医薬品のライフサイクル（Q16）は長期間に及ぶことから，提携契約締結後に，契約時には想定していなかった事情の発生，予測と現状との乖離，もしくは経済状況や他のパイプラインとの影響等を受けての戦略の変化が生じることも珍しくありません。それに伴い，一方当事者による契約内容の変更や関係解消というニーズも生じます。さらに，契約上解釈の余地がある文言があった場合には，長い年月を経て契約当時の両者の意思も不明確となり，その解釈をめぐって法的紛争が生じうるため契約の文言には一層の注意が必要です。

具体的例として，ライセンス契約（Q18参照）や共同研究開発契約では，ロイヤルティ支払義務の内容・期間，開発費の負担義務，競合避止義務，合理的な開発義務を尽くしたか否か，知的財産の契約外での使用などをめぐって争われる場合があります。また，コ・プロモーションやコ・マーケティング契約（Q23参照）では，一方当事者が期待していた効果が見られないと判断し提携を解消した場合に高額な損害賠償請求に発展することがあります。

提携相手との間で紛争が生じると，解決に多大な費用と労力を要するだけでなく，医薬品の開発や情報提供活動が中断されたり，供給に不安が生じたりと，最終的に医療現場に対しても悪影響を及ぼすおそれがあります。医薬品メーカーの法務パーソンとしては，医薬品ビジネスの使命に鑑みて，将来の紛争の種を減らすべく，長期的視野でさまざまな可能性を留意して柔軟性を持たせつつ，可能な限り明確かつ漏れのない契約書を作成することが肝要です。また契約締結後も，自社のビジネス戦略に沿った契約解釈を導く立場で社内外の関連文書を作成するように意識することが重要です。

3．製造物責任（PL）訴訟

医薬品は元来人体にとって異物であり副作用が避けられないものであることや万人にとって有効とは限らないという特性があります。そのため，医薬品の場合「副作用の存在から直ちに欠陥の存在が認められるものではなく，効能・効果との関係（有用性の有無，程度）や副作用についての指示・警告の内容も総合して，その欠陥の有無が判断されるべきもの」（判タ1390号 147頁【判例紹介】平25・4・12第三小法廷判決解説）です。また，医療用医薬品は，医師の処方によって初めて使用されることから，専門知識を有する医師から見て，添付文書の記載が適切な指示・警告として足りていたかという判断がなされます。この点についてはイレッサ事件・最判平成25年4月12日民集67巻4号899頁を参照してください。この他，国内ではこれまで医薬品のPL訴訟数は多くありませんが，現在HPVワクチン（子宮頸がんワクチン）のPL訴訟が係属中です。

これに対し，米国では医薬品のPL訴訟も多く，懲罰的賠償制度により賠償額も巨額になりうるため，米国で事業を展開している場合にはPL保険や訴訟対応体制の整備がさらに重要です。またディスカバリ制度により，対象の医薬品に関する米国内外の広範なデータや文書の開示が求められる上，手続に違反した場合には，重い制裁が課されます。たとえば，アクトスのPL訴訟では，合理的に訴訟が予見された場合に関連文書を確実に保全する義務に違反したと判断された武田薬品に対し，結果として60億米ドルもの懲罰的賠償を認定する評決がなされました（In Re: Actos（Pioglitazone）Products Liability Litigation, MDL Docket No. 2299, No. 11-md-2299, Terrence Allen, et al. v. Takeda Pharmaceuticals North America, Inc., et al., No. 12-64, W.D. La.，なお最終的な賠償額は裁判所により減額され，後に和解）。このようなリスクに鑑み，海外PL訴訟対応をも意識した適切な社内文書作成・管理も必要です。

4．治験の健康被害に関する紛争

ICが適切に行われていなかった場合やプロトコル違反があった場合，治験によって生じた健康被害について企業が責任を負う場合があります。これらの紛争予防のために整備しておくべき治験契約および同意文書や，治験補償についてはQ14を参照してください。

《参考文献》

- 特許紛争の法的手続に関して，アンダーソン148～165頁
- 日米の特許制度およびANDAに関して，医薬・バイオテクノロジー委員会「医薬品開発に関連した特許制度を中心とする諸制度の現状について」知財管理748号579～595頁
- 米国のディスカバリ制度に関して，土井悦生＝田邊政裕『米国ディスカバリの法と実務』（発明推進協会，2013），関戸麦編著『わかりやすい米国民事訴訟の実務』（商事法務，2018）
- 内部文書の作成管理に関して，アーヴィン・マスキン＝浦田悠一「リーガルリスク回避のための次のステップ―危険な内部文書の作成防止」NBL1040号35～42頁

第 3 章 ▶▶

医療機器

Q40　業界団体・社内外の情報収集

医療機器業界の業界団体や，社内外での情報収集手段について教えてください。

独自の公取協に加え，医機連の下，分野・業態別に多数の業界団体が存在し，各々が広告等に係る自主基準を有します。業界団体は行政・PMDAとの窓口や情報収集ハブの役割を果たしており，情報収集の観点からも重要です。

１．業界団体

(1)　医機連と医機連会員団体

医療機器業界には，中心となる業界団体として，医機連があります。医機連は，医療機器産業のプレゼンスの向上というビジョンの下，各種委員会（法制委員会を含みます）とその分科会を有し，医療機器政策への提言，医療機器の認知度向上に向けた活動および国際化の推進にあたっています。医機連は，各種セミナーや説明会を催行しているほか，医機連ジャーナル・医機連通信に加え各種刊行物を発行しているため，直接に委員会活動等に関与しない場合でも情報収集に有用です（医薬品の業界団体につきQ11参照）。

医機連では，医療機器関連企業の適正な事業活動推進のため，倫理綱領，企業行動憲章と実行の手引き，医療機器業プロモーションコード（Q46参照），透明性ガイドライン（Q47参照），既承認医療機器を用いた臨床研究に関する行動指針（Q43参照）といった自主基準を定めており，いずれも，医療機器業界全体に適用される自主基準として遵守が求められます。

医療機器業界では，その製品の多様性により利害状況や必要とされる自主規制・基準も多種多様であるため，各会員団体の活動や独自の自主基準，各会員団体を通じた情報収集も重要となります。医機連の会員団体は，取扱製品および業態に応じた業界団体（正会員）とグループ本社の所在国・地域に応じた業界団体（特別会員）からなります（関連企業は賛助会員として直接加入することもできます）。

【図表３－１】医機連会員団体一覧（正会員・特別会員）（医機連ウェブサイト，2019年９月現在）

団体名（略称）	主要取扱製品・業態
正会員	
電子情報技術産業協会（JEITA）	生体現象測定記録装置，映像検査装置，医療システム，超音波画像診断装置等
日本医用光学機器工業会（日医光）	医用内視鏡，眼科機器　眼鏡レンズ，眼鏡機器等
商工組合 日本医療機器協会（日医機協）	診察・診断用機器，ディスポーザブル用品，研究室用機器 医療機器・用具全般 コンサル等
日本医療機器工業会（日医工）	麻酔器，人工呼吸器，ペースメーカー，手術用メス等処置用機器，手術台等施設用機器等
日本医療機器テクノロジー協会（MTJAPAN）	ディスポーザブル製品（注射器・カテーテル等），人工関節，人工骨・材料，人工腎臓装置，透析器，人工心肺，人工膵臓，人工血管，人工心臓弁等
日本医療機器販売業協会（医器販協）	医療機器・医療用品販売業
日本医療機器ネットワーク協会（@MD-Net）	医療機器業界EDI，トレーサビリティー
日本医療用縫合糸協会（日縫協）	医療用縫合糸，医療用針付縫合糸，医療用縫合針等
日本衛生材料工業連合会（日衛連）	医療脱脂綿，医療ガーゼ，生理処理用タンポン，メディカル用ペーパーシーツ，救急絆創膏等
日本画像医療システム工業会（JIRA）	診断用X線装置，X線CT装置，MR装置，X線フイルム等
日本眼科医療機器協会（眼医器協）	眼科用検査器械，眼科用手術器械，眼内レンズ等
日本コンタクトレンズ協会（CL協会）	コンタクトレンズ，コンタクトレンズ用ケア用品等
日本コンドーム工業会（コンドーム工）	男性用および女性用コンドーム
日本在宅医療福祉協会（日在協）	在宅医療用具，介護機器，福祉機器等
日本歯科商工協会（歯科商工）	歯科器械，歯科材料，歯科用薬品（製造，輸入，流通事業）
日本分析機器工業会（分析工）	臨床化学自動分析装置，血液検査装置，検体検査装置等
日本ホームヘルス機器協会（ホームヘルス）	家庭用低周波治療器，家庭用電位治療器，家庭用吸入器，家庭用マッサージ器等

日本補聴器工業会（日補工）	補聴器
日本補聴器販売店協会（JHIDA）	補聴器の販売業
日本理学療法機器工業会（日理機工）	低周波治療器，温熱療法用機器，マッサージ器，牽引器等
日本臨床検査薬協会（臨薬協）	体外診断用医薬品（臨床検査薬），検体検査に用いる機器，研究用試薬，OTC検査薬等
特別会員	
米国医療機器・IVD工業会（AMDD）	米国先進医療技術工業会（AdvaMed）と連携し，主として米国にグループ本社がある医療機器・IVD企業の日本法人等60数社を代表して規制制度等に提言し，行政に対する窓口の役割を担う。
欧州ビジネス協会（EBC）医療機器・IVD委員会	EBCは，欧州商工会議所に所属する2500社を超える企業および個人会員を代表して貿易，投資環境の改善のため活動する。医療機器・IVD委員会は医療機器・体外診断用医薬品に関する産業別委員会。

上記のうち，たとえば日本コンタクトレンズ協会は，コンタクトレンズまたはケア用品の製造販売および卸売を営む事業者である正会員38社，ならびに小売事業を営む賛助会員30社で構成され，コンタクトレンズの普及に向けた活動を行っています（2019年9月現在）。同協会では，コンタクトレンズ等について，販売自主基準，広告自主基準，トライアル品の流通に関する自主基準，添付文書および表示に関する自主基準，臨床評価に関する考え方等の自主基準を策定しているほか，厚労省やPMDAとの窓口として，表示や販売に関する情報の取りまとめや政策提言を行っています。

(2)　医療機器公取協

医療機器公競規の管理・運用を通じ，医療機器の取引の公正で自由な競争秩序と正常な商慣習を確立するため，業界団体として医療機器公取協が設立されています（公取協および公競規の法的性質についてQ11，医療機器公競規の内容についてQ47参照）。医機連正会員中12団体が団体会員として加盟しているほか，薬機法上の製造，製造販売，販売・貸与，修理の各事業者は個別会員として加盟できます。

医療機器公取協は，医療機器公競規の徹底のため，運用基準の策定や刊行物の発行，違反に関する事実調査・措置，各種研修の開催，関連官公庁との窓口といった活動を行っています。また，「規約インストラクター」資格の認定事業を行っており，研修と試験を受けて合格することで，規約インストラクターとして，会員専用サイトにアクセスして以下の情報を得ることができます。

- 公取協相談回答速報：実際に生じた問題に関する，医療機器公取協による医療機器公競規・各運用基準の解釈
- 公取協NEWS：医療機器公取協の動向や医療機器公競規・各運用基準の解説および諸連絡
- 会員向け通知集：医療機器公競規・各運用基準に関連した会員向け通知
- イベント情報：医療機器公競規やその他規制に関するセミナーの案内

(3)　業界団体の適法な会合運営

医療機器は，医薬品と異なり薬価のような価格拘束がないものが多く，また，流通が多様かつ複雑であるという特徴があるため，医薬品業界以上に会合運営における競争法規遵守が重要となります。そのため，医薬品業界同様，各業界団体はそれぞれにコンプライアンスガイドラインや規則を定め，会合における議題の制限や遵守すべき手続の規定を行っています（医薬品業界についてQ11参照）。

製薬協「日本製薬工業協会の会合における適正な競争に関するガイドライン」等と異なり，医療機器業界では，それぞれの各業界団体のガイドライン・規則において会合における弁護士の関与が明示的に規定されたものは見当たりません。しかし，実務上は，競争法規の確実な遵守を担保するため，会合に弁護士（社内弁護士を含みます）を同席させ，遵守事項の読み上げ，会合の進行の監視・監督，遵守事項に関し違反がなかったことを確認した旨の宣言等を行わせ，議事録にそれを記録することが考えられます。

2．情報収集手段

(1)　社内での情報収集

医薬品メーカーの場合と同様，医療機器メーカーにおいても，社内には，薬事部門，品質保証部門，製品品質調査部門，臨床開発部門，広報部門，マーケ

ティング部門といった，法務の業務に関連する各種部門があり，それぞれが専門家を擁しています。これらの各部門の専門家は，それぞれの担当する業務において，規制当局の担当部署や業界団体との長年のやりとりを通して知識・経験を蓄積しているほか，同業他社の施策や先例についても情報を把握していることがあり，外部専門家や公刊物から得られない情報の収集先となります（ただし独禁法等の競争法規に留意を要します（Q48参照））。そのため，各部門が医療機器ビジネスおよびGXPのどの部分を担当しているか，どのような業務を行っているか把握し，必要に応じ協働することが重要です（医薬品メーカーについてQ12参照）。

(2)　社外での情報収集

法務パーソンに必要とされる情報は，医薬品業界と共通する場合が多く（たとえば薬機法や臨床研究法の改正，リアルワールドデータ（研究の枠組み以外の実際の医療で得られた実臨床データ）の利活用等），医法研やJILAを含む各種医薬法務関連団体には医療機器業界からの参加も認められているため，社外団体を通じた情報収集やネットワーキングについては基本的に医薬品と共通しています（Q12参照）。

また，業界紙やウェブサイトについても，たとえば薬事日報，日経メディカルオンラインおよびRISFAXには医療機器に関する記事も掲載されており，テーマもある程度医薬品業界と共通しています（Q12参照）。医療機器業界の専門誌としては，医理産業新聞および保健産業事報に加え各医療機器分野の専門誌（眼鏡新聞等）があり，ウェブサイトとしては日経デジタルヘルスやMedtech Insight等があります。これらから，医療機器業界の動向情報，医療機器の承認等情報，医療機器関連団体の動静，新医療機器や新技術の情報といった，医療機器業界に特化した情報を得ることができます。

医薬品同様，規制当局・業界団体に対する事実上の問い合わせ（照会）・相談も情報収集手段として無視できませんが，それらに加え，厚労省の法令適用事前確認手続，医療系ベンチャートータルサポート事業および産業競争力強化法に基づくグレーゾーン解消制度ならびに医療機器開発支援ネットワークおよびAMEDの各種支援等も，社外からの情報収集手段として有用です。

Q41 薬機法による医療機器規制の概観

薬機法による医療機器の規制にはどのような特色がありますか。

A

医療機器はその多様性を踏まえ，一般的名称を単位として分類されており，分類に応じ製造販売，販売・貸与，製品ごとの認可手続等の規制が異なります。また，トラッキング制度や修理業等特有の概念に留意を要します。

1．薬機法の規制枠組み

旧薬事法は，平成25年11月改正（平成26年11月25日施行）によって名称変更し，薬機法となりました。法律の名称に表れているように，薬機法は，医療機器を正面から対象とするものとなりました。

医療機器の規制枠組は依然原則として医薬品に関する規制とパラレルです（Q2参照。なお，薬機法を含む薬事関連法規では，「医薬品等」に医療機器を含むものが多いため，定義規定を確認し，医療機器への適用の有無を確認することが重要です）。しかし，医療機器は，コンタクトレンズからペースメーカー，MRIに至るまで多種多様であること，絶え間ない継続的な改善・改良が行われること，市販後に変更を繰り返すこと，使用者の技量により有効性が左右されること，といった特性を有しています。これらの特性を踏まえ，薬機法では，医療機器の製造販売業・製造業等について，他の医薬品等（医薬品，医薬部外品および化粧品）と異なる章が設けられ，医療機器の特性を踏まえた製造販売や流通にかかる規制がなされるようになりました（同法第５章・QMS省令，Q43，45，48参照）。また，医薬品と異なり貸与や修理が観念できることから，貸与業および修理業にかかる規制もなされています（同法第７章第２節，Q48，49参照）。そして，継続的な改善・改良のため，医療機器では，製造販売後の安全管理のための使用成績調査や安全確保措置（リコール等）が一層重要となります（Q50参照）。

なお，体外診断用医薬品（専ら疾病の診断に使用されることが目的とされている医薬品のうち，人または動物の身体に直接使用されることのないものをいいます（同法２条14項））は，医療機器と明確に区別されているものの，医療機器との類似性に鑑み医療機器に準じた規制がなされています。

２．医療機器の分類と認可手続

(1)　一般的名称

医療機器の多様性に鑑み，すべての医療機器は一般的名称（JMDN：Japanese Medical Device Nomenclature）が付与されています（平成16年７月20日薬食発第0720022号）。一般的名称を単位として，①リスクに基づく法律上の分類（一般医療機器，管理医療機器および高度管理医療機器）およびクラス分類（クラスⅠ～Ⅳ），②保守点検，修理その他の管理に専門的な知識・技能を要するかの観点からの分類（特定保守管理医療機器および設置管理医療機器），および③トラッキング制度（後記３(2)）の対象となる特定医療機器などの多様な分類がなされています。医療機器に関する規制を検討するにあたっては，PMDAの「医療機器基準データベースシステム」等を参照し，該当する一般的名称とその分類を確認することが重要になります（その前提として，医療機器該当性の判断が重要です（Q42参照））。

なお，適切に対応した一般的名称がない場合，承認等申請と同時に当該医療機器の新たな一般的名称案等（定義変更案を含む）をPMDAに提出することになります（平成26年11月25日薬食機参発1125第26号）。

【図表３－２】クラス別分類等による一般的名称数（令和元年８月末現在）

		合計	一般的名称数		
			特定保守管理医療機器以外（内プログラム）	特定保守管理医療機器	内設置管理医療機器
一般医療機器	クラスⅠ	1,206	1,021(n/a)	185	50
管理医療機器	クラスⅡ	1,985	1,288(161)	697	124
高度管理医療機器	クラスⅢ	796	508(12)	288	70
	クラスⅣ	365	314(0)	51	2
計		4,352	3,131(173)	1,221	246

(2)　リスクによるクラス分類と法律上の３分類

医療機器は，一般的名称ごとにクラス分類（クラスⅠ～Ⅳ）が設定されています。クラス分類は，副作用または機能の障害が生じた場合の生命・健康へのリスクの程度に応じて，医療機器規制国際整合化会議（GHTF）が策定した「医療機器のクラス分類の原則」に原則として準拠したものであり，クラスⅠが「一般医療機器」（薬機法２条７項），クラスⅡが「管理医療機器」（同条６項），クラスⅢとクラスⅣが「高度管理医療機器」（同条５項）として薬機法上規定されています。これらの分類は医療機器規制の基本になっており，原則的には，次の【図表３－３】のように分類に対応して，製造・販売にかかる業規制や製品に対する規制が規定されています（Q43，45，48参照）。

【図表３－３】分類別の規制概要

分類		製造販売業			販売業・貸与業	製品の認可手続	QMS調査（注１）
クラス	法規定	許可業態	許可要件				
			QMS体制省令	GVP省令			
Ⅰ	一般	第三種	一部除外	一部除外	手続なし（注２）	届出	一部対象外
Ⅱ	管理	第二種	適用	一部除外	届出（注２）	承認／認証	対象
Ⅲ	高度管理	第一種	適用	適用	許可	承認／認証	対象
Ⅳ						承認	

（注１）　ＱＭＳ省令への適合性に係る調査をいいます（Q45参照）。
（注２）　クラスⅠおよびⅡであっても，特定保守管理医療機器を販売等する者は，販売業・貸与業の許可が必要となります。

(3)　認可手続

製造販売業者が医療機器を製造販売するためには，その製品が医療機器としての適格性を有するかについて，医療機器の分類に応じた認可手続を経る必要があります（【図表３－３】参照）。①製造販売承認は，申請書面に基づきPMDAが審査・厚生労働大臣が承認，②製造販売認証は，申請書面に基づき認証基準への適合を登録認証機関が審査・認証，③製造販売届出は，一般医療機器（新医療機器を除く）の有効性・安全性について製造販売業者が自己担保し，PMDAに届け出ます。

3．医療機器特有の制度

⑴　特定保守管理医療機器・設置管理医療機器

医療機器のうち，保守点検，修理その他の管理に専門的な知識および技能を必要とすることからその適切な管理が行われなければ疾病の診断，治療または予防に重大な影響を与えるおそれがあるものは，前述の分類のほかに，「特定保守管理医療機器」に指定されます（薬機法2条8項，平成16年7月20日厚労省告示第297号）。また，特定保守管理医療機器のうち，その設置にあたって組み立てが必要であり，保健衛生上の危害の発生を防止するために，その組み立てについて管理が必要なものは「設置管理医療機器」に指定されます（同法施行規則114条の55第1項，平成16年9月14日厚労省告示第335号）。

製造販売業者は，高度管理医療機器または特定保守管理医療機器を譲り受けまたは販売等した場合には，トレーサビリティ確保のための記録義務があります（同法施行規則114条の83・173条1項）。また，設置管理医療機器の製造販売業者は，製造販売に際して設置管理基準書の作成・交付義務があり（同法施行規則114条の55第1項・2項），法的紛争においては，双方の義務内容を確定するため，その記載内容が重要となります。

⑵　特定医療機器とトラッキング制度

体内に埋め込まれて使用される医療機器であって，不具合の発生により人の健康に重大な影響を与えるおそれがあることから，保健衛生上の危害の発生，拡大の防止のためにその所在が把握されている必要があるものは，「特定医療機器」に指定されています（薬機法68条の5第1項，平成26年11月25日厚労省告示第448号）。

特定医療機器については，その指定の趣旨を踏まえトラッキング制度が置かれています。製造販売業者は，医療関係者からの情報提供を受け，特定医療機器の使用対象者について，氏名・住所等や埋込の詳細にかかる情報を記録・保存しなくてはならず，記録・保存業務の委託先があればその届出義務も負います（同法68条の5各項，同法施行規則228条の11〜228条の14。Q50参照）。

(3) 修理業

業として医療機器を修理するためには，事業所ごとに修理業許可を受けた上で，修理責任技術者を設置し各種遵守事項に従わなくてはなりません（薬機法40条の２～40条の４，同法施行規則180条～196条）。ただし，保守点検は修理に含まれない他，その医療機器の製造業者は，修理業許可を受けることなく自社製造の医療機器を修理できるとされています（修理業全般につきQ49参照）。

《参考文献等》

医療機器に関する薬機法上の規制対応は，多くの会社で主に薬事部門が薬事業務として所管しているため，薬事業務に関する書籍の記載が充実しています。

たとえば，小泉和夫『医療機器の薬事業務解説』（薬事日報社，2017）は規制側の観点から要点を絞った記述がなされており，法務パーソンとして規制の全体像を把握するのに適しています。

Q42　医療機器該当性

医療機器にはどのようなものがありますか。医療機器に該当するかどうかは，どのような判断すればよいですか。

医療機器には，人，動物用のさまざまな機械器具，歯科材料，医療用品，衛生用品，プログラム，記録媒体等があり，その使用対象，目的，物の類型や標ぼうする内容等により医療機器に該当するかを判断します。

1．医療機器とは

医療機器には医療機器特有の規制が適用されることは既に述べました（Q41参照）。では，そもそもこのような規制に服する「医療機器」とはどのようなものなのでしょうか。

(1)　医療機器該当性が問題になる場面

医療機器の該当性はしばしば，「自社で開発中のA製品は医療機器に該当するのか」，「既に販売中のB製品は医療機器なのに承認を取っていないようだ。未承認医療機器の広告（薬機法68条違反）となるのではないか」，「外国の会社からC製品を輸入して販売することとなったが，どのような法規制がかかるのだろうか」等といった形で法務パーソンの検討事項となります。

製品が「医療機器」に該当すると，他の製品とは異なり，薬機法の規制の対象となり，研究，開発，設計，薬事申請，製造，販売，輸入，輸出，表示，広告等，あらゆる局面において遵守する必要のあるルールが異なってくるため，事業における戦略も全く別のものになりえます。また，その「医療機器」の分類よっても規制の程度が大きく異なりえます（Q41参照）。そのため，規制の入り口となる「医療機器」の該当性およびその分類の判断を正確に行うことは極めて重要です。

医療機器該当性を判断する局面に遭遇した場合には，製品の使用者，使用目的，使用方法，使用対象，外形，使われる技術，類似製品の有無と内容，どのようにその製品を販売，表示，広告していきたいか，等の詳細を確認します。

そして，以下で述べる「医療機器」の定義の該当性への判断を行います。明確な理由をもって医療機器への該当性を判断できない場合には（法律的な知識だけではこのような判断ができないケースも多いです），社内の薬事部等この種のノウハウを有する部門と相談したり，外部のアドバイザーやPMDA・都道府県等の監督官庁に確認するという対応をとります。

(2) 薬機法上の医療機器の定義

医療機器該当性の検討にあたり，まずは法律上の定義を確認しましょう。

薬機法上，「医療機器」とは，「人若しくは動物の疾病の診断，治療若しくは予防に使用されること，又は人若しくは動物の身体の構造若しくは機能に影響を及ぼすことが目的とされている機械器具等（再生医療等製品を除く。）であつて，政令で定めるものをいう」と定義されています（２条４項）。定義内の「機械器具等」とは，「機械器具，歯科材料，医療用品，衛生用品並びにプログラム……及びこれを記録した記録媒体」を指します（同条１項２号）。また，「政令」とは，同法施行令を指し，その１条で「医療機器は，別表第一のとおりとする」と規定され，別表第１に医療機器の類別名が定められています。

医療機器の定義を要素ごとに分解して図示したものが【図表３－４】です。

【図表３－４】医療機器の定義

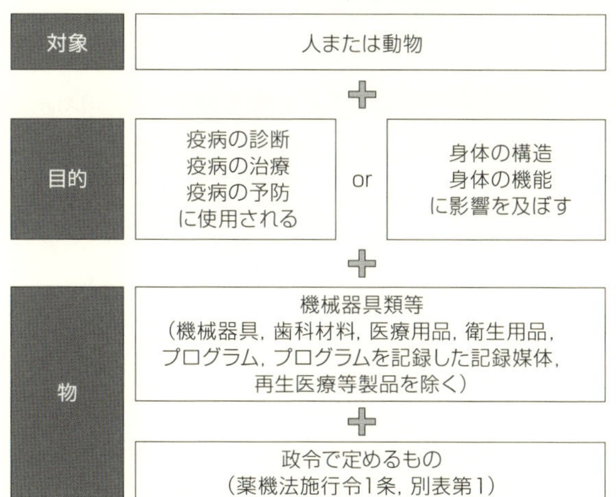

これらの要素を１つずつみていきましょう。

①　人用医療機器と動物用医療機器

医療機器には，人用に使用される「人用医療機器」のほか，ペットや家畜等の動物に使用されるいわゆる「動物用医療機器」が含まれます。使用対象は人または動物（魚も含まれます）であり，たとえば植物や鉱物等を対象とするものは薬機法上の「医療機器」に含まれません。

人用医療機器は厚労省が管轄していますが，動物用医療機器は農水省が管轄しています（同法83条（動物用医薬品等の読替規定）参照)。動物用医療機器は，高度管理医療機器，管理医療機器および一般医療機器の分類が人用医療機器と一致していない場合があり，また，規制内容も人用医療機器と異なる場合がある点に注意が必要です。なお，動物用として承認等を受けていない人用医療機器を，動物用医療機器として能動的に獣医師等に広告・販売等することは禁止されています。

②　目　　的

「人若しくは動物の疾病の診断，治療若しくは予防に使用されること，又は人若しくは動物の身体の構造若しくは機能に影響を及ぼすことが目的とされてい」ない場合には，医療機器には該当しません。たとえば，同じハサミであっても，手術用に使用されるハサミの場合には医療機器（具体的には同法施行令別表第1の35の「医療用はさみ」）として同法の適用を受ける一方で，文房具や美容院で使われるハサミはいわゆる雑貨となり同法の適用を受けません。また，健康，福祉，介護等の目的で使われる健康機器，福祉機器，介護機器等や，一般的な計測目的で使われる体重計，液体分析計等の計測，検査関連機器は，医療機器と見た目や構造や製造に用いられる技術が同じであっても，同法上の「医療機器」には該当せず，同法の適用を受けません。

このように，医療機器には周辺領域があり，医療機器該当性の判断を時として難しくしています。

医療機器該当性の判断にあたり重要な「目的」は，外形だけからは判断ができず，製品の性能，対象や使用方法の表示，広告（何を標ぼうするか）により判断されます。一定の標ぼうをすると医療機器に該当してしまうのに，認識せずに（そのため承認等を取得せずに）そのような標ぼうを行い，未承認医療機器の広告（なお，医療機器の広告規制についてはQ46を参照）として行政処分を受けるケースもみられます。

③　政令で定めるもの

医療機器該当性の判断にあたり，上記の「目的」に加え，「機械器具，歯科材料，医療用品，衛生用品並びにプログラム及びこれを記録した記録媒体」であって，薬機法施行令別表第１に定めるものにあたるかを検討する必要があります。たとえば，コンタクトレンズは，もともとは別表第１に掲載されていませんでしたが，規制の必要性から平成17年に別表第１に追加され，医療機器として同法の規制を受けるようになりました。このように，時代に応じて，別表第１に掲載される機器等は変化することから，常に最新の情報を確認する必要があります。

なお，プログラムについては，平成26年11月25日施行の改正薬事法で，単体のプログラム（ソフトウェア）が医療機器として追加されました（プログラムの医療機器への該当性判断基準等はQ44を参照）。

２．医療機器と外国の医療機器

医療機器には法律上の分類とクラス分類がありそれぞれ規制が異なるのは既に述べたとおりです（Q41参照）が，日本法上の医療機器の定義，クラス分類と，外国法上のそれらが必ずしも一対一に対応しない点には留意が必要です。たとえば，米国では，連邦食品医薬品化粧品法（FDCA：Federal Food, Drug and Cosmetic Act）等のルールが，EUでは医療機器指令（MDD：Medical Device Directive）（なお，MDDは2020年５月26日から医療機器規則（MDR：Medical Device Regulations）に移行）等のルールがあります。海外の企業から「クラスⅠの医療機器」として説明を受けた製品が，日本法上も「クラスⅠの医療機器」に分類されると単純に考えるるのではなく，日本法に照らし，医療機器該当性と分類を検討することが求められます。

《参考文献等》

- 宇喜多義敬監修『図解で学ぶ医療機器業界参入の必要知識〔第２版〕』（じほう，2017）
- 『動物用医薬品等製造販売指針2018年版』（日本動物用医薬品協会，2018）

Q43 研究・開発

医療機器の研究や開発の特色について教えてください。

医療機器該当性や治験の要否，臨床研究法の適用の有無等の判断が必要となる場合があります。開発した製品に他社の知的財産権が含まれる場合には，他社からライセンスを受ける必要があり，クロスライセンスも広く用いられています。

１．医療機器の研究・開発の特殊性

医療機器は，医療現場の具体的なニーズが開発の源泉となるため，医師の提案による改良発明が多いという特色があります。また，短期間で新製品・改良品が発売されることが多く，製品のライフサイクルが短いため，開発コストを回収できる期間が短く，開発に時間や費用をかけることができません。その一方で，医療機器についても多くの規制があり，新製品・改良品が発案された後，構想段階，研究そして製造まで，医療機器に関する諸規制を遵守しなければなりません。開発の段階ごとに設計・試作・検証・審査等の確認を受けながら進められ，非臨床試験や治験を実施し有効性と安全性を確認後，製造販売の承認，認証または届出を行い，製造販売に至ります。

したがって，医療機器の開発においては，開発にどのような規制がかかり，どの程度時間や費用がかかるかという点は，医療機器メーカーにとってその医療機器の開発を進めるかを左右する大きな問題となります。開発の時間的・資金的コストを把握するために，まず，製品がそもそも「医療機器」に該当するか（Q42参照），医療機器の製造販売について承認を得るにあたり治験が必要となるか（後述２），実施する調査や研究が臨床研究法の対象になるか（後述３）という点を検討する必要があります。また，開発製品に他社の特許権が含まれる場合にはライセンスの取得を検討する必要があることにも留意が必要です（後述４）。

2．治験の要否

治験とは，医療機器の製造販売について承認を得るにあたり必要な臨床試験データの収集を目的とする試験をいいます（Q14参照）。医療機器は不具合が生じた場合のリスクの程度に応じてクラス分類がされており（Q41参照），医療機器の製造販売を行うためには，クラスⅠは届出，クラスⅡとクラスⅢのうち厚生労働大臣が認証基準を定めて指定するものについては第三者の民間登録認証機関による認証，その他のクラスⅡとクラスⅢおよびクラスⅣは薬機法に基づく承認が必要となります。

一方，医療機器は，新規性の程度による製造販売の承認申請区分によって，「新医療機器」，「改良医療機器」，「後発医療機器」に分類されます。新医療機器とは，既承認医療機器と構造，使用方法，効能，効果または性能が明らかに異なる医療機器をいい，後発医療機器とは，既承認医療機器と構造，使用方法，効果および性能が実質的に同等であるものをいい，改良医療機器とは，いずれにも該当しないものをいいます（「医療機器の製造販売承認申請について」（平成26年11月20日薬食発1120第５号））。薬機法に基づく承認が必要な医療機器のうち，新医療機器と一部の改良医療機器について，医療機器の臨床的な有効性および安全性が，性能試験，動物試験等の非臨床試験成績または既存の文献等のみによっては評価できない場合に治験の実施が必要となります（「医療機器に関する臨床試験データの必要な範囲等について」（平成20年８月４日薬食機発第0804001号））。具体的には，医療機器の開発コンセプト，臨床的位置付け，既承認の類似医療機器との差分，概念的要求事項（医療機器の有効性・安全性を評価する上で必要な評価項目）の検討を踏まえ，性能試験，動物試験等の非臨床試験成績または既存臨床データ，文献等をもとに総合的に臨床評価を行い，治験でなければ評価できないことが未評価のまま残る場合には新たな治験の実施が必要となります（「医療機器の迅速かつ的確な承認及び開発のための治験ガイダンス」（平成29年３月）参照）。

医療機器はライフサイクルが短いため，多くの時間と費用を要する治験の要否は医療機器メーカーにとって重要な問題です。必要に応じてPMDAの相談制度を活用することも考えられます。

３．臨床研究法の適用の有無

臨床研究法の制定経緯と概要については，Q4を参照してください。同法の規制対象となる「臨床研究」とは，医薬品等（同法２条３項により定義される）を人に対して用いる（医行為に該当するものに限る）ことにより，当該医薬品等の有効性または安全性を明らかにする研究と定義されています（同条１項）。たとえば，医療機器の操作性等の単純な使い勝手や使用感について個別に意見を求める場合は，有効性・安全性を明らかにする目的で行われる研究ではないので臨床研究法の適用範囲外となります。

また，①研究の目的で検査，投薬その他の診断または治療のための医療行為の有無および程度を制御することなく，患者のために最も適切な医療を提供した結果としての診療情報または試料を利用する研究（観察研究）や，②薬機法に基づいてGCP省令等の遵守が義務付けられている試験は，明文で臨床研究の範囲から除外されています（臨床研究法施行規則２条各号）。①の観察研究については，医療機器の種類や使用条件の指定により医療行為を「制御」する場合や，複数の医療機器を比較する目的で実施する場合は，これに該当しません。医薬品等を使用して患者のために最も適切な医療を提供した後，当該医薬品等の有効性または安全性を明らかにする目的で追加の検査を行う場合であっても，当該検査が，患者の身体および精神に生じる障害および負担が小さいもの（軽微な侵襲）である場合には，観察研究に該当すると考えられます（厚労省医政局研究開発振興課「臨床研究法の施行等に関するQ&Aについて（その４）」（平成30年７月30日事務連絡）問59）。なお，観察研究には医学系指針の適用があることに注意が必要です。②に該当する場合としては，医薬品等の再審査，再評価，使用成績評価のために行われる製造販売後臨床試験，生物学的同等性を確認する治験等が挙げられます。

臨床研究法の適用がある場合，臨床研究の実施基準の遵守等の規制がかかります。特に医薬品等製造販売業者またはその子会社から研究資金等の提供を受けて実施する場合や，未承認または適応外の医薬品等を用いる場合には，「特定臨床研究」に該当し，臨床研究法上さらなる規制の対象となります（Q4参照）。

臨床研究の該当性の具体的な判断にあたっては，厚労省の事務連絡「臨床研究法の施行等に関するQ&Aについて」および「臨床研究法の対象となる臨床研究等の事例集について」が参考になります。

4．知的財産権

医療機器は多数の要素技術で成り立っていることが多く，関連する特許の数が多いので，医療機器の開発にあたって，他社の特許をどのように利用するかは重要となります。

他社が保有する特許発明を実施したい場合，ライセンスを受ける必要がありますが，他社も技術を独占したいため片面的にライセンスを受けることは難しいことが多いです。もっとも，医療機器は，特定の技術分野につき競合他社がそれぞれ特許を持っていることが多いので，自社が持っている特許権についてはライセンサーとなり，相手方が持っている特許権についてはライセンシーとなるというクロスライセンスの形態が広く活用されています。クロスライセンスの場合，相互に提供しあう特許の数や価値に応じて，いずれの当事者がライセンス料を支払うか，または相互に無償とするかが決まります。もっとも，クロスライセンスを行う事業者が製品市場において占める合算シェアが高い場合に，他の事業者へのライセンスを行わないことを共同で取り決める行為等は，当該製品の取引分野における競争を実質的に制限する場合には，不当な取引制限に該当し，独禁法上問題となるので注意が必要です（「知的財産の利用に関する独占禁止法上の指針」（平成28年１月21日改正））。

なお，医療現場のニーズが開発の源泉となることが多いことから，医師や所属機関との間で，特許権の帰属につき事前の協議が必要となる場合があります（Q56，59参照）。

《参考文献》

- アンダーソン17～20頁，60～70頁
- 菊地眞監修『医療機器開発ガイド』（じほう，2016）

Q44　ヘルスケアサービスアプリ

当社は生活習慣病患者やその予備軍の方を対象とする健康管理アプリを開発しています。ユーザーが蓄積した各種健康情報を分析して，予防や治療のためのアドバイスをします。かかりつけ医と遠隔でやりとりする機能もあります。どのような点に注意する必要がありますか。

医療機器に該当するかによって，その開発コスト・設計内容に大きく影響するため，第一に開発アプリが医療機器に該当するかを検討しなければなりません。他に，データセキュリティや個情法，遠隔診療については厚労省の指針等への抵触を注意する必要があります。

1．プログラム医療機器該当性

(1)　ヘルスケアサービスアプリ開発と医療機器該当性

第一に注意すべきことは，利用者の健康管理・健康アドバイス等のヘルスケアサービスを提供するアプリを開発する際に，当該アプリが医療機器に該当するかを事前に検討することが必要である，という点です。

医療機器に該当すると，事業者について医療機器製造販売業許可および製造業登録，その医療機器について製造販売承認・認証・届出が必要となり（Q2，42，43参照），費用および販売までの期間を相当程度要することとなります。場合によっては，投資に見合うリターンが得られるとは限らないため注意が必要となります。そのため，戦略上，医療機器に該当しないように配慮しながら，開発を進める必要性が生じることもあります。

(2)　プログラム医療機器該当性に関する基本的な考え方

ヘルスケアサービスアプリは，医療機器の中でも「プログラム医療機器」に該当する可能性があります。プログラム医療機器の該当性については，厚労省が公表している「プログラムの医療機器への該当性に関する基本的な考え方について」（平成26年11月14日薬食監麻発1114第５号）が参考になります。これによると，基本的な考え方として下記２点を考慮してプログラム医療機器該当性が判断されます。

> 1 プログラム医療機器により得られた結果の重要性に鑑みて疾病の治療，診断等にどの程度寄与するのか。
> 2 プログラム医療機器の機能の障害等が生じた場合において人の生命及び健康に影響を与えるおそれ（不具合があった場合のリスク）を含めた総合的なリスクの蓋然性がどの程度あるか。

上記の基本的な考え方および添付されているプログラム医療機器に該当する例および該当しない例を見ると，データおよび情報の移転・記録・伝達を行う際に，疾病の治療・診断に寄与する加工・分析等の処理を介在するプログラムについては，プログラム医療機器に該当する可能性が高いといえます。一方，何ら処理を経ずにデータおよび情報の移転・記録・伝達を行うプログラムや単なる日常生活の範囲での健康管理（体重管理，睡眠時間等）に関しては，プログラム医療機器に該当しないと考えられます。

(3) 発症確率を提示するプログラム

厚労省は，上記(2)の基本的な考え方を平成30年12月28日に一部改正し，プログラム医療機器に該当しない例として以下を追加しました。

> 糖尿病のような多因子疾患の一部の因子について，入力された検査結果データと特定の集団の当該因子のデータを比較し，入力された検査結果に基づき，当該集団において当該因子について類似した検査結果を有する者の集団における当該疾患の発症確率を提示するプログラム，又は特定の集団のデータに基づき一般的な統計学的処理等により構築したモデルから，入力された検査結果データに基づく糖尿病のような多因子疾患の発症確率を提示するプログラム

これに該当する例として，国立国際医療研究センターが提供している「糖尿病リスク予測ツール」が挙げられます。同ツールは，平成30年10月に公開しましたが，医療機器に該当するおそれについて厚労省から指摘を受けたため，一旦サービスを停止しました。その後，診断を目的とするものであること等，説明文の修正・リスク予測の具体的な方法について補足したうえで，同年12月に再公開に至っています。

しかしながら，同改正は，基本的な考え方を拡張したものではなく，依然として，従来の考え方に則り，診断を目的とせず，かつ，独自の分析・診断を介在しない一般的な統計学的処理にとどまるプログラムに限り，医療機器非該当と判断されるものと解するべきと思われます。

2．オンライン診療

(1)　オンライン診療の適切な実施に関する指針

オンライン診療については，これまで，無診察治療等を禁じている医師法第20条や個情法などとの関係がたびたび問題になってきました。そこで，厚労省は，オンライン診療の普及に伴い，平成30年に最低限遵守すべき事項および推奨される事項ならびにその考え方を示す「オンライン診療の適切な実施に関する指針」（平成30年3月）を作成されました。また，令和元年7月に一部改訂されましたが，基本的事項については，変更は生じていません。

(2)　遠隔医療の分類

上記(1)の指針では，オンラインでの医療に関する行為を「遠隔医療」とし，その区分として「オンライン診療」「オンライン受診勧奨」「遠隔健康医療相談」の3つを定義しています。

「オンライン診療」は，患者の診察および診断行為を含む診療行為を指します。「オンライン受診勧奨」は，問診等の情報収集に基づき，疑われる疾患等を判断して受診すべき適切な診療科を伝えるなどの行為をいいます。「遠隔健康医療相談」は，医学的判断を含まない一般的な医学的な情報の提供，一般的な受診勧奨を指します。オンライン診療およびオンライン受診勧奨は医行為に該当するため，医師のみが行うことができます。一方，遠隔健康医療相談は，医師が行うことを必須としておらず，民間企業がオンラインで医療相談サービスを行うことも可能となっており，本指針の適用対象外とされています。しかしながら，そもそも医行為（Q51参照）の概念が抽象的なもののため，依然としてグレーゾーンというべき部分はあるといえます。

(3)　初診対面原則

上記(1)の指針では，医師法20条に配慮し，初診については原則直接の対面で行うべきとされています。その理由として，オンライン診療では得られる情報

【図表３－５】遠隔診療

	オンライン診療	オンライン受診勧奨	遠隔健康医療相談
定義	患者の診察および診断，診断結果の伝達や処方等	問診等の情報収集に基づき，疑われる疾患等を判断して受診すべき適切な診療科を伝えるなどの受診勧奨	一般的な医学的な情報の提供，一般的な受診勧奨（医学的判断を伴わない）
医行為該当性	該当（医師のみ実施可）		非該当（民間事業も実施可）
指針の適用	あり		なし

が視覚と聴覚に限られてしまうため，可能な限り疾病の見落としや誤診を防ぐ必要があること，医師が患者から心身の状態に関する適切な情報を得るために，日頃より直接の対面診療を重ねるなど，医師・患者間の信頼関係を築いておく必要性があることが挙げられています。ただし，例外として患者がすぐに適切な医療を受けられない状況にある場合等の限定的なときに限り，オンライン診療も許容されるとしています。

⑷　診療報酬改定「オンライン診療料」

前記⑴の指針策定と足並みをそろえる形で，平成30年診療報酬改定にて，「オンライン診療料」「オンライン医学管理料」「在宅時医学総合管理料　オンライン在宅管理料」「精神科在宅患者支援管理料　精神科オンライン在宅管理料」が新設されました。これら診療報酬の算定要件として，「初めて管理料を算定してから６カ月の間は，毎月同一の医師により対面診療を行っていること」が定められています。これは，診療には一定の診療実績や医師・患者関係の構築が求められ，それらの構築には少なくとも対面診療の期間が６カ月以上は必要であるとの見解に基づき策定されたものです。

３．データを収集する場合

アプリを通して利用者の個人情報や機微情報を収集する場合は，データセキュリティ・個情法へ対応した設計が必要となります（Q35，52参照）。

Q45 製　造

医療機器の製造における特色と注意点について教えてください。

製造・品質管理についてQMS省令・QMS体制省令が定められ，その適合性は医療機器の承認・認証や製造販売業許可の要件とされています。また，特有の問題として，単回使用医療機器の再使用に係る諸問題に注意が必要です。

1．医療機器の製造規制

(1) 概　要

医療機器における製造販売業と製造業の構造は，医薬品と同様です（Q2，20参照）。医療機器の製造販売（製造所から出荷または海外から輸入した医療機器を販売・貸与業者に販売等すること）を業としてするためには，医療機器の種類に応じ第一種から第三種いずれかの製造販売業の許可が必要です（薬機法23条の2。Q41参照）。製造業と販売・貸与業の間にあって商流や情報をコントロールする製造販売業者は，多くの法的義務を負っています（Q41，43，46～54参照）。

業として医療機器の製造（設計を含みます）をするには，①設計，②組立や成型等の主要な製造工程の実施，③滅菌，④製造または輸入した医療機器の市場出荷可否判定時までの国内保管，のいずれかを実施する製造所ごとに製造業の登録が必要です（同法23条の2の3，①から④の内容につき平成26年10月3日薬食機参発1003第1号）。医療機器を構成する多数の部品は別々の場所で製造されることが想定されるため，製造業登録が必要な製造所は，①から④のいずれかを行うものに限定されています（医療機器の種類により異なる場合があります（同法施行規則114条の8））。

医薬品同様，医療機器の製造販売業者は，製造販売を業として行うための規制に加え，取り扱う「物」に対する規制を受けます（医薬品につきQ20参照）。医療機器の製造販売業者は，医療機器の品目ごとに，その種類に応じた認可手続（承認，認証または届出）を経て，製造販売することとなります（同法23条の２の５。認可手続につきQ2，41参照）。

⑵　基本要件基準と42条基準

医療機器については，すべての医療機器を対象とする基準が定められており，「基本要件基準」と呼ばれています（薬機法41条３項，平成17年３月29日厚労省告示第122号）。また，特定の範囲の医療機器について，品質，性能等の基準を定める「42条基準」が定められています（同法42条２項。視力補正用コンタクトレンズ基準等）。各基準に適合しない医療機器を製造・販売等することは禁じられています（同法65条１号・４号）。

⑶　QMS省令

QMS省令は，国際的な医療機器向け品質マネジメントシステム規格であるISO13485を元に日本独自の上乗せ規定を追加して，医療機器等の製造管理および品質管理の基準を定めたものです。

QMS省令適合性は，医療機器の製造販売承認・認証の要件であり，その審査に際しての適合性審査と５年ごとの定期調査が義務付けられています（薬機法23条の２の５第２項４号・６項，同法施行令37条の21）。また，製造販売業者等は，製造販売する医療機器の製造管理または品質管理の方法をQMS省令に適合させなければなりません（同法施行規則114条の58）。

⑷　QMS体制省令

QMS体制省令は，QMS省令の規定を遵守するために必要な①組織の体制の整備（品質管理監督システム基準書を含む文書整備や記録保管手順），および②人員の配置（管理監督者，管理責任者，総括製造販売責任者および国内品質業務運営責任者の設置，適切な任命・配置等，および製造管理・品質管理を行う部門とその他の部門との関係の規定等）について規定しています。

QMS体制省令適合性は，製造販売業許可の要件となっています（薬機法23条の２の２第１号）。許可申請があった場合，許可権者である都道府県が，組織体制および人員配置の両側面からQMS体制省令への適合状況を調査し評価します（調査方法および評価基準につき平成26年９月11日薬食監麻発0911第１号）。

2．他社との連携

(1)　製造委託先と部材調達先

製造販売業者が製造を外部委託する場合，製造委託先におけるQMS省令基準への適合について，製造委託契約等の取り決め等により担保する必要があります（Q21参照）。また，部材調達先との関係では，その部材自体の医療機器該当性判断を踏まえた規制対応が必要です（Q42参照）。部材調達先との契約では，承認・認証申請の際に必要となる原材料・構成部品の規格等の情報提供義務を規定し，製造工程の変更を回避するため供給保証条項を組み込むことも検討すべきです。加えて，購入側の仕様に基づく部材供給の場合は，製造物責任の所在を明らかにする観点から，承認仕様書を交わすことが重要です（製造物責任法4条2号参照）。

(2)　医療機器の輸入

日本以外において製造された医療機器を輸入する場合，製造に当たった業者が薬機法23条の2の4に基づく医療機器等外国製造業者としての登録を受けていることが，当該医療機器の国内における製造販売承認の要件となっています（同法23条の2の5第2項2号。外国製造業者が自ら外国製造医療機器製造販売承認申請を行い外国製造医療機器特例承認取得者となることにより，国内の製造販売業者は別途承認を取得せず選任製造販売業者となって当該医療機器を製造販売することもできます（同法23条の2の17））。外国製造業者登録手続については，申請者はあくまでも外国製造業者ですが，当該医療機器の製造販売業者が代行することができます。

なお，輸入時には輸送等の影響で補修等を要する状態になることがありますが，輸入元の製造所に返送して補修等を行う必要はなく，一定の要件の下，国内の登録製造所で補修等（出荷時の状態に戻すこと）を行うことが可能とされています（平成26年10月20日薬食機参発1020第4号）。

3．製造工程の変更

医療機器は，医療現場からのフィードバックを基に継続的な改善・改良が行われる特色を有しており，製造販売後における変更が重要です（医薬品につき

Q22，保守・修理やその限界につきQ49参照）。

承認・認証事項に変更が生じたときは，一部変更（一変）承認・認証申請と軽微変更（軽変）届のいずれかの変更手続を要します（薬機法23条の２の５第11項・12項，同法施行規則114条の25。適切な手続について平成20年10月23日薬食機発第1023001号・平成29年７月31日薬生機審発0731第５号参照）。なお，変更の内容・程度によっては，再度，製造販売にかかる承認・認証申請が必要な場合があります。

承認・認証事項の変更等に伴い，既に製造販売されて医療機関等で使用されている医療機器を変更された内容にバージョンアップする行為（付随する内部部品の交換等を含む）については，一定の条件の下で医療機関等が実施できるとされています（平成26年10月20日薬食機参発1020第４号）。

４．単回使用医療機器の再使用

単回使用医療機器（SUD：Single Use Device）とは，構造が複雑で完全な洗浄が不可能である，素材が洗浄滅菌などの再生処理に耐えられない，といった理由により，１回の使用の後廃棄すべきと製造販売業者が指定して製造販売された医療機器をいいます。医療機器が単回使用製品であることは，添付文書において，作成または改訂年月日の下に「再使用禁止」と明記されるほか「禁忌・禁止」の項にも赤枠内に記載されます。

医療機関内で洗浄・滅菌の上SUDを再使用することは，医療安全や感染の防止の観点から重大なリスクがあり，決して行うべきではありません。そのため，厚労省は医療機関に対し医療機関内処理による再使用を行わないよう繰り返し注意喚起を行ってきました（平成16年２月９日医政発第0209003号，平成26年６月19日医政発0619第２号，平成27年８月27日医政発0827第15号および平成29年９月21日医政発0921第３号）。しかし，たびたびの通知にもかかわらず，医療機関において，医療機関内処理によるSUDの再使用は引き続き蔓延しています。

こういった状況を踏まえ，厚労省は，平成29年７月31日付で薬機法施行規則等を改正し，製造販売業者に限り，その責任の下で使用済みSUDを適切に収集し，分解，洗浄，部品交換，再組み立て，滅菌等の必要な処理を行い，再び使用できるようにする（再製造）ための仕組みを設けました。また，再製造

SUDはオリジナルと別の品目として製造販売承認が必要とされるところ，その品質，有効性および安全性の確保のため，42条基準「再製造単回使用医療機器基準」（平成29年７月31日厚労省告示第261号）を新設し，QMS省令等の改正を行いました。これらの改正によって，SUDの再使用に向けた各種処理が，再製造として製造規制に服することが改めて明確となりました。

製造販売業者としては，「医療機器の使用に当たっては，当該医療機器の製造販売業者が指定する使用方法を遵守すべきである」（平成19年３月30日医政指発第0330001号／医政研発第0330018号）ことを踏まえ，SUD単回使用を条件とするインセンティブプログラムの実施や，添付文書の記載や厚労省の各種通知についての注意喚起レターの発出，SUDの多数回使用によるリスクの調査・医療機関に対する啓発活動，SUD再使用禁止を含む米国JCI（Joint Commission International）認証の紹介，といった各種施策を通じ，医療機関に対しSUDの単回使用を促していくことになります。

なお，上記の各事情に照らし，SUDの不適切な再使用に起因して有害事象等が発生した場合，再使用を判断・実施した医療関係者・医療機関が，患者に対し第一義的な責任（不法行為責任，医療債務の債務不履行責任等）を負うと考えられます。

《参考文献》

- 医療機器の製造に関しては各種規制が散在しているため，医療機器センター編『医療機器製造販売申請の手引2019』（薬事日報社，2019）等の薬事実務関連書籍を用いて見落としを防ぐことが肝要です。

Q46 プロモーション

医療機器のプロモーションの特色と主な規制について教えてください。

A

医療機器のプロモーションには，医療機器の多様性・現物性や医薬品MRとSRの違いに由来する形態の特色があります。規制枠組みは医薬品と類似していますが，医療機器の特性に由来した差異があることに留意が必要です。

1．医療機器のプロモーション

(1) プロモーションの定義

医療機器のプロモーションについて，医機連が定める「医療機器業プロモーションコード」には定義規定が置かれていません。医機連「医療機器業プロモーションコード用語の解説」によると，プロモーションとは，「医療機器の採用または使用に向けての適正な販売活動」をいうとされており，少なくとも現時点においては，医療機器のプロモーションは，製薬協コードと異なり「適正な使用」目的や情報「収集」を含意していません（Q24参照）。

これは，医薬品のMRと異なり，医療機器のSR（Sales Representative）の役割が，文字通り医療機器の営業担当であり，医療関係者に対し直接に販売促進活動を行っていることを踏まえたものと思われます（Q26参照）（ただし，GVP省令上は，医薬品MRと同様の業務を担う医療機器情報担当者（MDIR）が規定されており（GVP省令２条５項），SRはこれにあたる場合があります）。

(2) プロモーションの形態

このような定義の差異にもかかわらず，医療機器のプロモーションの形態は医薬品のそれとほぼ同様です（Q24参照）。ただし，①医薬品のMRと異なり，医療機器のSRは価格の決定や後値引きとしてのリベート提供を含め，時に直接に医療関係者に対し販売促進活動を行うこと，②実物の展示が有効な医療機器の性質を踏まえ，各種展示会における医療関係者との交流が重要であること，③医家向け医療機器（医療用医薬品に相当）であっても，コンタクトレンズ，自動体外式除細動器，補聴器および設置管理医療機器等については，一般人を対象として広告できること（景表法等の消費者保護規制にも服すること），④医療機器に特有の類型のプロモーション手段（「貸出し」および「立会い」が典型的）が存在し，医療機器公競規・各運用基準や各業界団体の自主基準により制限されていること（Q47参照），といった特殊性に留意が必要です。

２．医療機器のプロモーション規制

(1)　薬機法および医薬品等適正広告基準

医療機器も，医薬品同様に薬機法上の広告規制の対象であり，医薬品等適正広告基準および「医薬品等適正広告基準の解説及び留意事項」も医療機器に適用されます（Q25参照）。ただし，同解説及び留意事項では，基準の運用にあたり「医薬品広告，医療機器広告……それぞれの広告の性格の違いを勘案し，画一的な取扱いを避けるよう配慮する。」（２(2)）ものと説示されており，医療機器広告の特性を考慮した柔軟な運用がなされるべきです。

医機連では，医療機器業界における医薬品等適正広告基準遵守のためのガイドとして，「医療機器適正広告ガイド」を策定し，同ガイドおよび厚労省通知ならびに都道府県薬務主管部（局）相談窓口一覧を「医療機器適正広告ガイド集」として取りまとめています。

なお，広告該当性判断における３要件および関連する議論は医療機器にも妥当します（Q25参照）。医機連は，平成23年１月27日付で「医療機器の広告に関するQ&A」を公表し，医薬品等適正広告基準の適用および広告該当性の判断について立場を明示しました。さらに，医機連は，平成30年11月15日付で「一般人が目に触れる場合の懸念事項に関するQ&Aについて」を公表し，製品が特定される企業イメージ広告，IR活動（プレスリリース等），公共の医療啓発活動，病院内での掲示等，一般人が医学専門誌等を目にする場合，企業が関与しない場合及び依頼や取材を受けて提供した場合，のそれぞれについて広告該当性に関する解釈を示しました。

ところで，平成28年12月改訂前の医療機器適正広告ガイド集（平成27年11月）には，医機連傘下の企業ウェブサイトにおける医療機器についての不適切な表現事例が具体的に掲載されていました。広告の適否について文面のみから一律に判断されるべきものではありませんが，実務上参考になります。

(2) 医機連プロモーションコード

医機連は，自主規制として「医療機器業プロモーションコード」を定めています。同コードは，製薬協のものと異なり独立した自主基準です。

医療機器業プロモーションコードの内容は，社内管理体制の確立，製造販売後調査の適正な（販売促進目的ではない）実施，プロモーション用資材の作成・使用にあたっての遵守事項，講演会等の実施にあたっての遵守事項等の各点で製薬協のものと類似しています（Q25参照）。

ただし，医療機器業プロモーションコードでは，それらに加えて，製品開発，製造・製造販売，市場調査，販売活動にあたっての遵守事項，未承認医療機器の学術展示といった項目が設けられています。特に，医療機器ではSRが医療関係者に対して直接に販売活動を行うため，販売活動の遵守事項について詳細な規定が置かれており，不公正な比較表作成の禁止等に加え，独禁法や医療機器公競規（貸出し，立会い等について）を遵守すべきことが具体的に規定されています（医療機器公競規の内容につきQ47参照）。一方で，医療機器業プロモーションコードには，医薬品MRに関する各項目（教育研修，評価・報酬体系，行動基準）に対応する項目がありません。なお，医療機器の多様性に鑑み，各医療機器分野の業界団体が独自のプロモーションコードを策定している場合がありますので確認を要します（例：補聴器製造販売業プロモーションコード）。

(3) 未承認医療機器・適応外使用に関する情報提供

未承認医療機器や適応外使用の広告は禁止されています（薬機法68条・66条１項，医薬品等適正広告基準第４の３(1)，(4)）。一方で，海外で製造販売されている医療機器が日本では未承認であるケースは多くあると言われており（デバイスラグ問題），医療の発展や安全の観点からも，一切の情報提供が許されないとすることには問題があります。そのため，「未承認の医療機器に関する適正な情報提供の指針について」（平成24年３月30日薬食監麻発0330第13号）および医機連「「未承認の医療機器に関する適正な情報提供について」に係わる質疑応答集について」（平成24年２月13日）において，学術情報を医師等専門家の求めに応じて情報提供する場合には差し支えないことが再度明示されるとともに，学術情報の範囲，必要な記録（情報提供依頼書等）等の手続，広告との区別，といった点が明らかにされています。なお，医師等の求めがある場合であっても，個人輸入代行業者への未承認医療機器の情報提供は許されないことに留意が必要です（「個人輸入代行業者の指導・取締り等について」（平成14年８月28日医薬発第0828014号））。

未承認医療機器の展示会等における展示については，「未承認医療機器の展示会等への出展について」（平成29年６月９日薬生発0609第１号／第２号）および医機連「未承認医療用具等の展示に関するガイドライン細則」に基づき，展示会の種類に応じた，主催者・講演者等，展示責任者，展示場所，展示方法（特に，未承認品であり，販売・授与できない旨の明示）および展示後の措置についての遵守事項に従う必要があります。

(4)　各種業界団体の広告自主基準

医療機器においては，その効能や使用方法の多様性から，具体的な表示の検討にあたっては，より詳細な品目ごとの広告・表示自主基準が重要です。たとえば，以下の自主基準があります。

- 日本コンタクトレンズ協会「コンタクトレンズの広告自主基準」
- 日本補聴器工業会「補聴器の適正広告・表示ガイドライン集」
- 日本ホームヘルス機器協会「家庭向け医療機器等適正広告・表示ガイド」
- 日本衛生材料工業連合会「マスクの表示・広告自主基準」

《参考文献》

- 薬事監視研究会監修『医薬品・化粧品等広告の実際2006』（じほう，2006）では，第６章「不適正な字句等」に広告表現の適否例があるほか，医療機器についての各種業界団体の自主基準や厚労省通知が掲載されており参考になります。ただし，発行から10年以上経過しているため，発刊後の法令や自主基準の改正，先例の蓄積等に十分な注意を要します。

Q47 医療従事者・公務員との関わり

医療機器ビジネスにおいて医療従事者・公務員と関わる場合の注意点について教えてください。

医療機器公競規と透明性ガイドラインは基本的に医薬品と考え方は同じですが，特有のルールとして，医療機器の無償貸出に関する基準と，医療現場での情報提供等に関する立会い基準があります。公務員との関わりに関する規制は医薬品と同じです。

1．概　　説

医療機器ビジネスを遂行するに際しても，医薬品の場合と同様に，さまざまな場面で医療従事者や公務員との関わりが生じます（Q29参照）。たとえば，医療機器の開発の段階で国立大学の医師から知見を得るためにコンサルティング契約を結ぶ場合，その報酬や諸経費の支払いに際して，医療機器メーカーは公競規や透明性ガイドライン，みなし公務員との関わりに関する規制を遵守する必要があります。

医療機器メーカーと公務員（みなし公務員を含みます）との関わりに関する規制は医薬品と同じですので（Q29参照），以下では，医療従事者との関わりに関する規制である公競規と透明性ガイドラインに関して，代表的な留意点を解説します。

2．公 競 規

(1) 概　　要

医療機器公競規も，業界自主ルールである点や規制の趣旨は医薬品公競規と同様です（Q28参照）。公競規違反とされるのは，あくまで，取引を不当に誘引する手段としての景品類の提供なので，正常な商慣習としての値引やアフターサービス，医療機器の付属物の提供は問題ありません。

医薬品との違いは，①飲食提供のルールが異なること，②貸出しに関する基準や③立会いに関する基準など医療機器特有のルールがあることです。

飲食提供のルールは，飲食提供の類型ごとに上限金額が定められている点は医薬品と同様ですが，医薬品よりもやや緩やかで，通常の営業活動に伴う飲食提供の上限金額が１万円となっている点などで異なります。

公競規そのものの違いではありませんが，医療機器では医薬品のIFPMAコードに相当するルール（Q28参照）が存在しないことも特徴です。IFPMAコードは社会的儀礼としての贈答品の提供やプロモーション補助物品の提供を禁止しており，製薬協の会員会社はIFPMAコードを踏まえた社内ルールの整備が必要です。これに対して，医療機器の場合，公競規に従ってこれらを医療従事者に提供することができます。たとえば，慶弔（叙勲祝，香典等）や中元・歳暮などは，社会通念上華美・過大にわたらない範囲であれば問題ありません（公競規運用基準Ⅱ－１－３－(2)－８)）。また，少額・適正な景品類（３千円程度の販促品や手土産等）は「少額・適正な景品類に関する基準」を遵守して提供することができます（ただし，頻回・大量の提供は不可）。以下，医療機器特有のルールである「貸出しに関する基準」と，「立会いに関する基準」について解説します。

(2)　貸出しに関する基準

「貸出し」とは，事業者が所有権を留保したまま，医療機関等に医療機器を無償で使用させることをいいます。貸出しに関する基準は，医療機関に対する医療機器の貸出しが無償で無制約に実施されると医療機器の取引を不当に誘引する有力な手段となることなどを理由として設けられたものです。貸出しに関する基準では，①医療機関等に対する費用の肩代わりになる貸出し，②医療材料の販売を目的とした貸出し，③医療機関等が既に使用している同一医療機器の貸出し，④自社の取り扱う医療機器と直接関連のない医療機器の貸出しが禁止されています。

【図表３－６】の類型の貸出しは許容されていますが，類型ごとに貸出期間の制限があります。

【図表3－6】貸出期間等で制限している貸出し

貸出しの目的	貸出期間等の限度
①　デモ	1カ月
②　試用	6カ月
③　研究	12カ月
④　事故・故障対応	3カ月（保証期間内） 修理完了まで（関連法規遵守に伴う代替貸出し）
⑤　緊急時対応	緊急事態解消，災害期間終了まで
⑥　納期遅延対策	契約品の納入まで
⑦　研修	1カ月

貸出しを行う際には，医療機関等から「医療機器の貸出しに関する確認書」を受領しなければなりません。

(3)　立会いに関する基準

「立会い」とは，医療従事者が患者を診断，治療する医療現場に事業者が立ち入り，医療機器に関する情報提供や便益労務の提供を行うことをいいます。医療機器は技術革新により速いスピードで開発されるものがあり，このような高度な医療機器を適正に使用するためには，専門的な知識を備えた事業者の協力が必要です。一方でこのような行為が公正な取引や適正な医療行為の観点から不透明な流通慣行（不当誘引）とみなされることもあるため，適正な情報提供の範囲を明確化したのが立会いに関する基準です。

ここでいう情報提供とは，医療機器の安全性や適正使用のための情報提供の一環として，医療現場で医療従事者からの質問に応じて添付文書や取扱操作説明書などに記載されている内容を補足的に，口頭で説明（身振り，手振りでの説明を含む）することをいいます。なお，「立会い」と称して行う行為であっても，公競規とは別に，関連法規も当然遵守する必要があります。たとえば，医療機器メーカーの従業員が滅菌された製品の開封を行い術者の医師に手渡す行為などは，無資格者による「診療の補助」に該当し，保助看法に抵触するおそれがあります（Q6参照）。

立会い基準では，①医療機器の販売を目的とした立会いや，②医療機関等に対する費用の肩代わりになる立会いは禁止されています。

以下の類型の立会いは許容されていますが，類型ごとに回数・期間等に制限があります。

【図表3－7】自社製品の適正使用の確保のための立会い

<table>
<tr><th>立会いの目的</th><th>無償でできる回数と期間</th></tr>
<tr><td>①　新規納入医療機器の適正使用の確保</td><td rowspan="5">回数：①～⑤について，一つの手技につき，1診療科4回まで

期間：①，②および④の事項について各事由が生じた日から4カ月以内
③は，「試用のための貸出し」で医療機関と取り決めた期間
⑤は，緊急事態解消または災害期間終了まで</td></tr>
<tr><td>②　既納入品のバージョンアップ等の際の適正使用の確保</td></tr>
<tr><td>③　貸出基準の「試用のための貸出し」の際の適正使用の確保</td></tr>
<tr><td>④　医療従事者の交代があった際の適正使用の確保</td></tr>
<tr><td>⑤　緊急時または災害時の対応における自社医療機器の適正使用の確保</td></tr>
</table>

【図表3－8】自社製品の安全使用のための立会い

立会いの目的	無償でできる回数と期間
①　新規納入時における立会い終了後の保証期間内（最長12カ月）での安全使用の確認	新規納入時の立会い終了後，月1回。新規納入時の立会期間を含め12カ月以内
②　医療機器の故障修理後の動作確認	故障修理後1回（修理終了後速やかに実施）
③　医療機器の保守点検業務契約に基づく動作確認	保守点検後1回（点検終了後速やかに実施）

【図表3－9】在宅医療における適正使用の確保と安全使用のための立会い

立会いの目的	無償でできる回数と期間
①　医療従事者が行う患者への使用・操作方法の説明等の補足	1診療科に対し4回まで
②　医療機器の賃貸借および保守管理業務に関する契約事項の履行および医療法施行規則に準じて行う立会い	契約書・規則に準じる

これらの立会いを行う際には，医療機関等から「立会い実施確認書」を入手しなければなりません。

3．透明性ガイドライン

医薬品と同様に（Q30参照），医機連も透明性ガイドラインを策定しており，医療機器メーカーは自社の透明性に関する指針に従って医療従事者に対して行った支払いを開示することになっています。

開示項目も医薬品と同様に，①研究費開発費等，②学術研究助成費，③原稿執筆料等，④情報提供関連費，⑤その他の費用に分類されます。なお，①は平成31年４月から臨床研究法上必要な開示項目に対応するための改正が行われ，従前は共同研究／委託研究の区分で開示されていた支払情報を，特定臨床研究費／倫理指針に基づく研究費／臨床以外の研究費の区分で開示する必要があります。

医療機器特有の例として，機器の素材やメカニズム等の検討のために基礎工学の大学教授に研究やコンサルティングを依頼する場合，その対価の支払先が透明性ガイドラインによる公表の対象となる「医療機関等」に該当するかどうか，悩ましい場面があります。支払先の部門（組織）がライフサイエンス系か，教授が医学博士ではないかなど個々の事情によりケースバイケースの判断が必要となります。

Q48 流　通

医療機器の流通における注意点について教えてください。

医療機器の多くは代理店を通じて流通します。医療機器メーカーとしては，代理店との取引関係において，薬機法，独禁法，贈収賄禁止法令等への注意が必要です。代理店は，医療機器の流通を担う主体として，薬機法，入札談合・贈収賄禁止法令，公競規等の遵守を求められます。

1．取引形態と代理店の機能

医療機器は，医療機器メーカーから医療機関へ直接販売されるケースもありますが，多くは代理店を通じて流通します。

医療機器の販売には，一般的な商品売買取引の他に，「消化仕入取引」と呼ばれる取引形態があります。この取引は，所有権を医療機器メーカーに残したまま代理店に医療機器を納入するもので，代理店が納入した医療機関で医療機器が使用された際に代理店の売上が計上され，それと同時に医療機器メーカーの売上が計上されます。医療機器の代理店には，医薬品の卸と同様に，①物的流通機能，②販売機能，③情報機能，④金融機能があります（Q32参照）が，消化仕入取引の場合，⑤医療機関における製品在庫を管理する預託在庫管理業務が医療機器メーカーの正確な売上計上のための重要な代理店の機能となります。これら以外にも，⑥医療機器の代理店には，短期貸出し・持込み業務，立会い業務，保守メンテナンス業務，緊急対応といった適正使用支援機能があります。これらの業務を代理店に委託する場合，契約書を作成し，これらの業務を明記するべきです。

2．薬 機 法

医療機器の販売を業として行う場合，対象となる医療機器の分類に応じて薬機法上の許可等が必要です。高度管理医療機器および特定保守管理医療機器を販売・貸与する場合，販売業・貸与業の許可（同法39条）が，管理医療機器の場合は届出が必要です（同法39条の３）（なお，高度管理医療機器，特定保守管理医療機器，管理医療機器の分類などについては，Q41参照）。

また，医療機器の場合，中古品の流通がありうるため，その管理が必要となります。そこで，高度管理医療機器等の販売業者等は，使用された医療機器を他に販売などする場合，予め，当該医療機器メーカーにその旨通知しなければならず（同法施行規則170条１項），医療機器メーカーは，必要に応じて，使用された医療機器の品質の確保その他当該医療機器の販売，授与または貸与に係る注意事項について指示を行う必要があります。当該指示を受けた場合，販売業者等はそれを遵守しなければなりません（同条２項）。

３．独 禁 法

医療機器の流通にも独禁法の適用があり，再販売価格の拘束，排他条件付取引，差別対価，不当廉売，抱き合わせ販売などの規制の適用を受けます。ここでは，医療機器にまつわる特徴的な事例を紹介します。

⑴　再販売価格の拘束

医療機器メーカーが代理店の医療機関等に対する販売価格を拘束することは，「不公正な取引方法」に該当し，原則として違法となります（独禁法２条９項４号・19条，流通取引ガイドライン第１部第１・１⑴）（Q32参照）。ただし，流通取引ガイドライン上，事業者と顧客との間で直接価格を交渉し納入価格が決定される取引において，代理店に対しその価格で当該顧客に納入するよう指示する場合であって，当該代理店が物流および代金回収の責任を負い，その履行に対する手数料分を受け取る場合など，実質的にみて当該事業者が販売していると認められる場合，当該事業者が代理店に対して価格を指示しても，通常違法とはなりません（流通取引ガイドライン第１部第１「２　再販売価格の拘束」⑺参照）。

医療機器取引においては，公取委が，「医療機器メーカーが，医療法人との間で，当該医療法人傘下の医療機関への医療機器の販売価格を取り決め，代理店に対し，取り決めた価格で販売するように指示することは，医療機器メーカーの直接の取引先である代理店が単なる取次ぎとして機能しており，実質的にみて医療機器メーカーがエンドユーザーである医療機関に直接販売していると認められる場合には，直ちに独禁法上問題となるものではない」と回答した事例が参考になります（公取委平成16年度相談事例集「1　医療機器メーカーによる卸売業者への価格の指示」参照。https://www.jftc.go.jp/dk/soudanjirei/h17/h16nendomokuji/h16nendo01.html）。

医療機器メーカーが医療機関と直接価格交渉をすることがありえますが，そのような場合，法務パーソンとしては，当該代理店の機能について確認すべきです。そして，代理店が単なる取次ぎとして機能している場合であっても，再販売価格拘束を疑われないよう，代理店の機能を契約書に明記すべきです。たとえば，当該代理店が物流および代金回収の責任を負い，その履行に対する手数料分を受け取る旨契約書に明記することにより，実質的に見て医療機器メーカーが販売していることがわかるようにしておくべきです。

(2)　事業者団体による競争制限

医療機器業界の事業者団体による競争制限に関しては，公取委が，「医療機器メーカーを会員とする団体が，会員企業に対して，その会員企業が販売する医療機器（数年ごとにバッテリー等の消耗品の交換が必要）の中古品を使用中のユーザーへの消耗品の販売を禁止することは，独禁法上問題となるおそれがある」と回答した事例が参考になります（公取委平成26年度相談事例集「12　事業者団体による中古品ユーザーへの消耗品販売の禁止」（https://www.jftc.go.jp/dk/soudanjirei/h27/h26nendomokuji/index_files/h26soudanjireihontai.pdf））。

4．入札談合・贈収賄

医療機器業界で代理店が関与する入札談合や贈収賄事件は，後を絶ちません。

(1)　入札談合事件

最近の入札談合事件として，平成29年にセンチュリーメディカル株式会社，エア・ウォーター・メディエイチ株式会社，丸紅株式会社および新成物産株式会社は，東京都が発注したインフルエンザなどの防護服などで入札談合をしたとして，公取委より排除措置命令を受けました（平成29年12月12日公取委発表「東京都が発注する個人防護具の入札参加業者らに対する排除措置命令について」参照（https://www.jftc.go.jp/houdou/pressrelease/h29/dec/171212_bougogu.html））。

(2)　贈収賄事件

代理店・株式会社メド城取（破産）の元代表取締役は，京都大学元教授に対し，飲食代の肩代わり，クレジットカードの提供，元教授の家族の海外旅行の費用の肩代わり等（立件総額943万円）をしていました（平成24年７月31日日経電子版ほか）。元教授は実刑判決を受けました（平成27年２月控訴審判決確定）。また，西村器械株式会社元社員は，京都大学元准教授に対し，有利に受注してもらった見返りにキャリーバックやデジカメ等合計約95万円相当の物品提供をしていました（平成27年９月16日日経電子版ほか）。元准教授には執行猶予付きの判決が平成27年10月に下され，元社員には平成27年７月に罰金60万円の略式命令が下され即日納付されました。他にも代理店が関与した贈収賄事案は多数あります。

5．公競規

医療機器メーカーのみならず，代理店も，公取協の加盟団体の会員企業である場合，公競規を遵守する必要があります（Q47参照）。医療機器は，代理店を通じて医療機関に販売されるほか，貸出しや試用医療機器として医療機関に渡る場合があります。試用医療機器については試用医療機器に関する基準にルールが定められており，受領書の回収と保管が求められています。代理店にそれらの回収を依頼する場合，代理店に試用医療機器に関する基準を理解してもらう必要があります。

6．その他，代理店に対し医療機器メーカーとして注意すべきこと

医療機器メーカーは，代理店に対し，新規取引の際には代理店の販売業の許可や届出の確認をすることなどにより薬機法遵守を徹底する必要があります。また，入札談合・贈収賄が起きないよう，医療機器メーカーは，自社コードおよび贈収賄防止の遵守，監査権を定め，代理店に過去の取引事例，政府関係者の関与，違反事実の有無等に関する情報提供の要求をし，違法行為に代理店を通じて関与することを未然に防止すべきです。そして，医療機器メーカーは，代理店候補からの情報収集，適切な契約書の締結，新規取引開始時および契約期間中の定期的な監査，継続的なトレーニング等により，リスクを管理する必要があります（Q8，31，32参照）。

Q49 保守・修理

医療機器の保守・修理における注意点について教えてください。

医療機器の修理には，医療機器の区分に応じて薬機法に基づく業許可を要し，それに応じた要件を満たす必要があります。また，独禁法，公競規等に抵触しないよう注意が必要です。修理を再委託する場合には，下請法の該当性を確認する必要があります。

1．薬機法上の修理規制

(1)　修理業の許可の概要

医療機器の修理には，修理業の許可が必要です（薬機法40条の２第１項）。医療機器の「修理」とは，故障，破損，劣化等の箇所を本来の状態・機能に復帰させること（当該箇所の交換を含む）をいい，故障等の有無にかかわらず，解体の上点検し，必要に応じて劣化部品の交換等を行うオーバーホールを含みます。これに対して，動作の確認，清掃，校正（キャリブレーション），消耗部品の交換等を行うことは保守点検であり，修理ではありません（平成17年３月31日薬食機発第0331004号。以下「平成17年通知」といいます）。したがって，保守点検には修理業の許可は不要です。保守点検には特段の業許可は必要とされていませんが，後述するように，医療機関から医療機器の保守点検業務を受託するためには，一定の能力基準に適合する必要があります。

医療機器修理業の許可は，厚労省令で定める修理区分に従い，修理をしようとする事業所ごとに与えられます（同法40条の２第２項，同法施行規則181条）。そこで，修理業を行おうとする場合，修理を予定する医療機器の修理区分を事前に把握しておく必要があります。

修理区分は，当該医療機器の修理の可否，また修理に要する技術レベルに応じて，特定保守管理医療機器（同法２条８項）と非特定保守管理医療機器に分けられています。また，修理区分に応じて，責任技術者の設置（同法40条の３，同法施行規則188条）および継続的教育訓練（同法施行規則168条・175条２項・191

条5項・194条）等が求められます。

なお，医療機器の修理業者が，医療機器の修理を行う場合に，自ら所有し管理している医療機器を代替品として顧客に渡す行為は，医療機器の修理業の行為の一環と考えられており，貸与業にはあたらないので，貸与業の許可は不要です（貸与業の許可についてQ48参照）。

⑵　修理業許可の要否

修理業者を単に紹介する場合，修理業の許可は不要です。しかし，医療機関等との間で医療機器の修理の契約を締結する者は，その修理の全部を他の修理業者等に委託することで自身が実際の修理を行わない場合であっても，修理された医療機器の安全性等について責任を負う立場にあるため，修理業の許可が必要です（平成17年通知）。このことから，医療機器メーカーの代理店が修理についても窓口となり医療機関等との間で修理契約を締結する際，代理店自身は，修理を行わず医療機器メーカーに修理を依頼する場合でも，修理業の許可が必要となります。

なお，医療機器の仕様の変更のような改造は，修理の範囲を超えているので，修理業の許可があってもできません。この場合，医療機器製造業の許可を取得する必要があります（修理業許可全般に関して，平成17年通知参照）。

⑶　修理業者の通知義務

修理業者は，医療機器の修理（軽微なものを除く）をしようとするときは，予め，当該医療機器の製造販売業者に通知しなければなりません（薬機法施行規則191条6項・192条，平成16年7月9日薬食発0709004号，平成17年通知）。通知の際は，使用者の名称等所定の事項を記載して通知します。事前通知を受領した製造販売業者は，修理に係る注意事項について修理業者に指示を出し，修理業者は，その指示を遵守し修理を行う必要があります（同法施行規則191条7項）。

2．公競規上の注意点と継続的保守契約締結によるトラブルの防止

医療機関が医療機器を購入した後に不具合が発生した場合，それが保証期間内の故障であれば，医療機器メーカーは，無償で修理ができます（公競規運用基準「Ⅰ-1　アフターサービス，附属物に関する基準」1.⑵1）②.参照）。一方，保証期間経過後の場合の無償修理は，公競規違反となるおそれがあります。また，

事故・故障時に無償で代替機器を貸し出すと，公競規違反となるおそれがあります（薬機法に規定する不具合対応や製造物責任法等関連法規に基づく対応等を除く）（公取協「医療機器業公正競争規約質疑応答集 合本版Ⅱ」Q167，Q168・132頁参照）。これらの公競規違反を避けるために，医療機器メーカーは，不具合の発生の都度，医療機関と修理に関する見積り，注文書，発注書のやりとりを行った上で有償の修理を行うことも可能ですが，対応に時間がかかります。そこで，一定期間内であれば回数の制限がなく対応が可能な修理および定期メンテナンスを含む有償の保守契約を締結しておくと安心です。

このような保守契約の検討すべき内容は，対象となる医療機器，契約期間（医療機器の耐用期間より判断），修理・保守の範囲，修理品を預かる場合で修理品に患者の個人情報が含まれる場合の事前消去等です。また，代替機器の貸出しに関して，代替機器の貸出し費用が保守契約の契約金に含まれる場合にはその旨を契約書に明記しておけば，不当な貸出しと区別でき，公競規違反の疑いを避けることができます（前掲・公取協「合本版Ⅱ」Q170・133頁参照）。

3．独禁法上の注意点

医療機器の製品分野によっては，独立系業者がメンテナンスサービスを提供することがあります。メーカーがこれを妨害する行為を行うと独禁法上の問題が生じることがあります。2つの事例を紹介します。

(1)　独立系業者からユーザーがメンテナンスサービスや非純正パーツの提供を受けることをメーカーが契約で禁止する場合

安全性の面から医療機器メーカーが医療機器とともに定期的にメンテナンスサービスをユーザーにセットで販売し，独立系業者からサービスや非純正パーツの提供を受けることを契約で禁止すると，抱き合わせ販売等（独禁法19条，不公正な取引方法（昭和57年6月18日公取委告示第15号）（以下「一般指定」といいます）10項）に該当する可能性があり，注意が必要です（建築用建材メーカーによる定期点検契約の義務付けに関して，公取委平成24年度相談事例集1参照。https://www.jftc.go.jp/dk/soudanjirei/h25/h24nendomokuji/h24nendo01.html）。

⑵　独立系業者からの純正パーツの供給やメンテナンスマニュアルの提供の求めをメーカーが拒絶する場合

医療機器メーカーが純正パーツを供給して定期メンテナンスも実施している場合で，独立系業者から，純正パーツの供給やメンテナンスマニュアルの提供を求められた場合，メーカーがこれを拒んで事実上独立系業者が参入できないような状況を作り出すと，競争者に対する取引妨害（独禁法19条，一般指定14項）に該当する可能性があり，注意が必要です（東急パーキングシステムズ事件・審決平16・4・12審決集51巻401頁参照（https://www.koutori-kyokai.or.jp/description/reserch/2013/201402negishi.pdf））（その他の独禁法上の注意点についてはQ48参照）。

4．下請法の問題

修理を請け負いし，その修理を第三者に再委託する場合，下請代金支払遅延等防止法（以下「下請法」といいます）上の「修理委託」（事業者が業として請け負う物品の修理の行為の全部又は一部を他の事業者に委託すること（同法2条2項））にあたります。したがって，修理の再委託を行う場合には，再委託先の資本金額を確認し，再委託先が同法上の「下請事業者」（同条8項）に該当するときには，同法に定められた親事業者としての義務や禁止事項を遵守する必要があります。

5．医療機関からの保守の受託

医療機器の安全使用や適正使用のためには，動作確認をはじめ，医療機関においても医療機器のメンテナンスを適切に行うことが欠かせません（医療法6条の12等）。そのため，医療機関は，特定保守管理医療機器の保守点検業務を外部に委託する場合，厚労省令で定める基準に適合する者に委託しなければなりません（同法15条の3第2項，同法施行令4条の7第4号，同法施行規則9条の8の2，薬機法2条8項，医療法施行規則9条の12）。医療機関から医療機器の保守点検業務を受託するときには，この基準に適合していることが必要となります。

Q50　製造販売後の安全管理

医療機器の製造販売後の安全管理の特色と注意点について教えてください。

A

医療機器も製造販売後の安全管理として必要に応じて副作用等の報告や回収を実施し，また使用成績評価など製造販売後調査を実施する必要があります。医療機器の製造販売後安全管理には，医療機器の承認外使用への対策も含まれます。

医療機器も医薬品と同様に，製造販売後の安全管理（Q33参照）と製造販売後調査（Q34参照）はきわめて重要です。特に，医療機器の治験で集められる症例数は医薬品に比べて少ないため，治験の対象に含まれないことが多い小児，高齢者，妊産婦等の患者情報や，現場における使用実態（操作方法，保守点検等）に係る情報を確認・収集し，安全性と有用性を担保する必要があります。

1．製造販売後の安全管理

(1)　安全管理情報の収集・報告に関する法規制

医療機器メーカーも，医薬品と同様に副作用等（不具合等）の報告を厚生労働大臣に行う義務があります（Q33参照)。医療機器では異なる製造販売業者の製品を組み合わせないし併用した際に不具合が発生することもありますが，そのような場合に原因が特定されないときには，原則両社により報告が必要とされています。また，医療機器修理業者が行った作業により不具合が発生した可能性がある場合でも，報告は製造販売業者が行う必要があります（医機連「不具合報告書等に関する質疑応答集」（平成28年7月19日）Q14，15参照。http://www.jfmda.gr.jp/wp-content/uploads/2017/08/21c1f5264845dec98005abb15c999573.pdf)。

(2)　安全確保措置

①　安全管理情報の収集・報告のための社内体制

医療機器の製造販売業者は，医薬品と同様に三役（総括製造販売責任者，国内品質業務管理責任者，安全管理責任者）を設置し，安全管理業務を適切に実施しなくてはなりません（Q33参照）。なお，医療機器および体外診断用医薬品においては，平成26年の薬機法施行により製造販売業の許可要件の一つであるGQPがQMSに変更されたことに伴い，品質保証責任者は「国内品質業務運営責任者」となりました。

② 安全確保措置の実施

医療機器メーカーも医薬品と同じく，製品の使用に関し保健衛生上の危害またはその拡大のおそれがある場合は安全確保措置を実施する義務があります（Q33参照，薬機法68条の9）。この措置には廃棄，回収，販売停止，情報提供などありますが，このうち「回収」とは，自社製品を医療機関から引き取ることをいいます（平成26年11月21日付薬食発1121第10号厚労省医薬食品局長通知）。医療機器に独特かつ用語が紛らわしい「改修」とは，製品を物理的に他の場所に移動することなく，修理，改良，調整，廃棄または監視する措置のことをいいます。「回収」は「改修」を含みますが，在庫処理，返品交換，新製品の販売にあたり品質，有効性および安全性に問題のない旧製品を置き換える行為は除かれます。実際の回収処理フローは，たとえば東京都福祉保健局のウェブサイトなどを参照してください（http://www.fukushihoken.metro.tokyo.jp/kenkou/iyaku/sonota/license/g_katahe/kiki/kiki_kaisyu.html）。

一般的に，医療機器は医薬品と比較して部材数や工程が多く，ソフトウェアなどとの組み合わせも多いことから，リコールがより頻繁に起こりやすいといえるので，代理店とは，リコールに関する協力義務を適切に取り決めておく必要があります。ただし，医療機器の製品によっては耐用期間が長期間にわたり，また代理店が在庫販売を行うことも多く，ロットナンバーなどに紐づけたトラッキングをすべての製品について行うことは現実的には困難を伴うことがあります。この問題への一つの対処となる制度として，高度管理医療機器の代理店などが医療機器を医療機関などに転売・レンタルする場合等に製造販売業者に必要とされる「中古医療機器の販売または貸与の事前通知書」（同法施行規則170条）があります。

③ 特定医療機器に関する記録および保存

医療機器特有の安全対策制度として，心臓ペースメーカーなど，人の体内に埋め込んで使用される医療機器が「特定医療機器」として指定されています（平成26年11月25日厚労省告示第448号）。特定医療機器の製造販売承認取得者は，医師等の協力を得て，その医療機器を使用している患者の氏名，住所などを記録し，保存する必要があります（薬機法68条の5）。

2．製造販売後調査（特に使用成績評価制度について）

医療機器の製造販売後調査で医薬品と異なる制度として，使用成績評価制度というものがあります。医療機器もかつては医薬品と同じく再審査制度と再評価制度（Q34参照）に基づき製造販売後調査が実施されていましたが，平成25年の法改正により，医療機器と体外診断用医薬品についてはこれらに代えて「使用成績評価制度」が新たに設けられました（薬機法23条の2の9）。この制度は，医療機器が短いサイクルで改善・改良され再審査期間の経過後には既に対象製品が市場に存在しない場合が少なくないことや，植え込み型医療機器ではさらに長期間の情報を収集する必要がある特性などを考慮し，医療機器を一律に評価対象とするのではなく，医療機器の特性に応じて，必要な品目ごとに一定期間の評価を行い，有効性および安全性に関する情報を集約するためのものです。なお医薬品では再審査と再評価の制度は維持されており，GPSPを遵守して「使用成績**調査**」を行う必要がありますが，医療機器の「使用成績**評価**制度」においても，「使用成績**調査**」をGPSP省令に則って実施します。用語が紛らわしいので注意してください。使用成績評価制度の具体的内容は，ドーモ編集『カラー図解　よくわかる薬機法　医療機器／体外診断用医薬品編』（薬事日報社，2015）166～174頁や，医機連『医療機器情報担当者教育用テキスト〔第2版〕』（医機連，2016）270～274頁を参照してください。

3．医療機器の承認外使用

(1)　製造販売後安全管理と承認外使用

医療機器の製造販売後安全管理に関する悩ましいトピックの一つとして，医師が自らの裁量下で医療機器を承認範囲外の方法により使用するという情報に触れた場合の対応が挙げられます。医療機器は，医薬品でも問題となるように適応外の症状に使用されうるほか，添付文書に記載されていない使用条件（圧力や速度など）が多岐にわたり，また他社製品との組み合わせによる想定外の使用方法なども起こることがあります。そのような承認外使用は製品の安全性と有用性に直結する問題であるため，医療機器メーカーとして慎重かつ適切な対応が必要です。なお医療機関において未承認機器の使用に関して取られる安全管理上の体制／対策についてはQ7を，未承認機器に関する情報提供に関してはQ46を参照してください。

(2)　製造販売後安全管理と承認外使用に関する裁判例（Q1参照）

医療機器の承認外使用に関する医療機器メーカーの製造販売後安全管理を考える上では，以下の裁判例が参考になります。

人工呼吸器換気不全死亡事件（東京地判平15・３・20判時1846号62頁）

ジャクソンリース回路を他社製の気管切開チューブと組み合わせ使用したことによる都立病院の死亡事故に関し，そのような組み合わせにより気道閉塞が起きることを明示し，そのような組み合わせで使用しないようにとの指示・警告が不足していた等として，医療機器メーカー２社と都に対して約5,060万円の損害賠償の支払いが命じられた。

この裁判例は，承認外使用された医療機器に関して医療事故が発生した場合の製造物責任に関して，製造物責任法上の指示・警告上の欠陥の考え方を明らかにしています。本裁判例で問題となっている指示・警告上の欠陥について，適切な指示・警告といえるためには，製品の使い方，その場合に当該製品に内在する危険性，危険を回避するための方法や，禁止される使い方とその場合の危険性などが，具体的にわかりやすく記載されている必要があります。個々の医療機器ごとに，承認外使用により事故の起きる可能性や実際に起きた場合の重篤度が異なるため，製品特性に応じた適切な指示・警告を検討することが重要です。医薬品の製造物責任訴訟についてはQ39を，医療機器メーカーのその他の製造物責任法に基づく責任についてはQ53を参照してください。

本裁判例で問題となったジャクソンリース回路は，当該事故以前にも数件の死亡・傷害事故が発生していました。当該事故の２カ月後には厚労省の「医薬品・医療用具〔著者注：現在は医療機器〕等安全性情報」に事故報告と注意喚起が掲載され，メーカー４社は安全確保措置として，自主回収を行いました。

Q51 在宅医療

医家向け医療機器を在宅医療で使用する・使用してもらう場合の法的問題や注意点について教えてください。

A

在宅医療のために医家向け医療機器を販売・貸与する場合，方法や広告・表示について各種規制の遵守が必要です。また，医師等以外が医家向け医療機器を使用する場合，医師法17条の医業独占規制に注意を要します。

1．在宅医療と医療機器

在宅医療は，①少子高齢化による医療費の増大と病床数の不足への対応，②自宅療養を希望する多くの患者の自己決定の尊重，という2つの要因から拡大しており，厚労省も在宅医療の推進のための施策を講じてきました。また，医療技術の進歩は，専門的技術がなくとも使用可能な医療機器を生み出してきました。

在宅医療においては，人工呼吸器，輸液ポンプ，在宅自己腹膜灌流（ふくまくかんりゅう）（CAPD）装置，在宅酸素療法（HOT）関連機器，といった医療機器を，在宅において医師や看護師以外の者が使用することが必須であり，これらの医療機器は多くの場合医家向け医療機器に分類されます。医家向け医療機器とは，医師，歯科医師，はり師等医療関係者が自ら使用し，またはこれらの者の指示によって使用することを目的として供給される医療機器をいいます（医機連「医療機器適正広告ガイド集」（平成28年12月改訂）2.第三5.(2))。

在宅医療の拡大に伴い，医療機器メーカーとしても，医家向け医療機器を在宅医療で使用する際・使用してもらう際の法的問題や注意点について留意しつつ在宅医療におけるニーズに応えていくことが重要になってきます。

2．医家向け医療機器の販売・貸与

(1)　販売・貸与における留意点

医家向け医療機器は医師の指示等に基づいて使用されるべきものであるため，

販売・貸与業者は，医家向け医療機器の一般向け販売・貸与について，原則として，医師の指示（指示書）に基づいて実施することが求められます（なお，薬局は処方せんに基づいて，特定保険医療材料に指定された医療機器を交付できます）。

医家向け医療機器の内，医療材料や安価なものについては，典型的には，患者または家族は，原則として医師の指示書・処方せんに基づき，販売業者または薬局から購入することになります。

なお，在宅医療の現場では，必要な量の医療機器を小包装単位で供給することが求められます。特定の需要者の求めに応じて行う場合，一定の要件の下，小分け製造（薬機法13条１項）にあたらず，医療機器販売業者にも分割販売が認められる場合があります（「医療機器の分割販売について」（平成26年４月11日薬食監麻発0411第３号））。

医家向け医療機器の内，大型のものや高価なものについては，典型的には以下の図のように，貸与業者から賃貸借契約・保守点検業務契約によって医療機関等に貸与され，医療機関等から患者に対して転貸が行われています（転貸については，通例契約書が作成されません）。

【図表３－10】在宅医療における医療機器の貸与

機器の設置・引き取り・保守点検等
賃貸借契約，保守点検業務契約，「貸出し」
機器転貸・在宅療養指導管理
事業者
医療機関等
在宅医療患者
外来受診（個人負担金支払い）

業者による設置等は，医師の指示書に基づき患者の居宅等において行われます。患者に対する医療機器の使用方法等の指導や説明は，本来，医療従事者が行うべき業務であり，原則として業者がこれを行うことはできません。ただし，業者は，在宅医療にかかる医療機器の保守点検業務として，患者の居宅等に限り，医療機器の取扱方法についての患者，家族等への説明を実施できるとされています（「医療法の一部を改正する法律の一部の施行について」（平成５年２月15日健政発第98号）第三６⑴エ①参照）。

⑵　在宅医療用医家向け医療機器の広告と表示

医家向け医療機器については，医療関係者以外の一般人を対象とした広告は行わないものとされています（Q25およびQ46参照）。例外として一般人向け広告が可能なものは，①体温計，②血圧計，③コンタクトレンズ，④自動体外式除細動器（AED），⑤補聴器，および⑥設置管理医療機器，に限られ，これ以外については，個別に都道府県薬務主管部（局）に照会しなくてはなりません（前掲「医療機器適正広告ガイド集」２.第三５.⑴）。

なお，在宅用の医家向け医療機器については，通常の添付文書に加え，別途，患者やその介護者向けの平易な添付文書または取扱説明書を作成することとされています（平成26年10月２日薬食発1002第８号）。

⑶　在宅医療と医療機器公競規

医療機器公競規との関係では，貸出基準において，在宅医療における，①患者トレーニング用無償貸出し，②医療機関等を経由しない無償貸出し等，③在宅患者の旅行対応等に関する無償貸出し等，がいずれも禁止されています。

また，患者が在宅医療に移行したとしても，患者が常に医療機関等の管理下にあることには変わりがないため，医療機器の情報提供は引き続き原則として医療機関に対して行うことになります。そのため，立会い基準では，「在宅医療における適正使用の確保及び安全使用のための立会い」について，立会い一般の回数等の制限に加え，医師等の説明の際に医師等に補足的な説明を求められた場合に限るものとしています（公競規と各基準につきQ47参照）。

３．医療機器の使用と医師法17条

医師法17条は，「医師でなければ，医業をなしてはならない」と規定しており，「医業」とは，医師の医学的判断および技術をもってするのでなければ人体に危害を及ぼし，または危害を及ぼすおそれのある行為（「医行為」）を，反復継続する意思をもって行うことと解されています（実際の反復継続は不要です）（「医師法第17条，歯科医師法第17条及び保健師助産師看護師法第31条の解釈について」（平成17年７月26日医政発第0726005号），Q6およびグレーゾーン解消制度申請への平成31年３月18日医政局医事課回答）。

なお，患者本人または家族が行う医行為については，行政の通知等はなく法的根拠は明らかでないものの（実質的違法性阻却との説あり），違法でないという理解が実務上一般化しており，広範な医療処置を患者本人・家族が行うことを前提に在宅医療が実施されています（米村41頁。インシュリン注射につき「インシュリンの自己注射について」（昭和56年５月21日医事第38号））。

前掲平成17年７月26日通知および前掲平成31年３月18日回答は，医療機器が関連する以下の各行為について，専門的管理が不要な状況では医行為に該当しないと整理しました。

- 体温計による脇下／外耳道体温測定および自動血圧測定器による血圧測定
- パルスオキシメータの装着
- ストマ装具のパウチにたまった排泄物を捨てること
- 自己導尿補助のためカテーテルの準備，体位の保持等を行うこと
- 市販のディスポーザブルグリセリン浣腸器を用いて浣腸すること
- インシュリン自己注射を要する患者に対し，声掛けや血糖値測定等の一定のサポートを行うこと

一方，以下の行為については判例や行政解釈により医行為とされてきました。

- 薬剤の注射，レントゲン照射，聴診，触診，眼底検査，聴力検査，心電図検査，採血，予防接種，装飾品装着のため耳に穴をあける行為等
- コンタクトレンズの処方のために行われる検眼およびテスト用コンタクトレンズの着脱（最決平９・９・30刑集51巻８号671頁）

また，「在宅におけるALS以外の療養患者・障害者に対するたんの吸引の取扱いについて」（平成17年３月24日医政発第0324006号）は，痰の吸引は医行為であるとの前提の下，在宅の療養患者・障碍者（既に認められていたALS患者を含む）に対して，家族以外の者が痰吸引を行うことを「当面のやむを得ない措置」として例外的に許容しました。

よって，医療機器メーカーとしては，在宅医療用に医療機器の製造販売を模索する場合，想定される使用主体・使用状況が，医師法17条に照らし医行為に該当するか，該当するとして例外的に許容されているか，を検討することが求められます。

Q52 データの収集と利用

医療機器内に蓄積されたデータや，医療機器を経由してメーカーが収集するデータの利用に関する注意点について教えてください。

データ利用に際して最も注意すべき点は個人情報の取扱いですが，それ以外にも検討すべき事項は多くあります。また，法的検討の前提として，データがどのように取り扱われるのかをしっかり把握することも重要です。

1．データ利用に関する潮流

(1) 「個人情報取得＝リスク」の時代

いうまでもなく，個人情報保護は重要な法的課題です。わが国の個人情報保護法や，EUのGDPRをはじめとする各国の立法により個人情報保護に求められるハードルは高くなっており，ヘルスケア業界に限らず，多くの企業は個人情報を取得することそれ自体をリスクとして認識するようになりました。

(2) データ利用への着目

しかし，近年では，データヘルスや医療・ヘルスデータの利用が注目されはじめ，異なる動きが多く見られるようになってきました。ビッグデータ解析による研究開発や診断，データに基づく生活習慣病等の改善，データ共有による医療の提供など，データ利用の形態は多岐にわたりますが，より良い医療をより効率的に提供できる可能性を秘めた分野だと考えられています。この機会を捉えようと，Google等の名だたるIT企業もヘルスケア分野に参入しています。

医療機器メーカーも，医療機器から得られるデータの利用を検討することが今後ますます増えるでしょう。他方で，個人情報の取扱いのリスクは依然としてなくなったわけではありませんし，その他にもデータを利用するに際しては数多くの論点がありえます。この解説では，代表的な問題点を大まかに説明するに留めますので，個別の点の詳細については，文中に示す関連項目を参照したり，個別に調べたりして，より深い理解につなげるきっかけとしてください。

2．利用実態の把握

データの利用が語られるとき，往々にして，一体それはどのような利用なのかが十分に理解されていないことがあります。しかし，想定される利用実態の把握は法的検討の前提であり，非常に重要です。

(1)　データの項目

まず把握すべきは，どのようなデータがあるのかです。データの項目が何であるか，また，個人情報の主体は誰であるのかといった事項はすべての出発点になります。基本的なことではありますが，時には項目を特定しないで「個人情報」「医療データ」などと抽象的に語られることもあるため，注意が必要です。

(2)　データの所在

データのありかも重要です。分散しているのか集中して保存されているのか，国内か国外か，その保管場所は一体誰のものか，クラウドであるとすればそのデータは物理的・論理的にどの程度他と隔離されているか，といった事項によって取扱いが異なる場合がありますので，具体的に把握しておくべきです。

(3)　データの流れと処理

さらに，データがどう取り扱われるかを理解しなければなりません。データの入手に関しては，どのような医療機器によりどのように収集されたものか，個人情報取得の同意や説明の有無および内容，自社が直接入手するのか，医療機関等の第三者経由で入手するのかといった事項，そして，その後の取扱いについては，データに誰がどのような処理を加えるのか，第三者への提供があるならば，誰に何をどのように提供するのかといったことを確認する必要があります。加えて，データが誰のために利用され，誰がどのような利益を受け，誰が対価を支払うのか，関連する当事者間にはどのような契約関係があるのかといったビジネスモデルに関しても遺漏なく確認しておくことが求められます。

3．個人情報保護に関する問題点

医療機器に関するデータ利用に関してまず問題となるのはやはり個人情報保護です。医療機器に限らないヘルスケア業界における個人情報に関する問題点についてはQ35やQ57を参照してもらうこととして，ここでは医療機器メーカーとしてのデータ利用に際して検討することが多い事項を３つ解説します。

(1)　３省３ガイドライン

厚労省の「医療情報システムの安全管理に関するガイドライン」，経産省の「医療情報を受託管理する情報処理事業者における安全管理ガイドライン」および総務省の「クラウドサービス事業者が医療情報を取り扱う際の安全管理に関するガイドライン」は，医療情報の安全管理に関するガイドラインで，総称して「３省３ガイドライン」とも呼ばれます。３つのガイドラインはそれぞれ異なる名宛人を想定していますが，データの流れの中に登場する他の関係者が遵守すべき事項を無視するわけにもいきません。そのため，３つとも簡単にでも目を通しておくことをお勧めします。なお，経産省と総務省のガイドラインは令和元年度に統合予定であることが発表されています。

(2)　次世代医療基盤法

次世代医療基盤法の内容についてはQ57を参照してください。補足として，平成30年に本法が施行された前後には「この法律によって個人情報保護法改正後もオプトアウトによる提供が可能になる」といった点を強調して説明されることもあった結果，一部のビジネスパーソンは次世代医療基盤法があれば同意なしで広く第三者提供ができると誤解している場合もありますが，実際には，かなり限定的な場合にのみ適用される法律であるため注意が必要です。

(3)　匿名加工の程度

データを匿名加工して利用するという場合もあると思われます。しかし，単に氏名を削除したのみでは十分な匿名加工とはいえない場合も多くあるため，匿名加工の程度には注意を払う必要があります。個人情報保護法36条の文言に加えて，個人情報保護委員会「個人情報の保護に関する法律についてのガイドライン（匿名加工情報編）」（平成29年３月一部改正）が参考になります。

4．個人情報以外の法的問題

医療機器メーカーとしてデータ利用を図る上で，個人情報保護以外にも検討すべき点は多くありますので，いくつかを取り上げて解説します。

(1)　プログラム医療機器

プログラム（ソフトウェア）であっても，医療機器に該当することがあります。疾病の診断，治療または予防のためにデータを活用しようとする際には特にこの点に注意が必要です。具体的には，Q42やQ44を参照してください。

(2)　医学研究への規制・倫理指針

診断，治療または予防の方法等の改善や新たな知見獲得を目的とする場合，人から得られたデータの利用だけでも医学研究に関する規制や倫理指針の対象となりえます。中でも「人を対象とする医学系研究に関する倫理指針」は対象範囲が広く，注意が必要です。詳細についてはQ4やQ57を参照してください。

(3)　責任分界点

データ利用のためには，ネットワークを通じて第三者とデータのやりとりをすることも頻繁に求められます。その際には，契約によって，障害時の補償等の条件を定めておくことが重要です（データ滅失などの紛争防止についてはQ53参照）が，それ以外に特徴的に求められることとして，責任分界点を定めることがあります。責任分界点とは，ネットワークに障害等が発生した場合に，どこまでは自社で対応し，どこからは対応できないのかを定めたものです。これを定めておかなければ，障害に誰が対処すべきかが不明確となり，障害対応の支障となります。このとき，障害に対処する責任と，障害によって生じた損害を負担する責任を混同しないよう留意してください。

(4)　電気通信事業法

データ利用の形態によっては，第三者同士でメッセージを伝達することができるサービスやシステムが作られることがあります。そういった場合には，電気通信事業法の規制に服することがないか，確認が必要です。ここではその具体的な詳細は述べませんが，総務省の「電気通信事業参入マニュアル」や，同マニュアルの追補版などを参照すると理解の契機となります。

5．まとめ

データ利用は数多くの問題点をはらんでおり，法務パーソンとしては頭を悩ませることが多いテーマです。他方で，ビジネスのためにも，より良い社会のためにも大きく発展する可能性のある分野でもあり，過大なリスクは避けつつもデータ利用を推進できる途を模索することが重要です。

Q53　法的紛争

医療機器ビジネスにおける法的紛争にはどのようなものがありますか。また，法的紛争を予防するための効果的な方策としてどのようなものがありますか。

医療機器ビジネスにおける法的紛争の代表的な例としては，医療機器が期待されたとおりに機能しなかったことに起因する医療機関や患者との紛争が挙げられます。予防策としては，適切な契約書の作成，正確な情報提供，リスク管理，手順書の整備等があります。

1．概　　観

「医療機器が期待されたとおりに機能しない」という状況は，当該機器自体に由来する原因だけでなく，機器の取扱い，患者の病態，機器の性能に対する医療従事者や患者の認識等，さまざまな（時には複数の）要因により生じます。特に，医療機器は，医薬品の副作用と異なり，医療従事者の手技の習熟度や機器の保守・管理の影響を受けやすく，構造上の欠陥とはいえない多様な不具合が発生しうるという特性があり，その原因が特定できないことも珍しくありません。したがって，このような状況に起因する紛争においては，相手方の主張をよく理解しつつ，関連部署と協力して現実的に可能な範囲で原因を追及し，訴訟になった場合の立証責任の配分と予想される結果も考慮しながら，効果的・効率的に解決に向けて対応に努めることが必要です。RACIチャート（実行責任者，説明責任者，協議先，情報共有先を記載したチャート）で役割を特定し，分担を明確にして問題にあたることも有益でしょう。紛争の種の段階で問題を把握し，問題を軽視しない一方で，必要以上に責任を認めてしまわないことも肝要です。

紛争対応には多くのリソースを必要とし，結果が正確に予測できないリスクがあります。さらに，紛争の相手方である医療機関・医療従事者のみならず，他の医療機関・医療従事者との信頼関係にも影響がありえます。したがって，紛争は可能な限り未然に防ぐ必要があります。以下，事例ごとに，対応方法，法務パーソンとして留意すべきこと，考えうる予防策を解説します。

なお，医療機器の開発，製造販売においても特許戦略の策定と訴訟リスクの管理は必要です。ただし，有効成分の特許が切れるまで，実質上，特許が製品を支えている医薬品と異なり，医療機器は，多数の特許で成り立ち，クロスライセンスで処理されているため，特許訴訟のリスクは医薬品に比べて大きくありません。特許紛争については本設問では割愛します。

2．紛争例①―医療機器購入代金の支払い拒絶の事例

医療機器が期待された機能を実現しないことを理由として，医療機関が代金を支払わない事例を検討します。医療機器メーカーとしては，まず，医療機関が代金の支払いを拒絶するに至った経緯と理由を時系列で把握し，期待された機能が売買契約の内容を構成していたかを確定します。契約書の文言，製品説明書やパンフレットの記載内容，営業担当者の情報提供会，トレーニングにおける説明内容が契約内容特定の要素です。製品説明書に明確な記載があるにもかかわらず，当該機能が実現できない場合は，法的責任を負うと判断せざるを得ません。法的責任の有無の検討を踏まえて医療機関側に提示すべき条件を決定します。譲歩する場合でも，譲歩をする正当理由を客観的に説明できるようにします。

このような紛争を防止するには，添付文書や取扱説明書を正確に作成し交付すること，広告宣伝用資材を法令および社内規則に従い適切に作成すること，営業担当者が製品の機能，特性について医療従事者に正確に情報提供することが肝要です。また，売買契約において，特定目的への適合性の非保証の条項，契約に記載していない保証が契約内容にならないという定めを設ける，また，代理店や販売店がユーザーに販売する場合には，同様の内容の契約を締結させることも有効です。

3．紛争例②―保守対応における事例

医療機器の保守対応における紛争事例にはさまざまな事案がありますが，医療機関から不具合の指摘を受け原因の追及と必要な対応を策定したものの，途

中で交渉が決裂し，医療機関の協力が得られなくなり保守対応ができず，また，代金の支払いもなされないといった事例を検討します。このような事案が裁判で争われた事例があります。原告（医療用事務機器の販売業・医療用ソフトウェアの開発・販売業）は，被告（医療機関）との間で医療システム機器に係る売買契約を締結したが，被告の代金支払債務の履行遅滞により解除したと主張し，被告に原状回復請求として機器の返還およびその使用利益相当額の支払いを求め，履行遅滞に基づく損害賠償を求めました。これに対して，被告は，機器には種々の不具合があったと主張して，原告に対し，売買契約の債務不履行または瑕疵担保責任に基づき，損害の賠償を求めました（東京地判平28・2・26LEX/DB25533555)。裁判所は「本件機器の性質に照らせば，X（医療機器販売業者）には，本件機器を引き渡して，不具合なく正常に作動するよう設置する義務があったにせよ，その義務は引渡後直ちに履行すべきことまで要求されるものではなく，本件機器の作動状況を随時確認しながら，不具合が生じた場合には，その原因を調査の上で特定し，その解消のため必要な対応をすることで足りるというべきである」として，原告の債務不履行（不完全履行）と瑕疵担保責任を否定しました。保証の範囲が契約上明確ではない場合に一定の作業を行ったものの，納得されず，依然として代金が支払われない場合，解除という方策がとれること，また，どの程度の対応をしていれば債務不履行責任を負わないのかという点の検討にあたって参考になります。

紛争の予防策としては，保守サービスの契約に医療機関側に協力が必要な事項を規定する，保守の内容を具体的に契約書に定める等が考えられます。

4．紛争例③─医療機関から損害賠償がなされる事例

医療機関から損害の賠償請求を受けるケースがあります。たとえば，装置が故障し，復旧までの間院内業務が途絶したので，途絶した期間の得べかりし利益を支払え，または，装置の故障，使用上のミス，メンテナンス時に装置に蓄積されていたデータが滅失したので，データの価値の分の費用を支払えといった請求です。

対応の手順は，代金不払いのケースと同様ですが，紛争の予防策としては，契約で責任の上限額を定める，得べかりし利益を損害賠償の範囲から除外して

おくことが考えられます。データ喪失の事例では，医療機関側でデータのバックアップをとる責任がある旨をメンテナンス・保証契約に規定し，メンテナンス作業時の手順書にバックアップを取ったことの確認を盛り込むことが有効です。

5．紛争事例④—健康被害が生じた事例

機器の使用に際し患者に健康被害が生じた場合，患者との間でも紛争が生じます。患者と医療機器メーカーとの間には契約関係が存在しないため，医療機器メーカーの製造物責任法に基づく責任が問題になります。

製造物の「欠陥」の有無は，「当該製造物の特性，その通常予見される使用形態……を考慮して」判断されるため，医療従事者の使用方法が当該製造物の「通常予見される使用形態」であったかが問題になります。高度の専門的知見と技能が必要であるにもかかわらず，習熟度が足りなかったり，製造者の指示警告に従わずに使用した場合は，製造者の責任が否定される可能性があります（医療機器の承認外使用に関するメーカーの製造物責任法上の責任についてQ50参照）。

また，医療機器には，保守点検やメンテナンスが不可欠であり，メーカーは，保守点検をすることによって医療機器による事故の発生を何らかの理由で予見できたり，また，メンテナンスにより事故の発生が防止できたりするならば，結果の重大性に応じて，保守点検やメンテナンスが必須であることの警告をつけ，当該警告が周知されるようにする義務があります。紛争の予防策として，医療機器の使用方法に関して十分な情報提供とトレーニングを行う必要があり，また，医療機関が保守点検を適切に行えるよう，添付文書，取扱説明書や製品説明会の場において，詳細な情報を提供することが必要です（Q7（医療機関における医療安全），Q50（製造販売後の安全管理）を参照）。

Q54 機器の設置・販売・交換・引き取り

医療機器に適用されるその他の法律や遵守にあたっての注意点について教えてください。

医療機器に関しては，機器の設置，販売，交換，引き取り等の取扱いにあたって薬機法以外にも多種多様な法規制があります。法務パーソンは，会社がこれらの法規制を遵守できるよう，関係部署と連携して，積極的にそれらの法規制の最新情報を収集し，法令に沿ったビジネスのスキームを組み立て，また，法令遵守体制を整備する必要があります。

医療機器ビジネスに適用される法規制は多岐にわたります。

以下，医療機器ビジネスで留意すべき代表的な法令について，制度趣旨と主な適用場面を解説し，それについての情報源を紹介します。

1．計量法

計量法は，計量の基準を定め，適正な計量の実施を確保し，もって経済の発展および文化の向上に寄与することを目的とする法律です（1条）。医療現場における計量においても，同法に定める「特定計量器」に該当する場合には，同法に従って，正確性を持って計量が実施されることが法的に要請されます。同法に定める「特定計量器」に該当する機器には，血圧計，体重計，調剤用電子てんびんなどがあり，特定計量器の製造，修理，販売に関する事業の届出制度，計量証明事業の登録制度，特定計量器の検定，検査制度に従う必要があります。

「特定計量器」に該当するか否か，また，計量法に基づく具体的な規制，法律の改正については，経産省の情報サイト（http://www.meti.go.jp/policy/economy/ hyojun/techno_infra/31_houreishu.html）が参考になります。

2．放射性同位元素等規制法（放射性同位元素等の規制に関する法律）

放射性同位元素等規制法は，放射性同位元素の使用，販売，賃貸，廃棄その他の取扱い，放射線発生装置の使用および放射性同位元素または放射線発生装置から発生した放射線によって汚染された物の廃棄その他の取扱いを規制することにより，これらによる放射線障害を防止し，また，同法に定義された特定放射性同位元素を防護して，公共の安全を確保することを目的に制定された法律です。医療機器メーカーが同法に規定された放射性同位元素を販売，賃貸する場合は，原子力規制委員会に届け出る必要があります。また，廃棄については，許可が必要です。

同法に関する情報は，原子力規制委員会の情報サイト（https://www.nsr.go.jp/activity/ri_kisei/kiseihou/）が参考になります。

3．建設業法

建設業法は，建設業を営む者の資質の向上，建設工事の請負契約の適正化等を図ることにより，建設工事の適正な施工を確保し，発注者を保護するとともに，建設業の健全な発達を促進し，もって公共の福祉の増進に寄与することを目的とする法律です。同法に基づき，工事の完成を請け負うことを業とする場合には，その工事が公共工事であるか民間工事であるかを問わず，軽微な工事を除き，同法3条に基づき建設業の許可を受ける必要があります。医療機器ビジネスにおいても，手術室や集中治療室に画像診断装置等の医療設備に係る工事をする場合は，同法に基づく許可が必要となる場合があります。

医療機器の種類，内容により要不要が異なることから，建設業の許可の要否を管轄する都道府県に事前に問い合わせることが必要です。建設業の許可を取得，維持するためには，一定の資格と経験を有する経営業務を管理する常駐の責任者を設置することが要請されています（2020年10月1日以降は，この経営業務管理責任者に求められている要件が緩和されます）。最新の国土交通省令の基準を確認し，基準に沿うように会社の体制を整える必要があります。

同法に関する情報は，国土交通省（http://www.mlit.go.jp/totikensangyo/const/1_6_bt_000283.html），都道府県の情報サイトのほか，都道府県によっては，窓口が設定されています。

４．廃棄物処理法（廃棄物の処理及び清掃に関する法律）

廃棄物処理法は，廃棄物の排出を抑制し，廃棄物の適正な分別，保管，収集，運搬，再生（リサイクル），処分等の処理をし，ならびに生活環境を清潔にするための規制を定める法律です。医療機関が新しい医療機器を購入したため，既存の機器が不要になった際に，既存の医療機器の廃棄を販売業者に有償で依頼する場合があります。依頼を受けた販売業者は，同法に基づいて産業廃棄物収集の許可が必要になります。

許可に基づき運搬する際には，廃棄物運搬中という表示や書面の備え付けが必要です。また，自社における製品説明会・デモにおいて排出されたディスポーザルが感染性廃棄物に該当する場合（動物の臓器に用いたメス等）は，廃棄物の取扱者に廃棄物の種類が判別できるようにし，梱包やその後の処理が安全かつ適正に行うことができるようにした上で，感染性産業廃棄物の許可のある特別管理産業廃棄物処理業者に委託することが必要です。

新しい製品を販売する際に商慣習として同種の製品で使用済みのものを無償で引き取り，収集運搬する下取り行為については，産業廃棄物収集運搬業の許可は不要であるとされています（平成25年３月29日環廃産発第13032910号）。この通知によると，医療機器メーカーが同種の製品で使用済みのものを無償で引き取る場合には，廃棄物処理法との関係では，許可は不要ということになります。しかしながら，医療機関等で不要となった旧製品を，医療機器メーカーが廃棄を前提として無償で引き取ることは公正競争規約で制限されます。廃棄が目的でありながら，「下取り」を名目にして，無償で引き取ることは，医療機関等が自ら負担すべき費用（旧製品の廃棄に要する費用）を肩代わりするものであり，医療機関等に対する不当な景品類の提供に該当し，規約３条に違反するとされているからです（公取協「医療機器業公正競争規約質疑応答集 合本版Ⅱ」Q402～Q407。公取協相談回答速報No.269 2010.10.29発行）。なお，廃棄が目的ではなく，新製品への更新の際に，医療機関等で使用されていた旧製品の部品が再利用できる，または，旧製品を修理代替器として利用できると判断した場合に，旧製品を有価物として，相応の対価を支払って買い取ること自体は，規約で制限されません。公競規の制限に違反しないためには，廃棄のために旧製品を引き取る場合は，適正な対価を支払って行う，すなわち，有償での引き取りになりますので，環境省の通知の「無償での引き取り」の要件を満たさないことになると解釈されると考えられます。したがって，医療機関から廃棄物を有償で引き取る場合には，廃棄物処理法上の許可が必要になると思われますが，解釈については，関係省庁への確認が必要です。

同法に関しては，環境省の情報サイト（https://www.env.go.jp/recycle/waste/laws.html）が参考になります。

5．古物営業法

古物営業法は，取引される古物の中に窃盗の被害品等が混在するおそれがあることから，盗品等の売買の防止，被害品の早期発見により窃盗その他の犯罪を防止し，被害を迅速に回復することを目的とする法律であり，医療機器メーカーが古い機器を買い取って転売する場合は，同法に基づく許可が必要となります。具体的には，所轄の警察署（許可業務は都道府県公安委員会が担当）に必要書類を提出し，許可を得る必要があります。

「自己が売却した物品を当該売却の相手方から買い受けることのみを行うもの」は同法上の「古物営業」に該当しません（2条2項1号）。ただし，自社製品であっても，直接販売していない相手から製品を買い受ける場合には，同法の許可が必要となります。たとえば，メーカーAが医療機器Xを医療機器販売店B経由でエンドユーザーCに販売した場合に，①メーカーAがエンドユーザーCから直接下取りを行うか，②メーカーAが別の医療機器販売店D経由で下取りを行うには，同法の許可が必要になります。同法の許可の取得にあたっては，非居住者の役員に関する書類の取得に時間を要する場合があります。役員交代の際に十分な準備が必要です。

同法の許可については，警視庁の情報サイト（https://www.keishicho.metro.tokyo.jp/smph/tetsuzuki/kobutsu/kaisetsu/faq.html#cmsq3）が参考になります。

6．電気製品安全法（電安法）

電安法は，電気用品の製造，輸入，販売等を規制するとともに，電気用品の安全性の確保につき民間事業者の自主的な活動を促進することにより，電気用品による危険および障害の発生を防止することを目的としています。管理医療機器および高度管理医療機器は，薬機法の審査を受けた製品の電源をとるための汎用性のあるACアダプタについては，電安法の規制の対象から外されます。

一般医療機器のACアダプタについては，概要，製品の目的，使用状況，技術的な面など多方面から経産省が検討して，個別の判断で対象外とされます。

対象機器の判断にあたっては，経産省の電安法のサイト（http://www.meti.go.jp/policy/consumer/seian/denan/）や日本品質保証機構の情報サイト（https://www.jqa.jp/service_list/safety/service/mandatory/pse/）が参考になります。

７．医療機器に関する法規の情報収集・法務パーソンの役割

上記のように医療機器には多岐な分野に渡るさまざまな法規制があります。法務パーソンとしては，会社がそれらを遵守できるよう，関係部署と連携し，部署間の責任範囲を明確にして，法令の制改定や執行状況に関する情報を積極的に収集できるようサポートし，自らも積極的に収集する必要があります（各種団体（Q11参照）や情報収集手段（Q12）を参照)。また，法務パーソンに求められるのは，前例や業界の常識からの予断を持つことなく，実際の法令を基に，管轄官庁に照会し，正しい判断をするように導くことです。

第 4 章 ▶▶

産学連携

Q55　産学連携による研究の概観

当社では大学と一緒に研究開発を進めていくことになりました。産学連携とはどのようなものですか。法務パーソンはどのように関わればいいでしょうか。

産学連携とは，企業と大学が共同研究等などを行い，相互に補完しあって，研究開発を行う活動をいいます。企業と大学とでは，役割や，適用される法令等が異なります。法務パーソンは，このような違いを念頭におき，事案の整理・調整を行って，連携を支援していくことが求められます。

1．「産学連携」の概要

産学連携とは，「産」と「学」との共同作業により，新しい価値を創造しようとする活動です。具体的には，企業（産）と大学（学）とが，組織の垣根を越えて連携し，共同研究や受託研究などを行うことで，イノベーションの創出を目指し，将来のイノベーションが期待される大学における科学技術の「シーズ」を実用化して社会へ還元し，社会経済や科学技術の発展，国民生活の向上につなげる取組みになります。ここでシーズ（Seeds）とは，「技術の種」という意味で，技術のニーズ（Needs）に対応する概念です。企業にとっては，企業内部と外部のアイディアを有機的に結合させ価値を創造するという「オープン・イノベーション」の一形態であり，自社の研究開発資源の限界を打破して研究開発を行うための手段として，大学にとっては，大学で生まれた技術を企業と連携することで社会実装し，公益につなげる手段として，重要な意義を有しています。

産学連携は，平成28年６月２日に閣議決定された，「日本再興戦略2016」においても推進されており，年々盛んになってきています。文部科学省の統計によると，平成29年度においては，企業からの研究資金等（知的財産収入含む）は約960億円と，前年度に比べ約112億円増加しています（13.3％増）（文部科学省「平成29年度　大学等における産学連携等実施状況について」（平成31年２月27日））。

本書では，産学連携を次の５つ，①医療情報や生体試料を用いない基礎研究・非臨床研究（Q56参照），②医療情報または生体試料を用いる研究（Q57参照），③医師主導治験・臨床研究（Q58参照），④医工連携（Q59参照），⑤再生医療（Q60参照）に分類して解説します。それぞれの場面における留意点などは各QAで解説していきますが，本解説では，その前提として，産学連携における「学」の種類・社会的役割，大学において産学連携を支援する組織・スタッフ，産学連携の今後と課題について解説していきます。

2.「学」の種類，社会的役割

⑴　「学」の種類

産学連携における「学」には，国立大学，公立大学，私立大学，国立研究開発法人などがあります。これらは，研究機関として同一の性質を有するものの，適用法令が異なっている場合（たとえば，個情法（Q57参照））があるので留意が必要です。本解説では，国立研究開発法人も含めて，「大学」と表記します。

⑵　大学の社会的役割

教育基本法は，大学の社会的役割について，次のように規定しています。「大学は，学術の中心として，高い教養と専門的能力を培うとともに，深く真理を探究して新たな知見を創造し，これらの成果を広く社会に提供することにより，社会の発展に寄与するものとする。」（７条１項）。この規定から，大学の社会的役割とは，①高い教養と専門的能力を培うこと（教育活動），②真理を探究し新たな知見を創造すること（研究活動），③これらの成果を広く社会に還元し，社会の発展に寄与すること（社会貢献），とされていることがわかります。なお，国立研究開発法人には，上記教育基本法の適用はありませんが，国立研究開発法人の設立の根拠となる個別法（たとえば，理化学研究所であれば，「国立研究開発法人理化学研究所法」）に，上記の②研究活動および③社会貢献と同様の目的が規定されています。

これらの社会的役割のうち，産学連携に関係する社会的役割は，研究活動と，社会貢献です。大学は，従来，得られた成果を学会発表や論文雑誌へ投稿すること（学術発表）により，社会貢献の役割を果たしてきました。しかし昨今では，学術発表による長期的・間接的な社会貢献だけでなく，成果の特許化・技術移転を通じての短期的・直接的な社会貢献も，求められるようになってきています。とはいえ，大学にとって，学術発表による社会貢献が重要な社会的役割であることに変わりなく，産学連携の場面においても，学術発表と成果の特許化との調整が必要になる場合があります（Q56）。

(3)　企業の社会的役割

一方，企業は，「製品・サービス」の提供といった自社の事業を通じて，利益の追求を図ると同時に，社会の一員として社会の持続可能な発展に貢献することをその社会的役割としています。そのため，企業は，研究開発で得られた成果そのものを広く社会に還元するというよりは，自社の事業で活用し，社会に還元していくことになります（Q16，17参照）。

(4)　取組み方

このように，企業と大学とでは，社会的役割が異なっています。さらに，Q56以降で解説するように，適用される法令等も異なっている場合があります。法務パーソンは，両者の社会的役割の違いなどを理解し，自身が有している事案の整理能力，調整能力などを活かして，双方にとって有意義な連携を行えるように支援を行うことが求められています。

3．大学における産学連携支援組織・スタッフ

大学には，産学連携を円滑に行うため，産学連携を一体的かつ専門的にマネジメントする組織（産学連携本部）が設置されています。産学連携本部には，弁理士などの知財担当者や，弁護士などの法務パーソン，企業と大学の研究者とのマッチング・連携の支援を行う産学連携コーディネーターなどがおり，各分野で産学連携を支援しています。他にもリサーチ・アドミニストレーター（URA）なども，産学連携を支援しています。また，臨床研究や，医師主導治験などの大学の附属病院との連携の場面では，CRC（Q15参照），スタディ・マネージャーなどのスタッフが登場します。

それぞれの支援組織・スタッフの役割は，大学に応じてさまざまで，法務パーソン・知財担当者が契約交渉を担当している大学もあれば，URAが契約交渉を行う大学もあります。

4．産学連携の課題と今後

前述したように，産学連携は，年々増加・拡大傾向にあります。しかし，いくつかの課題も指摘されているのが現状です。たとえば，平成28年２月16日に日本経済団体連合会が発表した「産学官連携による共同研究の強化に向けて」では，「本部機能」が旧態依然としており，部局横断的な連携等が困難であること，また，大学については，産学官で資金・知・人材などが好循環する共同研究の実現に向けて，大学の財務構造・成果（知的財産）管理等で多数の障害が存在すること，が指摘されています（なお，同提言においては，Q56で解説する，非独占的な自己実施において「不実施補償料を請求しない」ルールの導入が求められています）。

かかる提言を受け，より本格的な，「組織」対「組織」の強固な連携の実現のため，「産学官連携による共同研究強化のためのガイドライン」（平成28年11月30日，イノベーション促進産学官対話会議）が制定されました。今後は，個別の研究の連携ではなく，包括的・部局横断的な連携も増加していくことが見込まれ，その際には，ライフサイエンス以外の分野（工学研究科，情報学研究科など）との連携（Q59参照）も盛んに行われるようになることが見込まれます。

《参考文献》

- 川尻達也＝平野正夫＝前田裕司『ヘルスケア分野における産学連携ガイドブック』（薬事日報社，2016）

Q56 基礎研究・非臨床研究

当社は，大学と連携して，大学発シーズの創薬を目指すことになりました。まずは，基礎的な研究から始めるので，医療情報や生体試料の利用は伴いません。契約種別，研究成果の取扱い，その他法務パーソンが留意すべき事項を教えてください。

基礎研究・非臨床研究の場面では，受託研究契約や共同研究契約などがあります。また，大学の成果に関する考え方は，企業のそれとは異なりますので，大学の研究成果についての考え方や背景を理解した上で，調整を行う必要があります。

1．基礎研究・非臨床研究

基礎研究・非臨床研究は，産学連携において，最も基本的な連携形態です。本設問では，基礎研究・非臨床研究における契約種別およびこれらの主な条項や，使用される概念・用語について解説します。なお，大学の多くは，産学連携に関するウェブサイトを設けており，当該ウェブサイトで，各種契約のひな型や，契約締結手続について説明しています。さらに，ひな型の解説，知的財産権を含む成果についての考え方を記載している大学もあります。大学と契約交渉を行う際には，これらの各大学が公開している資料に目を通しておくと有益です。

2 産学連携における代表的な契約

(1) 受託研究契約と共同研究契約

産学連携に関する契約としては，受託研究契約と共同研究契約があります。これらは文字通り，受託研究，共同研究を行う際に締結する契約です。

「受託研究」とは，大学が企業からの委託により，主として大学のみが研究を行い，そのための費用を企業から支弁されるものをいいます。たとえば，企業が，研究経費と研究試料（企業が合成した化合物など）を大学に提供し，大学が有する疾患モデルマウスなどの評価系を用いて，当該研究試料を評価する研究などがあります。

一方で，「共同研究」とは，大学と企業とが共同で研究を行い，かつ，大学が要する費用を企業が負担するものをいいます。大学と企業が共通の課題を有し，その課題について両者協力して研究を行います。

受託研究と共同研究とでは，自社の研究者を含めた研究開発資源を当該研究に割くか否かという点で違いがあります。そのため，受託研究では，いわば「お試し」として研究を大学に委託し，その研究結果次第で，自社の研究開発リソースを割いて共同研究を行う，という場合が多いようです。

(2)　ＭＴＡ

MTAとは，Material Transfer Agreementの略称です。研究成果有体物移転契約などとも呼ばれます。MTAは，①相手方から研究成果有体物の提供を受けて自社内での研究開発に使用する場合や，逆に，②研究成果有体物を研究目的で，相手方に提供する場合に締結されます。MTAを検討する際には，その対象である研究成果有体物が，「有体物」としての側面と，有体物に化体した「情報」としての側面を持つことに留意する必要があります。

(3)　その他の契約

その他の契約としては，秘密保持契約や，共同研究で得られた発明についての共同出願契約などがあります。

3．成果の取扱い（学術発表と知財）

(1)　学術発表

大学にとって，学術発表は重要な社会貢献の手段です（Q55参照）。そのため，大学が用意している受託研究契約や共同研究契約のひな型には，学術発表に関する条項が規定されていることが多いといえます。たとえば，「大学は自由に（企業の同意なく）学術発表を行うことができる」という規定です。一方で，企業における研究およびその成果の活用は，自社の事業を前提に考えられます。そのため，研究成果が生まれたときは，自社の事業戦略（知的財産戦略）に基づき，出願して特許化する，得られたデータは自社の企業秘密として秘匿するといった対応を考えるのが通常です。法務パーソンとしては，両者の要望を踏まえた上で，両者にとって納得できる契約条件を検討する必要があります。その際には，当該研究における大学の学術発表に関する意向（行う予定があるのかどうか。あるとすれば，それはいつ頃か）や，当該研究で自社が得たい成果とその活用見込み，学術発表予定時期までに出願を行うことができないか，などを大学や，自社の研究者，知財担当者からヒアリングし，調整していくことが望ましいでしょう。

(2)　不実施補償

①　不実施補償とは

産学連携における重要な概念の一つに「不実施補償」があります。不実施補償とは，企業と大学が共有する特許権等に係る特許発明を企業が実施する際，大学に対し，対価を支払うことをいいます。何に対する「対価」なのか，ひいては，不実施補償の根拠については，類型に応じていくつかの考え方があります（後述）。

②　デフォルトルール

企業が特許発明を実施する場合，自社が当該特許発明に係る特許権を有するのであれば，たとえ当該特許権が共有であったとしても，同じく共有権者である大学の同意なく，当該特許権に係る特許発明を自ら実施（自己実施）することができます（特許法73条2項）。不実施補償は，実施料（ライセンスフィー）（Q18参照）とは異なり，自社が特許発明を実施するために特許法上当然に生じるものではありません。

③　不実施補償の類型・根拠

不実施補償には，付随する契約条件に対応して2つの類型が考えられます。(i)共有に係る特許権を大学が第三者に対して実施許諾できない場合（企業による独占的実施）と，(ii)大学が第三者に対して実施許諾できる場合（企業による非独占的実施）です。(i)の類型における不実施補償は，当該特許権から得られる利益を，特定の企業が独占することについての対価といえます。この類型における不実施補償を，特に，「独占実施補償」と呼ぶこともあります。一方で，(ii)の類型における不実施補償は，大学が商業的に自己実施をできないこと（「不実施補償」との呼び方の根拠となったものです）や，企業との共有に係る特許権等の第三者への実施許諾は困難であり，事実上の独占である，という点が根拠とされているようです。

④　取組み方

不実施補償は知財戦略に関係する事項になりますので，法務パーソンとしては，自社の知財担当者と連携し，生じうる特許発明の内容・活用方針（大学による第三者への実施許諾を認めるかどうか）などを踏まえ，規定されている不実施補償の類型，受け入れ難い類型を回避できる契約条件の有無（(i)と(ii)の類型を選択できるか，状況に応じて(ii)から(i)に変更することができるかなど），不実施補償を支払う時期・金額の算定方法など，付随する契約条件を俯瞰的に分析・把握し，解決策を考えていく必要があります。

(3)　ＴＬＯ

TLOとは，Technology Licensing Organization（技術移転機関）の略称です。大学の研究者の研究成果を特許化し，それを企業へ技術移転する法人であり，産と学の「仲介役」の役割を果たす組織とされています。多くの大学は，TLOに対し，特許権等の知的財産の実施許諾など委託し，その活用を図っています。そのため，受託研究契約や，共同研究契約において，TLOに対し一定の業務を委託する旨の条項が規定されている場合が多いといえます。

4．国等の研究開発プロジェクトと日本版バイ・ドール条項

産学連携においては，AMEDなどによる研究資金の援助を受けて，研究開発プロジェクトを行う場合があります。これらの研究開発プロジェクトの多くは，国等と大学とが締結している委託研究開発契約，事務処理要領などに基づき行われます。委託研究開発契約において受託者に課せられている義務のうち，重要なものとしては，いわゆる日本版バイ・ドール法に伴う義務になります。これは，産業技術力強化法19条に基づくもので，特許権等の取扱いに係る一定の事項（出願，移転など）につき，国等への報告や，許可を得ることを義務付けられています。

《参考文献》

• オープン・イノベーション・ロー・ネットワーク編『共同研究開発契約ハンドブック―実務と和英条項例』（別冊NBL149号）（商事法務，2015）

Q57 医療情報・生体試料を使用する研究

当社は，研究機関が既に保有している医療情報や生体試料を用いて研究を行います。法務パーソンはどのような事項に留意すべきでしょうか。

A

研究機関が既に保有している医療情報や生体試料（既存試料・情報）を用いる研究には，医学系指針や個情法等の適用があります。医学系指針および個情法等においては，一定の要件のもと，本人の同意を得ることなく，学術研究目的で既存試料・情報を提供することが認められています。今後は次世代医療基盤法の仕組みを利用して既存情報を用いる研究を行うことも考えられます。

1．既存試料・情報を用いる研究の動向

従来の医薬品や医療機器に関する臨床段階の研究開発は，たとえば被験者を投与群と非投与群に割り付けるような介入研究が主流とされていました。しかし，昨今では，カルテやレセプトなどに記載された診療情報であるリアルワールドデータを用いた研究，自治体などが保有している健診情報やパーソナルヘルスレコードとして個人が管理する健康情報を用いた研究，そのほかにも，バイオバンクに保管されている生体試料のゲノム解析に関する研究など，介入を伴わない研究が盛んに行われています。

本設問では，このような介入を伴わない研究のうち，既存試料・情報を用いる研究について取り上げます。研究目的で新たに生体試料・医療情報を取得するわけではありませんが，既に取得された医療情報や生体試料を用いる以上は，本人の個人情報やプライバシーに関して細心の注意を払う必要があります。

2．医学系指針等に基づく規制

医学系指針は，「人（試料・情報を含む。）を対象と」する研究に適用があります。名称からすると，人体に対して何らかの作用を及ぼす研究を対象とする印象を受けますが，生体試料や医療情報のみを取り扱う研究もこの指針の適用があります。

医学系指針が対象とする「試料・情報」については，血液や細胞など人の体の一部であって研究に用いられるものや，人の健康に関する情報その他の情報であって研究に用いられるものが広く該当します。個情法等とは異なり，生体試料についても情報と同等に取り扱っている点や，死者に関する試料・情報も対象とする点が大きく異なります。

医学系指針は，「侵襲」，「介入」または「既存試料・情報」の使用などの有無によって，研究を区別しています。「既存試料・情報」とは，試料・情報のうち，①研究計画書が作成されるまでに既に存在するもの，または②研究計画書の作成以降に取得された試料・情報であって，取得の時点においては当該研究計画書の研究に用いられることを目的としていなかったものをいいます。たとえば，研究目的でない医療のため患者から直接取得された残余検体または診療記録に記録された診療情報は，患者から直接取得した時期が研究計画書の作成以前であれば①に，研究計画書の作成以降であれば②に該当し，いずれにせよ「既存試料・情報」にあたります。

医学系指針が適用される研究については，研究責任者は指針に従って研究計画書を作成し，研究機関の長は倫理審査委員会の意見を得る必要があります。またその他の遵守事項は，研究区別に応じて定められています。たとえば，ICについては，侵襲を伴う研究では文書によるICが必要ですが，既存試料・情報を用いる研究では一定の要件を満たせばICを必要としない場合があります。

なお，ゲノム指針が対象とする研究を含む場合には，ゲノム指針が優先して適用されます。ただ，ゲノム指針に規定されていない事項については，医学系指針の規定が適用されます。

3．既存試料・情報を用いる研究と個人情報の保護

(1)　医学系指針と個情法等の関係性

医学系指針は，個情法等の改正に伴い，平成29年に改訂されました。

改訂された医学系指針では，以下に掲げる表のように，研究機関の法的性格によって個情法等の具体的な適用法令は異なる（Q35参照）ことを踏まえ，研究機関間での試料・情報のやりとりに支障が出ないように，原則として個情法

等のうちより厳しい規制に合わせて統一的なルールを定めています。たとえば，「個人情報」の定義では，独個法の定義と同様，照合の容易性は要件となっていません。基本的には医学系指針に則って研究を実施すれば個情法等も遵守できるようになっていますが，医学系指針には学術研究目的での使用について定めた規定があるのに対し，自治体の条例にはそのような規定がない場合もあるなど，完全な整合性が担保されているわけではありません。そのため，別途個情法等の確認を要する場合もあることには注意する必要があります。

【図表4－1】個情法等の名宛人

私立大学，私立病院や民間企業等	個人情報保護法
国立研究所等	行政機関個人情報保護法
国立大学や国立病院等	独立行政法人等個人情報保護法
公立大学や公立病院等	当該自治体の条例

(2) 既存試料・情報の提供

既存試料・情報を用いて研究を行う場合に，当該既存試料・情報の第三者提供について本人から新たに同意を取り直すのは困難な場合が多いです。

この点，医学系指針において，「学術研究の用に供するとき」は，一定の要件のもと，ICの手続を踏まずに，他の研究機関に対し，既存試料・情報を提供できる旨規定されています。また，個情法等でも，「大学その他の学術研究を目的とする機関」などが「学術研究の用に供する目的」で個人情報等を取り扱う場合（個情法76条1項3号），行政機関または独立行政法人等が「専ら学術研究の目的」で提供する場合（行個法8条2項4号，独個法9条2項4号）は，同意の再取得なく情報を提供することできます。もっとも，「学術研究」か否かについては諸般の事情を考慮して個別に判断されますので留意が必要です。また，前述のように，学術研究例外の規定がない個人情報保護条例もあり，医学系指針で認められても条例により提供できない場合があることについては注意が必要です。

(3) 次世代医療基盤法による情報の利用

平成30年5月に施行された次世代医療基盤法の仕組みを用いる場合，医学系指針および個情法等は適用されず，次世代医療基盤法を遵守することとなります。今後はこの仕組みを用いて，既存情報を用いる研究を行うことも考えられます。同法は，個々人の医療情報をビックデータとして集約して，研究開発のために医療情報を利活用することを目的として制定されました。同法の仕組みでは，予め本人に通知し，本人が提供を拒否しない限り，医療機関などは，国が認定する認定事業者に対して，患者の医療情報を提供することができます。そして，認定事業者が加工した匿名加工医療情報を，企業や研究機関が研究に利用することで，医療情報の研究利用が促進されることが期待されています。

4．医療情報等の越境移転

(1)　国内から国外への移転

医学系指針では，研究に用いられる試料・情報を海外にある者へ提供する場合には，個情法24条の規定と同様に，個情法施行規則に定められた国にあたる場合や同法施行規則に定める基準に適合する体制を整備している場合，その他法令に基づく場合を除き，当該者に対し試料・情報を提供することについて，研究対象者の適切な同意が必要となります。独個法などには，海外にある者への提供の制限に関する規定がありませんが，医学系指針が適用される限りにおいて，個情法と同様の扱いが求められることとなります。

(2)　国外から国内への移転

研究の過程において，企業のEU拠点から国内の大学にヒトに関する試料・情報が提供される場合，GDPRが適用されることがあります。この点，個情法についてはいわゆる十分性認定がされていますが，個情法の適用除外に該当する場合（同法76条１項各号）または独個法についてはこれがないことについて注意が必要です。

5．実務上の留意点

既存試料・情報を用いる研究を行うにあたっては，医学系指針や個情法等その他の法令の適用が想定されるため，法務パーソンは昨今の改正動向も踏まえて，各法令の内容を理解する必要があります。また，当該法令等の適用を正確に判断するため，研究機関の研究者や自社の研究者と，密に意思疎通し，研究内容を理解する必要があります。

Q58 医師主導治験・臨床研究

当社は，医師主導で医薬品等を人に用いて実施される，当該医薬品等の安全性・有効性についての研究に，被験薬等と資金を提供することとなりました。法務パーソンとして，どのような事項に留意すればよいでしょうか。

医師主導治験および臨床研究は，医療機関において，被験者の安全確保と権利保護をしつつ，薬機法・GCP省令等，臨床研究法令等が定める手続に従い実施されます。法務パーソンは，医療機関と企業との適切な連携のもとこれらが実施されるようアドバイスを行います。

1．医療機関において実施される研究

First in Human（被験薬等を初めてヒトに投与・使用すること）以降の研究は医療機関で実施されます。本設問では①医師主導治験と②臨床研究法に定める臨床研究（以下，本設問において，「臨床研究」といいます）の２つについて説明します。これらは，医療機関において，企業主導治験，製造販売後調査等と併せて「臨床試験」と呼ばれることがあります。

医師主導治験は，大学発シーズの医薬品等の治験のほか，希少疾患，再生医療等製品，ドラックリポニショニングなど企業主導治験が実施されにくい傾向のある領域でも注目をされています。臨床研究には，治験実施前の準備としての研究や承認内での用法・用量に関する研究など，幅広い種類のものが含まれます。近年，医師主導治験・臨床研究の推進が目指されており，医療法に臨床研究中核病院の規定が設けられました（Q6参照）。また，研究機関や医療機関等を有する大学等がその機能を活用して，医薬品開発等を含め，研究を支援する組織であるARO（Academic Research Organization）の一層の機能強化も図られています（https://www.amed.go.jp/program/list/05/01/011.html）。

医師主導治験と臨床研究に共通する基本的な視点は，以下のとおりです。

(1)　被験者の安全確保と権利保護

医師主導治験・臨床研究とQ56およびQ57で述べられている研究との一番大きな違いは，医薬品等を実際に被験者に投与・使用することです。そのため，被験者の安全確保と権利保護は何よりも優先されなければなりません（医療安全の観点はQ7参照）。被験者の研究参加にあたっては，十分なICが必要ですし，健康被害が生じたときの医療体制の確保，保険加入などの措置も必要です。また，被験者情報は非常にセンシティブなものですので，適切な同意を得ると共に，医療機関，企業等すべての関係者が慎重に取り扱わなければなりません。

(2)　医療機関と企業との間の適切な連携

医師主導治験および医師主導の臨床研究の場合，医師主導性，治験・臨床研究の中立性，利益相反の観点等から，医師・医療機関が主体的に企画・管理・実施を行うことになります。しかし，企業の協力が必要ないということではありません。たとえば，企業が被験薬を提供している場合は医師主導治験・臨床研究の安全な実施のために医師と企業との間での情報交換が必要ですし，企業による実施体制の監査をすることが適当な場合もあります。法務パーソンは，このような点を考慮しつつ，医療機関と企業との連携が適切に保たれるよう，関係者にアドバイスをしていくことになります。

2．医師主導治験

(1)　医師主導治験とその実施体制

医師主導治験とは，医師自らが治験を企画・立案し，治験計画届を提出して行う治験をいいます。単施設での治験の場合は治験責任医師が，多施設共同治験の場合は各施設の治験責任医師および治験調整医師がGCP省令の「自ら治験を実施する者」に該当します。治験調整医師とは多施設の場合に治験責任医師から委嘱を受けて調整業務を行う医師ですが，治験責任医師であるとは限りません。また，具体的な業務範囲は委嘱の内容によります。多くの場合，治験責任医師（単施設の場合）または治験調整医師（多施設の場合）のもとに事務局が置かれて，治験の準備および管理が行われます。

(2)　実施の手続

医師主導治験を実施するためには，治験責任医師が治験実施計画書等を作成・提出し，実施医療機関の長の承認を得る必要があります。実施医療機関の長は，利益相反の審査結果およびIRBの意見を踏まえ，承認するか否かを決めます。多施設の場合，通常，各実施医療機関においてIRBの審査が行われますが，近時はセントラルIRBでまとめて審査するための整備も進められています（https://www.amed.go.jp/program/list/05/01/010.html）。

また，企業が医師主導治験に被験薬等や資金を提供する場合には，企業と実施医療機関（多施設の場合，多くは治験調整医師の所属機関）との間で契約を締結することになります。契約では，治験実施にあたっての双方の役割，被験者情報の保護，総括報告書等の取扱いなどを定めます。この点，カルテ等の原資料と研究成果である総括報告書等は区別して取り扱う必要があることに留意が必要です。治験の成果物として想定されているのは総括報告書等であって，本来的に診療のために存在するカルテ等はこれとは性質が異なるものです。

(3)　製造販売承認申請に向けての留意点

医師主導治験も，企業主導治験と同様，製造販売承認申請のための試験結果を得ることを目的としていますが，当該申請をするのは企業であり，治験を実施する医師自身ではないというところに違いがあります。そのため，医師主導治験では，治験の成果をどのように企業に引き継ぐのかということが重要です。企業は，さらなる研究開発や企業主導治験の実施の要否，コストなどを考慮して，成果の承継を決めることになります。新しい治療方法の提供を目的として被験者の協力のもと治験を実施するのですから，治験実施後の成果の取扱いについては事前に関係者間で十分協議しておく必要があると思われます。

３．臨床研究（臨床研究法に定める臨床研究）

(1)　臨床研究とは

臨床研究とは，医薬品等を人に対して用いることにより，当該医薬品等の有効性または安全性を明らかにする研究であって，治験と臨床研究法施行規則で定めるもの（観察研究や製造販売後調査等）以外のものをいいます。臨床研究のうち，特定臨床研究は同法に従い実施しなければならず，それ以外の臨床研究については，同法の遵守は努力義務とされています（同法の詳細はQ4参照）。

(2)　実施の手続

臨床研究を実施するためには，臨床研究を実施する者である研究責任医師が，実施計画を作成後，利益相反管理計画等とともに認定臨床研究審査委員会に提出し，同委員会の審査を経た後，実施医療機関の管理者の承認を得て，実施計画を厚生労働大臣に届け出る（jRCTに記録・公表）ことが必要です。多施設共同研究においては，研究責任医師の中から研究代表医師を選び，研究代表医師がこれらの手続を取りまとめて行うことになります。研究代表医師は研究責任医師でなければならないこと，研究代表医師の役割は法令で具体的に定められていること，多施設の場合も必ず１つの認定臨床研究審査会で審査されることなどの点において，医師主導治験の場合と異なります。

また，製薬企業等が資金等を提供する場合，製薬企業等と研究責任医師（多施設の場合，各研究責任医師または研究代表医師）や当該医師が所属する機関との間で契約を締結することになります。この場合の契約事項および資金等の提供についての公表事項も法令等で定められています。

(3)　適用上の留意点

臨床研究については，しばしば，臨床研究法の適用範囲と他の法令・指針等の適用関係が問題となります。この点に関しては，主に①観察研究，②再生医療等，③遺伝子治療等について注意が必要です。このうち，①について，たとえば，治験の被験者から検体を採取し，バイオマーカーの探索的な検討を目的として実施される付随研究は，医薬品の有効性・安全性の評価が副次的な目的となっているなどの事情がある場合を除き，原則として臨床研究に該当せず，観察研究として医学系指針が適用されます（医療機器の例はQ43参照）。②についてはQ4やQ60を参照してください。③について，臨床研究が遺伝子指針上の遺伝子治療等臨床研究に該当する場合には同指針も適用されます（ただし，一部の規定は適用除外）。

《参考文献等》

- 日本医師会治験促進センターウェブサイト（http://www.jmacct.med.or.jp/）
- 厚労省ウェブサイト「臨床研究法について」（https://www.mhlw.go.jp/stf/seisakunitsuite/bunya/0000163417.html）

Q59　医工連携

医工連携の特色と注意点について教えてください。

A

医療機器が多種多様であることの反映として，医工連携のあり方も多種多様です。法務パーソンは，医工連携が「医療現場のニーズを技術のシーズで解決する」ものであることを踏まえて，ニーズとシーズを正確に理解した上でアドバイスを行うことが重要です。

1．医工連携とは

「医工連携」とは，医学分野と工学分野の連携，すなわち，医療現場のニーズを，企業や大学が持つものづくりの技術や工学分野の知見（シーズ）を応用して解決する取組みをいいます。多くの場合，革新的な医療機器やその要素技術の開発の形を取ります。医薬品と異なり，医療機器は，電気・電子，磁気，機械・力学，ワイヤレス，ソフトウェア，AI・ITなど，工学分野の多種多様な技術が組み合わさってできています。これらの技術分野の多くでは，日々，技術革新がもたらされており，これらを応用することで，医療現場の多種多様なニーズを，革新的な方法で解決できる可能性があります。

国内の医療機器市場は年々拡大し，海外においても新興国市場を中心に大きく拡大しています。また，医療現場のニーズは多様化・高度化しており，医工連携が必要とされる場面は増えているといえます。しかし，日本には優れたものづくりの技術を有する企業が多くありますが，国内医療機器市場は輸入超過で推移しており，技術のシーズを生かしきれていません。

このような問題意識から，政府は平成30年6月15日に「未来投資戦略2018」を閣議決定し，日本のものづくり力を生かした医療機器開発に注力をする姿勢を明確にしました。そしてこの取組みとしてAMEDによる医工連携事業化推進事業や医療機器開発支援ネットワークの構築，医療機器アイデアボックス，国産医療機器創出促進基盤整備等事業などの事業を行っています。

2．医工連携の具体例

医療機器が多種多様であることの反映として，医工連携のあり方も多種多様です。ここでは，「医療現場のどのようなニーズを，どのような技術のシーズを応用して解決しようとしているか」という観点から，材料系と装置系の医療機器の具体例を１つずつ紹介します。

(1)　材料系の医療機器における医工連携

材料系の医療機器には，冠動脈ステント，人工心臓弁，人工骨など，体内への埋め込みや留置がなされるタイプのものがあります。これらの医療機器は，そのリスクの大きさから，構成する素材が極めて重要です。医療用素材の開発にも，工学分野の知見（技術のシーズ）が用いられています。

大阪医科大学，福井経編興業株式会社，帝人株式会社が共同で開発を進めている「心・血管修復パッチOFT-GI（仮称）」はその一例です（https://www.med-device.jp/development/org/26-012.html）。これは，「埋め込んだ後は自己組織に置き換わる糸で，子どもの成長とともに伸びていくような布素材の心臓修復パッチが欲しい」との医療現場のニーズに応えるものとして開発されているものです。技術のシーズとして，大阪医科大学の心臓血管手術の知見と，帝人株式会社のポリマーに関する技術，福井経編興業株式会社の経編（たてあみ）技術が使われています。

(2)　装置系の医療機器における医工連携

装置系の医療機器には，CTやMRIなどの画像診断装置や，手術ナビゲーションシステム（手術中に腫瘍や血管などの位置をモニター上に表示して術者を支援するシステム）など，画像・映像技術を用いて診断や手術を支援するタイプのものがあります。これらの開発にも，工学系の知見が用いられています。

京都大学，パナソニック株式会社，三鷹光器株式会社が共同で開発を進めている手術ナビゲーションシステムはその一例です（https://www.amed.go.jp/pr/2017_seikasyu_02-16.html）。これは，「肝臓がんの切除手術中にモニターと術野（臓器）との間で頻繁に視線を移動させなくて済むよう，手術ナビゲーション画像がモニターではなく術野（臓器）自体に投影されるような手術ナビゲーションシステムが欲しい」との医療現場のニーズに応えるものとして開発されているものです。技術のシーズとして，エンターテインメントとして用いられてきたプロジェクションマッピング技術が使われています。

3．医工連携の特色・注意点

(1)　ニーズとシーズの的確な把握

これまでに述べたとおり，医工連携の最大の特色は，その多様性にあります。応用可能性のある工学分野もさまざまですし，連携する企業の規模・業種・バックグラウンドもさまざまです。連携の成果物が医療機器になることもあればそうでない場合もあります（医療機器該当性についてはQ42を参照）。

前述の具体例で見たように，医療現場のニーズを技術のシーズで解決することが医工連携の成功のカギです。したがって，医工連携を支援する法務パーソンは，目の前の医工連携案件におけるニーズとシーズの両方を的確に把握することが肝要です。この理解なしには，医療機器開発への関与形態の選択（後述），目的を実現できる妥当なスキームの提案，連携相手企業や大学との利害の調整，リスクの見極めとリスクの回避・軽減策の検討，所属組織にとって確保すべき権利や利益の見極めなどを十分に行うことはできません。

(2)　秘密情報の管理と知的財産権の確保

医工連携は，多くの場合，革新的な医療機器やその要素技術の開発の形を取るため，医工連携の過程で，新たな特許などの知的財産が生まれる可能性があります（医療機器の開発についてQ43参照）。したがって，連携相手となる企業・大学・医療機関との協議にあたり，秘密保持契約を締結するほか，共同研究契約や共同開発契約などにおいて知的財産の取り決めを適切に行い，自らの所属組織が適切に権利確保できるよう内容を定める必要があります（これらの契約のポイントついて，Q43，56参照）。

(3)　関与形態に応じたリスクやコストの理解

技術のシーズを有する企業が医療機器の開発や上市に関与する形態には，①部材や部品の供給業者として関与する形態（薬機法上の医療機器製造販売業者にも製造業者にもならないで関与する形態），②薬機法上の医療機器製造業者として関与する形態（製造販売業者に医療機器をOEM供給するなどの形態），③薬機法上の医療機器製造販売業者として関与する形態，の3つがあります。

医療機器が上市された場合に医療機器１台当たりから得られる売上は③②①の順に大きくなりますが，上市に伴うリスクやコストも③②①の順に大きくなります。

製造販売業者として関与する場合，薬機法上製造販売業者に課される上市前と上市後の規制に伴うリスクやコスト（Q41以下参照）のほか，製造物責任のリスク（Q50，53参照），投資を回収するに十分な診療報酬が付与されないリスク（Q3参照）などが生じます。

製造業者として関与する場合，薬機法上製造業者に課される規制を受けます（Q45参照）。

部材や部品の供給業者として関与する場合，薬機法上の規制は直接受けませんが，製造業者や製造販売業者が薬機法を遵守する上で，供給業者にも適切な品質管理が求められることがあります。また，技術のシーズの代替性や競争力の程度によっては，供給業者としての立場は不安定となります。

関与形態の選択にあたっては，これらの点を考慮に入れる必要があります。

《参考文献等》

- 医工連携全般に関して，医工連携推進機構編集『医療機器への参入のためのガイドブック〔第２版〕』（薬事日報社，2017），経産省商務情報政策局ヘルスケア産業課医療・福祉機器産業室「医工連携による医療機器事業化ガイドブック〔2015年３月版〕」（https://www.med-device.jp/pdf/guidebook2015.pdf）
- 医工連携に関する国の各施策に関する紹介として，経産省商務・サービスグループ医療・福祉機器産業室「経済産業省における医療機器産業政策について〔令和元年６月版〕」（https://www.med-device.jp/repository/meti-seisaku- 201906.pdf）
- 医工連携における知財権の活用（主として医療機関側からみたもの）に関して，AMED「医工連携における知財権の活用に関する調査研究報告書」（平成29年６月）（https://www.amed.go.jp/content/000031971.pdf）
- 医療機器の部材供給に関して，内閣官房（健康・医療戦略室）文部科学省・厚労省・経産省「医療機器の部材供給に関するガイドブック〔改訂版〕」（平成29年１月）（https://www.med-device.jp/pdf/buzai_201701v1.pdf）

Q60　再生医療等

当社は，再生医療等製品の開発のため，医療機関と連携して細胞加工物を用いた研究を行います。再生医療等に関する法規制にはどのようなものがありますか。

薬機法は再生医療等製品の製造販売について規制し，同製品の特性に鑑み条件及び期限付承認制度を導入しています。また，安確法は，診療・研究としての再生医療等の提供について規制しています。

1．再生医療等に関する法規制

再生医療推進法，薬機法，安確法は併せて「再生医療関係３法」といわれます。再生医療推進法は基本法的なもので，再生医療等製品の製造販売については薬機法が，診療・研究としての再生医療等の提供については安確法がそれぞれ規制をしています。

他の法令・指針等の適用関係に関して，臨床研究法上の臨床研究が安確法上の再生医療等に該当する場合，臨床研究法第２章（臨床研究の実施）は適用されません（Q4参照）。また，治験または安確法上の再生医療等が遺伝子指針上の遺伝子治療等臨床研究に該当する場合には，同指針の適用についても注意が必要です。

2．再生医療等製品の製造販売に関する規制（薬機法）

平成25年改正で，薬機法に再生医療等製品の定義と章が新設され（第６章），条件及び期限付承認制度（23条の26）が導入されました。

(1)　再生医療等製品

「再生医療等製品」とは，次に掲げる物（医薬部外品および化粧品を除く）であって，政令で定めるものをいいます（薬機法２条９項）。

一　次に掲げる医療又は獣医療に使用されることが目的とされている物のうち，

人又は動物の細胞に培養その他の加工を施したもの
イ 人又は動物の身体の構造又は機能の再建，修復又は形成
ロ 人又は動物の疾病の治療又は予防
二 人又は動物の疾病の治療に使用されることが目的とされている物のうち，人又は動物の細胞に導入され，これらの体内で発現する遺伝子を含有させたもの

これを受けて，政令では，再生医療等製品として①ヒト細胞加工製品，②動物細胞加工製品，③遺伝子治療用製品を定めています（同法施行令１条の２および別表第２）。

(2) 条件及び期限付承認制度

再生医療等製品は，①ヒトの細胞等を用いることから，個体差を反映して品質が不均質である，②疾患の希少性により，少数の症例で有効性を評価せざるをえない場合が多い，③比較試験を行うのが難しい場合が多い，という特性があります。そのため，医薬品の通常の承認制度を当てはめると，治験が長期化して，必要性の高い医療を迅速に受けることができません。この点，再生医療等製品の条件及び期限付承認制度では，均質でない再生医療等製品について，有効性が推定され，安全性が確認されれば，適正な使用の確保のために必要な条件および７年を超えない範囲内の期限を付して承認できます（薬機法23条の26第１項）。この場合，製造販売業者は有効性およびさらなる安全性を検証し，期限内に改めて承認申請をして承認を受けなければならず，当該承認を受けられなかった場合は当初の承認が失効します（同条５項・６項）。

(3) 承認例と留意点

再生医療等製品については，これまでにヒト体性幹細胞やヒト体細胞由来の製品が承認されています。たとえば，「ハートシート」は，患者自身の細胞（自己細胞）由来の細胞シートを主構成体，医療機関においてシート化する器具等を副構成体とするコンビネーション製品で，大阪大学とテルモ株式会社の産学連携の成果です（http://www.med.osaka-u.ac.jp/archives/2527）。この製品は初の条件及び期限付承認の事例で，①緊急時に十分対応できる医療施設において，重症心不全および開胸手術に関する十分な知識・経験を持つ医師のもとで，臨床検査による管理等の適切な対応がなされる体制下で使用することと，

②条件及び期限付承認後に改めて行う製造販売承認申請までの期間中は，症例全例を対象として製造販売後承認条件評価を行うことが条件とされました。期限は5年，その後に3年延長されています（薬機法23条の26第2項）。また，「テムセルHS注」は，日本初の，患者以外のヒトの細胞（同種細胞）由来の製品です。この製品については流通時の品質保持のため，流通会社と共同して超低温輸送システムが開発されました（https://www.jcrpharm.co.jp/biopharmacentical/product_tem.html）。

上記承認例のように，再生医療等製品はコンビネーション製品となることや品質保持の対策が必要となることも多いと思われることなどから，さまざまな業種との連携が想定されます。特に他業種との連携においては，「業界の常識」が通じないこともありますので，法務パーソンには関係者のニーズや権利についての考え方を踏まえ，適切に調整を行っていくことが求められます。

【図表4－2】再生医療等製品の条件及び期限付承認制度

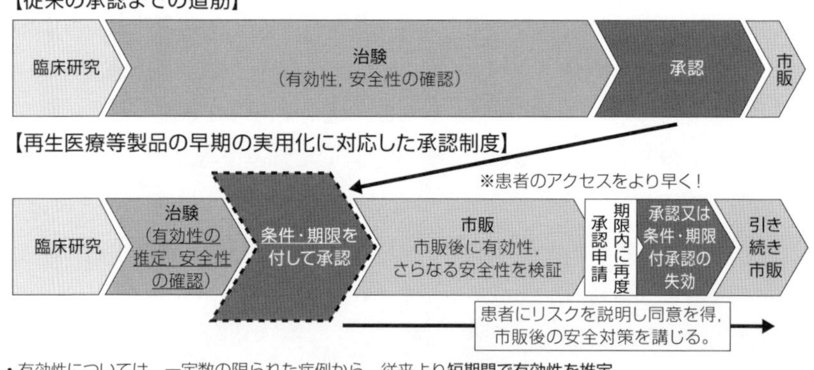

• 有効性については、一定数の限られた症例から、従来より**短期間で有効性を推定**。
• 安全性については、急性期の副作用等は短期間で評価を行うことが可能。
（出所）厚労省平成30年6月7日第3回医薬品医療機器制度部会 参考資料2 11頁

3．診療・研究としての再生医療等の提供に関する規制（安確法）

(1) 規制内容

安確法は，診療・研究として行う再生医療等の提供について，主に，当該提供を行う医療機関（管理者，医師等を含む）に対する規制を定めたものです。

「再生医療等」とは，治験に該当するもの以外の，再生医療等技術を用いて行われる医療をいいます（同法２条１項）。「再生医療等技術」とは，①人の身体の構造または機能の再建，修復または形成，②人の疾病の治療または予防の医療に用いられることが目的とされている医療技術で，細胞加工物を用いるもの（薬機法上承認を受けた再生医療等製品のみを当該承認の内容に従い用いるものを除きます）のうち，その安全性の確保等に関する措置その他の安確法で定める措置を講ずることが必要なものとして政令で定めるものをいいます（同法２条２項）。これを受けて政令では，輸血，造血幹細胞移植，生殖補助医療以外の医療技術が該当するとしています（同法施行令１条）。また，再生医療等は，第１種再生医療等（ES細胞，iPS細胞等を用いた医療など高リスクなもの），第２種再生医療等（体性幹細胞等を用いた医療など中リスクなもの），第３種再生医療等（加工した体細胞等を用いた医療など低リスクなもの）に分けられます（同法２条５項～７項）。

安確法は，①再生医療等の提供についての手続，再生医療等提供基準等の再生医療等の提供についての規制に加え，②特定細胞加工物の製造についての規制も定めており，行為と物の双方から再生医療等の安全性を確保しようとして

【図表４－３】リスクに応じた再生医療等の提供についての手続

第1種再生医療等	第2種再生医療等	第3種再生医療等
ヒトに未実施など高リスク（ES細胞、iPS細胞等）	現在実施中など中リスク（体性幹細胞等）	リスクの低いもの（体細胞を加工等）
医療機関での提供計画の作成	医療機関での提供計画の作成	医療機関での提供計画の作成
特定認定再生医療等委員会[1]での審査	特定認定再生医療等委員会[1]での審査	認定再生医療等委員会[1]での審査
厚生労働大臣への提供計画の提出[2]	厚生労働大臣への提供計画の提出[2]	厚生労働大臣への提供計画の提出[2]
90日の提供制限期間／計画の変更命令／厚生労働大臣／意見／厚生科学審議会	提供開始	提供開始
提供開始		

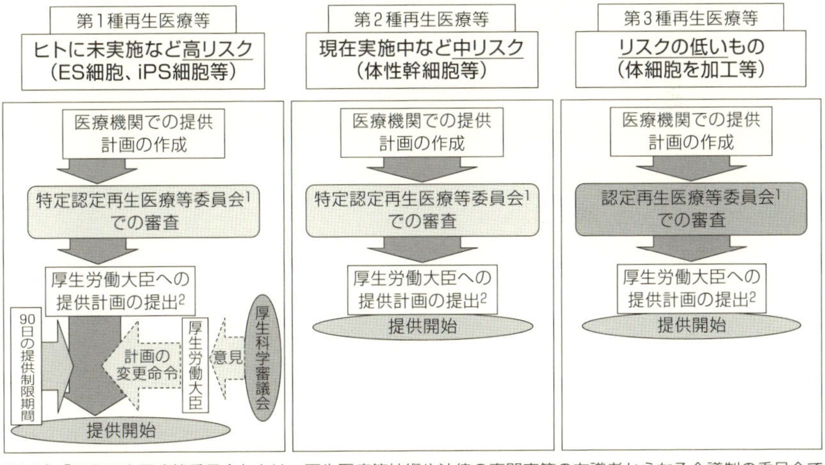

（注１）「認定再生医療等委員会」とは、再生医療等技術や法律の専門家等の有識者からなる合議制の委員会で、一定の手続により厚生労働大臣の認定を受けたものをいい、「特定認定再生医療等委員会」は、認定再生医療等委員会のうち、特に高度な審査能力、第三者性を有するもの。
（注２）厚生労働大臣への提供計画の提出の手続を義務付ける。提供計画を提出せずに再生医療等を提供した場合は、罰則が適用される。
（出所）　厚労省「再生医療等の安全性の確保等に関する法律について」５頁

います。

(2)　再生医療等の提供についての規制

【図表4－3】のように再生医療等の提供についての手続は再生医療等の種別ごとに異なります。再生医療等提供機関の管理者は，該当する種別の手続に従って提供計画の作成・提出等を行う責任を負います。また，再生医療等提供基準は，安確法施行規則で，再生医療等の種別ごとの違いに配慮して定められています（同法3条2項）。

(3)　特定細胞加工物の製造についての規制

「特定細胞加工物」とは，再生医療等に用いられる細胞加工物のうち再生医療等製品以外のものをいいます（安確法2条4項）。再生医療等提供機関の管理者は，特定細胞加工物の製造を委託するときは特定細胞加工物製造事業者に委託しなければなりません（同法12条）。同法は，細胞培養加工施設の許可に関する事項や特定細胞加工物製造事業者の遵守事項などを定めることにより，特定細胞加工物の品質等の確保を図ろうとしています。

《参考文献等》

- 厚労省ウェブサイト「再生医療について」(https://www.mhlw.go.jp/stf/seisakunitsuite/bunya/kenkou_iryou/iryou/saisei_iryou/index.html)
- アンダーソン26～43頁
- 甲斐克則「1　再生医療と医事法の関わり」甲斐克則編『医事法講座第8巻　再生医療と医事法』（信山社，2017）3～16頁
- 米村261～266頁

索　引

英字

あ行

か行

さ行

た行

な行

は行

ま行

や行

ら行

わ行

《監修者紹介》

日本組織内弁護士協会（JILA）

Japan In-House Lawyers Association

日本組織内弁護士協会（JILA）は，組織内弁護士およびその経験者によって2001年８月１日に創立された任意団体。組織内弁護士の現状について調査研究を行うと共に，組織内弁護士の普及促進のためのさまざまな活動を行うことにより，社会正義の実現と社会全体の利益の増進に寄与すること，および会員相互の親睦を図ることを目的としている。

現在の会員数は1,616名（2019年５月17日時点）。全会員向けのセミナーやシンポジウムの開催，会報誌や専門書の発行，各種政策提言などを行っている。また，全会員が所属する業種別の10の部会，任意参加の11の研究会，関西支部，東海支部，中国四国支部，九州支部の４つの支部などを通じて，多様な活動を展開している。

主な監修・編集書籍に，『公務員弁護士のすべて』（第一法規，2018），『事例でわかる問題社員への対応アドバイス』（新日本法規出版，2013），『契約用語使い分け辞典』（新日本法規出版，2011），『最新 金融商品取引法ガイドブック』（新日本法規出版，2009），『インハウスローヤーの時代』（日本評論社，2004）がある。

《編集委員紹介》

岩本　竜悟（いわもと　りゅうご）

JILA第６部会所属（部会長）

ノボ ノルディスクファーマ株式会社　法務コンプライアンス部長　弁護士・ニューヨーク州弁護士

2004年　弁護士登録
　　　　紀尾井坂法律特許事務所入所
2007年　GEヘルスケア・ジャパン株式会社入社
2018年　ノボ ノルディスクファーマ株式会社入社

平泉　真理（ひらいずみ　まり）

JILA副理事長　第６部会所属

グラクソ・スミスクライン株式会社　執行役員　弁護士・ニューヨーク州弁護士

1999年　弁護士登録
　　　　大阪国際綜合法律事務所入所
2003年　ポーター・ライト・モリス・アンド・アーサー法律事務所（米国オハイオ州）入所
2004年　ニューヨーク州弁護士登録
2005年　外務省国際法局経済社会条約官室（任期付き公務員）
2007年　バイエル薬品株式会社入社
2012年　バイエルホールディング株式会社入社
2013年　ベーリンガーインゲルハイムジャパン株式会社入社
2019年　グラクソ・スミスクライン株式会社入社

＜主要著作＞

『契約用語使い分け辞典』（共著，新日本法規出版，2011）
『知的財産権・損害論の理論と実務』（共著，商事法務，2012）

『企業のための弁護士活用術』（共著，日本加除出版，2015）

『業種別 ビジネス契約書作成マニュアル―実践的ノウハウと契約締結のポイント』（共著，日本加除出版，2015）

『図解 新任役員のための法務・リスクマネジメント』（共著，商事法務，2018）

「組織内弁護士の特性と多様化」法律のひろば2019年６月号

水口　美穂（みずぐち　みほ）

JILA第６部会所属

テルモ株式会社　執行役員　法務・コンプライアンス室長　弁護士

1991年　弁護士登録

　　　　中川・高階法律特許事務所　入所

2000年　クリフォードチャンス法律事務所（外国法共同事業）　入所

2014年　テルモ株式会社　入社

三村　まり子（みむら　まりこ）

JILA理事　第６部会所属

西村あさひ法律事務所　弁護士

1992年　弁護士登録

　　　　ブラウン・守谷・帆足・久保田法律特許事務所入所

1995年　西村総合法律事務所（現・西村あさひ法律事務所）入所

1999年　ギブソン・ダン・クラッチャー法律事務所入所

2000年　クアリオンLLC　副社長 兼 ジェネラルカウンセル

2005年　GEヘルスケア・ジャパン株式会社 執行役員

2008年　日本メジフィジックス株式会社 非常勤監査役

2010年　ノバルティスホールディングジャパン株式会社 取締役

　　　　ノバルティスファーマ株式会社 執行役員

2015年　グラクソ・スミスクライン株式会社 取締役

2018年　株式会社タカラトミー 社外取締役

2018年　西村あさひ法律事務所入所

＜主要著作＞

『製造物責任・企業賠償責任 Q&A―こんなときどうする その対策のすべて』（共著，第一法規，1996）

『IT法大全―ビジネス・ローのIT対応と最先端実務』（共著，日経BP社，2002）

『アジア諸国の知的財産制度』（共著，青林書院，2010）

『医療技術の経済評価と公共政策―海外の事例と日本の針路』（共著，じほう，2013）

若林　智美（わかばやし　ともみ）

JILA第６部会所属（副部会長）

大鵬薬品工業株式会社　法務部　弁護士

2014年　弁護士登録

　　　　大鵬薬品工業株式会社入社

《執筆者紹介》（括弧内は担当Q&A）

秋沢	陽子	武田薬品工業株式会社（Q16）
岩本	竜悟	ノボ ノルディスクファーマ株式会社（Q5, 6, 24, 25, 26）
梅澤	謙一	ブレークモア法律事務所（元ノバルティスファーマ株式会社）（Q28）
遠周	義康	MSD株式会社（Q35）
尾山	ひろこ	バイオジェン・ジャパン株式会社（Q10, 48, 49）
加藤	文彦	日本新薬株式会社（Q17）
上米良	大輔	山本特許法律事務所（元オムロン株式会社）（Q3, 59）
木嶋	洋平	新四谷法律事務所（元CSLベーリング株式会社）（序章, Q4, 12, 33）
倉賀野	伴明	日本アルコン株式会社（Q40, 41, 45, 46, 51）
黒田	真稚恵	黒田真稚恵法律事務所（元京都大学産官学連携本部）（Q58, 60）
近藤	素子	マルホ株式会社（Q20, 21, 22）
新舎	千恵	渥美坂井法律事務所・外国法共同事業（Q43）
瀬尾	雅子	東京大学医学部附属病院（Q7）
谷川原	淑恵	エーザイ株式会社（Q9, 39）
坪内	絢子	大塚ホールディングス株式会社（Q13, 60）
鶴瀬	弘太朗	弁護士法人丸の内ソレイユ法律事務所（元協和キリン株式会社）（Q14, 15）
西川	幸太郎	PHCホールディングス株式会社（Q1, 52）
根本	鮎子	ゾンデルホフ&アインゼル法律特許事務所（Q18, 42）
野村	遥	旭化成メディカル株式会社（Q47, 50）
鳩貝	真理	グラクソ・スミスクライン株式会社（Q34）
疋田	大貴	大幸薬品株式会社（Q37）
三坂	和也	山本特許法律事務所（元大日本住友製薬株式会社）（Q19）
宮崎	裕子	スリーエムジャパン株式会社（Q29, 53, 54）
向井	量一	京都大学産官学連携本部（Q57）
武藤	敦丈	日本ベーリンガーインゲルハイム株式会社（Q11, 32）
森田	樹理加	渥美坂井法律事務所・外国法共同事業（元武田薬品工業株式会社）（Q2, 27, 44）
森田	泰典	丸石製薬株式会社（Q23, 38）
山下	晃男	京都大学産官学連携本部（Q55, 56）
山田	円香	株式会社大塚製薬工場（Q31）
吉鹿	央子	グンゼ株式会社（Q8, 30）
渡邉	瑞	ノバルティスファーマ株式会社（Q36）

（執筆者の所属先は2019年９月１日現在）

Q&Aでわかる業種別法務

医薬品・医療機器

2019年12月1日　第1版第1刷発行
2020年11月30日　第1版第3刷発行

監　修　日本組織内弁護士協会
編集代表　岩本竜悟
発行者　山本継
発行所　㈱中央経済社
発売元　㈱中央経済グループパブリッシング

〒101-0051　東京都千代田区神田神保町1-31-2
電話 03 (3293) 3371(編集代表)
03 (3293) 3381(営業代表)
http://www.chuokeizai.co.jp/
印刷／東光整版印刷㈱
製本／㈲井上製本所

ISBN978-4-502-31161-1　C3332

「Q&Aでわかる業種別法務」シリーズ

日本組織内弁護士協会〔監修〕

インハウスローヤーを中心とした執筆者が，各業種のビジネスに沿った法務のポイントや法規制等について解説するシリーズです。自己研鑽，部署のトレーニング等にぜひお役立てください。

Point

- 実際の法務の現場で問題となるシチュエーションを中心にQ&Aを設定。
- 執筆者が自身の経験等をふまえ，「実務に役立つ」視点を提供。
- 参考文献や関連ウェブサイトを随所で紹介。本書を足がかりに，さらに各分野の理解を深めることができます。

〔シリーズラインナップ〕

銀行 ………………………………… 好評発売中
不動産 ……………………………… 好評発売中
自治体 ……………………………… 好評発売中
医薬品・医療機器 ………………… 好評発売中
証券・資産運用 …………………… 続　　刊
製造 ………………………………… 続　　刊
建設 ………………………………… 続　　刊
学校 ………………………………… 続　　刊

中央経済社